科教战略创新文库

本书为教育部人文社会科学研究青年项目"科技自立自强背景下高校教师学术创业的影响机理及激励机制研究"(22YJC880064)资助成果之一

我国研究型大学教师学术创业影响机理及激励政策研究

苏　洋　著

上海交通大学出版社

SHANGHAI JIAO TONG UNIVERSITY PRESS

内容提要

本书立足于中国创新型国家建设需求,从教师微观层面着手,围绕学术创业在中国的应用展开比较系统的理论和实证研究。通过借鉴学术资本主义理论、三螺旋理论及知识生产新模式理论,以计划行为理论为指导,运用深度访谈、扎根理论、问卷调查、案例研究等方法,对我国研究型大学教师学术创业的关键因素、影响机理及激励政策进行了深入研究,有助于为政府和大学制定学术创业政策提供建议。

本书适合高校学术创业管理者和研究人员参考,也适合对学术创业感兴趣的广大读者阅读。

图书在版编目(CIP)数据

我国研究型大学教师学术创业影响机理及激励政策研究／苏洋著. —上海:上海交通大学出版社,2024.4
ISBN 978-7-313-30246-5

Ⅰ. ①我… Ⅱ. ①苏… Ⅲ. ①高等学校-教师-创业
-学术研究-中国 Ⅳ. ①G645.1

中国国家版本馆 CIP 数据核字(2024)第 039010 号

我国研究型大学教师学术创业影响机理及激励政策研究
WOGUO YANJIUXING DAXUE JIAOSHI XUESHU CHUANGYE YINGXIANG
JILI JI JILI ZHENGCE YANJIU

著　　者:苏　洋
出版发行:上海交通大学出版社　　　　　　　　地　　址:上海市番禺路 951 号
邮政编码:200030　　　　　　　　　　　　　　电　　话:021-64071208
印　　制:常熟市文化印刷有限公司　　　　　　经　　销:全国新华书店
开　　本:710 mm×1000 mm　1/16　　　　　　印　　张:15.5
字　　数:250 千字
版　　次:2024 年 4 月第 1 版　　　　　　　　印　　次:2024 年 4 月第 1 次印刷
书　　号:ISBN 978-7-313-30246-5
定　　价:78.00 元

在建设创新型国家背景下,大学、产业和经济之间的互动越来越频繁,创业型大学、学术创业等成为重要研究主题。

本书基于教师个体层次,借鉴学术资本主义理论、三螺旋理论及知识生产新模式理论,以计划行为理论为指导,运用深度访谈、扎根理论、问卷调查、案例研究等方法,对我国研究型大学教师学术创业的关键因素、影响机理及激励政策进行了深入研究。具体而言,首先,通过对20名研究型大学教师的深度访谈,运用扎根理论质性分析方法,识别出影响我国研究型大学教师学术创业的关键因素。然后,基于扎根理论识别出的关键因素,以拓展的计划行为理论为指导框架,构建了我国研究型大学教师学术创业影响机理模型,并利用结构方程模型和多元回归分析进行了实证检验。同时,通过对我国研究型大学教师学术创业进行案例研究,进一步验证了我国研究型大学教师学术创业影响机理模型,并探讨了不同学术创业形式(许可、技术作价入股、创办衍生企业)下,教师学术创业影响机理的差异。最后,以我国研究型大学教师学术创业机理模型为依据,分别从国家层面、大学层面、个人层面提出了激励我国研究型大学教师学术创业的对策建议。

本书围绕三大问题展开:① 影响我国研究型大学教师学术创业的关键因素是什么? ② 我国研究型大学教师学术创业影响机理是什么? ③ 促进我国研究型大学教师学术创业应制定什么政策? 通过研究,得出以下主要结论:

(1) 我国研究型大学教师学术创业主要受到结果预期、人力资本、社会网络、参照群体、角色冲突、学术创业态度、主观规范、知觉行为控制、情境因素等的影响。其中,结果预期由物质预期、社会化预期、自我评价预期三个维度构成;参照群体由组织、院系领导、同事、榜样四个维度构成,人力资本由学术研究水平、先前经验、学术创业能力三个维度构成;社会网络由个人网络、产学研合作网络、支持性网络三个维度构成;角色冲突为单一维度;情境因素由政策因素、考核评价机制、大学中介机构三个维度构成。

(2)物质预期对教师学术创业态度没有产生显著影响,社会化预期和自我评价预期对教师学术创业态度产生显著的正向影响;组织、领导、同事及榜样都会对教师学术创业主观规范产生显著的正向影响;角色冲突对教师学术创业知觉行为控制产生显著的负向影响;学术研究水平对教师学术创业态度、知觉行为控制没有产生显著影响,先前经验和学术创业能力对知觉行为控制产生显著的正向影响。学术创业态度、主观规范和知觉行为控制均正向影响学术创业意愿。其中,教师学术创业态度对教师学术创业意愿的解释力最强。教师学术创业态度是教师对学术创业行为正向或负向的评价,教师学术创业态度正向影响学术创业意愿,即教师对学术创业的态度越积极,教师参与学术创业的意愿则越强烈。情境因素维度中的政策因素和考核评价机制负向调节教师学术创业意愿和学术创业行为;大学中介机构正向调节教师学术创业意愿和学术创业行为。

(3)不同变量下(年龄、性别、学科门类、研究类型),教师学术创业行为均具有显著差异。

(4)不同学术创业形式(许可、技术作价入股、创办衍生企业)下,教师学术创业影响机理存在差异。

综合上述分析,提出了激励我国研究型大学教师学术创业的对策建议。从国家层面而言,应加强顶层设计,构建学术创业生态系统。具体建议包括:①物质激励与精神激励并重,建立多元化的奖励体系;②发挥政府引导作用,构建产学研协同创新机制;③改善中试环境,健全风险投资机制。从大学层面而言,应设置学术创业行为的边界,在定义的边界内为学术创业提供支撑。具体建议包括：① 采取有规则的"放手"策略，鼓励教师学术创业；② 深化人事制度改革，出台兼职、离岗创业细则；③ 破除考核评价机制障碍，激发教师学术创业活力；④ 强化群体参照压力，营造学术创业氛围；⑤ 打通学术成果与市场对接的通道，补齐学术创业短板。从教师个体层面而言，应转变观念，服务创新型国家建设。具体建议包括：① 树立学术创业意识，提高学术创业能力；② 明确个人定位，在教学、科研和学术创业之间寻求平衡。

本书的主要贡献包括以下几点：① 以计划理论为指导，运用扎根理论，对我国研究型大学教师进行深度访谈，识别出影响我国研究型大学教师学术创业的关键因素；② 构建并实证验证了我国研究型大学教师学术创业影响机理模型；③ 运用案例分析法，进一步揭示了不同学术创业形式下教师学术创业行为影响机理；④ 提出了激励我国研究型大学教师学术创业的对策建议。

Contents | **目录**

Contents | 表目录

Contents | # 图目录

第1章

绪 论

一、研究背景

（一）大学科技创新与创新型国家建设

《国家中长期科学和技术发展规划纲要（2006—2020 年）》明确提出把建设创新型国家作为我国面向未来的重大战略选择。创新型国家建设有赖于国家创新体系以及科技自主创新能力的支撑。大学，尤其是研究型大学，是基础研究和高技术领域原始性创新的主力军，是国家创新系统的重要组成部分，有效实施大学的技术转移战略将对建设创新型国家起到巨大的促进作用。

自 20 世纪中后期以来，我国出台了一系列激励大学科技创新的政策，如《教育部关于贯彻落实中共中央、国务院〈关于加强技术创新，发展高科技，实现产业化的决定〉的若干意见》中规定："要调动高校一切积极力量，推动和加速科技创新与科技成果产业化；各高校通过建章立制予以规范和保障，支持科技人员兼职从事成果转化活动，允许科技人员离岗创办高新技术企业；鼓励并支持高等学校及其科技人员创办技术创新和信息咨询服务机构等中介服务机构等。"《国家教育事业发展第十二个五年规划》中提到："充分发挥高等学校重点学科、重大科技创新平台的作用，办好大学科技园，探索高等学校科技成果转化和产业化有效机制，促进创新型中小型企业的孵化和发展壮大。"《关于深化体制机制改革加快实施创新驱动发展战略的若干意见》中规定："要加快下放科技成果使用、处置和收益权；提高科研人员成果转化收益比例；鼓励各类企业通过股权、期权、分红等激励方式，调动科技人员创新积极性等。"

近年来，在创建世界一流大学目标的推动下，我国对科学研究与科技创新的资助和投入比例大幅增加,北京大学、清华大学等一批"985"高校在若干领域的研究水平达到或接近世界先进水平,已取得一系列科技创新成果。但大学研究机构的科技创新研究成果在形成结论之后,往往以论文与研究报告形式呈现,以获得主管部门的鉴定与颁奖为终结①。大量具有产业化前景的科技成果被束之高阁,大学科技创新主体学术创业意愿低,难以发挥大学科技创新在经济转型与产业升级中的引领作用。如何提高大学科研成果转化率,将高技术研究成果快速转化为现实生产力已成为建设创新型国家对现代大学提出的时代要求。

(二) 大学职能的演化与创业型大学的兴起

大学在遵循内在发展逻辑时必须适当回应外部社会不断发展的要求,在这种回应过程中,现代大学的职能不断拓展②。从中世纪到 18 世纪末,大学的主要职能是传播知识并为少数关键职业提供训练。此后,大学经历了两次根本性的转变:一是 19 世纪初的洪堡改革引发了第一次学术革命,使"研究"作为一项学术任务进入大学。大学开始从一个知识的保存、传承机构转变成了同时进行科学研究的机构,发展科学成为大学继人才培养后又一重要功能;二是发端于 20 世纪中期的第二次学术革命,大学除了教学和研究外,还承担促进国家和地区经济发展的任务,"创业"成为大学的又一项新任务。伴随着两次学术革命,大学的职能经历了从低级到高级的复杂演化过程,即由教学扩展到研究,再扩展到服务经济发展。相应地,大学模式也经历了教学型、研究型和创业型三种模式。

大学职能的演化是创业型大学(Entrepreneurial University)生成的内在驱动力。在同样的"创业型大学"这一语汇中,指称着两种不同的大学形态,第一种类型为伯顿·克拉克(Burton R. Clark)关注的旨在应对环境变化而实施变革的"革新式"大学,以英国的沃里克大学为典型;第二种类型为亨利·埃兹科维茨(Henry Etzkowitz)关注的以知识专业和学术创业为特征的"引领式"大学,以美国的麻省理工学院为典型。也有学者将创业型大学区分为"美国模式"(大学创业活动作为研究的延伸)和"欧洲模式"(大学创业活动作为教学的延伸)两种。

---

① 温正胞.刍议我国大学科技创新引领经济转型与产业升级的应然功能与实然困境[J].教育观察旬刊,2014(07):7-15.

② 刘永芳,龚放.创业型大学的生成机制、价值重构与途径选择[J].高等教育研究,2012(10):95-101.

当今的创业型大学是各种大学模式的综合体,包括传统的教学学院、多科性技术工程学校、赠地学院和研究型大学。不同层次和类型的高校均有可能通过转型、发展成为创业型大学。

随着知识经济的进一步发展,在高校内外部发展和环境需求变化的背景下,创业型大学及其学术创业的概念在 20 世纪 90 年代末引入我国,到 21 世纪初期,国内已有一批高校开始建设创业型大学并日益重视学术创业[①]。在此背景下,学术创业(Academic Entrepreneurship)遂成为关注热点。

二、研究意义

学术创业研究之于中国具有非常重要的理论和现实意义。从理论研究角度看,中国学术创业的理论探索才刚刚起步,国内学术研究的相关主题和研究程度还比较有限。本书在借鉴"学术资本主义""知识生产方式:模式Ⅱ""三螺旋"等理论的基础上,以计划行为理论为指导,构建了我国研究型大学教师学术影响机理模型,为构建微观视角的学术创业理论贡献了一些研究基础。

从实践领域看,中国的学术创业实施水平与发达国家还有一定的差距。大量具有产业化前景的科技成果被束之高阁,大学科技创新主体学术创业意愿低,难以发挥大学科技创新在建设创新型国家中的重要作用。本书立足于中国创新型国家建设的实际需要,从教师微观层面着手,通过借鉴国外学术创业已有研究成果,比较与整合现有国内外已有研究成果,围绕学术创业在中国的应用展开比较系统规范的理论和实证研究,有助于为政府和大学制定学术创业政策提供建议。

三、研究问题与内容

(一) 拟解决的问题

研究型大学作为国家创新体系的重要组成部分,通过学术创业促进科技与

---

① 王雁.创业型大学:美国研究型大学模式变革的研究[D].浙江大学,2005.

经济的深度融合,是构建新发展格局、实现高水平科技自立自强的重要支撑。为了促进大学教师参与学术创业,我国出台了一系列的激励政策,如提高学术创业教师的收益比例、加大金融扶持力度、税收减免以及鼓励中介服务机构的建立等等,促进教师参与学术创业。然而,作为创新主体的教师学术创业意愿依然不高,科技成果转化不足,难以发挥支撑引领作用。

鉴于此,基于此,本书拟解决的问题如下:

问题1:影响我国研究型大学教师学术创业的关键因素是什么? 即是什么因素促使大学教师由"学者"向"学术创业者"角色转变?

问题2:我国研究型大学教师学术创业影响机理是什么?

问题3:促进我国研究型大学教师学术创业应制定什么政策?

(二) 研究内容

第1章 绪论。主要包括研究背景、研究意义、研究问题、研究方法和创新点等。

第2章 理论基础和文献综述。首先,梳理了学术资本主义理论、三螺旋理论、以及知识生产模式Ⅱ的主要思想和发展,并阐述了对本书的理论贡献。其次,围绕关键词"学术创业",运用内容分析法和知识图谱进行文献综述,回顾并厘清了学术创业内涵,并对影响因素的相关研究进行了整理。最后,对我国学术创业政策的相关研究进行了归纳。

第3章 我国研究型大学教师学术创业影响机理理论研究。运用质性研究方法,以半结构化的深度访谈形式收集原始资料,运用扎根理论研究方法对访谈数据进行归纳、分析,通过开放编码形成初始概念与范畴,通过主轴编码和选择编码由范畴形成关系,甄别出影响我国研究型大学教师学术创业的关键因素。在此基础上,以拓展的计划行为理论为指导框架,构建我国研究型大学教师学术创业影响机理模型,并提出研究假设。

第4章 研究设计与预测试。参考已有研究和访谈内容,确定模型各变量的测量题项,并通过小规模访谈和预测试进行修正,确定正式调查问卷。

第5章 我国研究型大学教师学术创业影响机理实证研究。通过调查所获得的数据,分别运用AMOS21.0和SPSS18.0软件,对概念模型进行实证分析,对模型中提出的各个假设进行验证,并对结果进行讨论分析。

第 6 章　我国研究型大学教师学术创业案例研究。运用案例研究法,进一步揭示我国研究型大学教师学术创业影响机理,并通过多案例比较分析不同学术创业形式影响因素的异同。

第 7 章　我国研究型大学教师学术创业的激励政策建议。综合以上研究,以我国研究型大学教师学术创业影响机理模型为依据,从国家层面、大学层面、个人层面提出激励我国研究型大学教师学术创业的对策建议。

第 8 章　主要结论与展望。阐述主要研究结论,分析不足之处,在此基础上提出进一步研究的展望。

四、研究方法与技术路线

(一) 研究方法

1. 文献分析法

通过检索国内外电子文献数据库和纸质图书,搜集与研究主题相关的文献,对学术创业概念、相关理论基础、影响因素等进行系统梳理和分析,充分借鉴国内外学术创业理论和实证研究成果,在已有的研究基础上提出自己的研究设计和研究思路。

2. 半结构化访谈

在文献分析的基础上,对上海交通大学、同济大等大学的教师进行访谈。访谈内容围绕"教师学术创业影响因素",从教师个体维度、大学维度、社会环境三个方面进行了解。当收集新鲜数据不再产生新的理论见解,也不再能揭示范畴新的属性,理论饱和,即停止抽样。

3. 扎根理论

在质的研究中,常用的构建理论的方法是"扎根理论"。教师学术创业活动影响因素具备多层面、非结构化、随机演化、交织影响等复杂系统属性,采用统计方法容易遗漏质性数据和缺失隐性细节。扎根方法是沟通丰富质性数据与主流演绎研究之间的最佳桥梁之一。因此,基于扎根理论,对访谈得到的经验资料分析进行编码和资料整理,从而甄别我国研究型大学教师学术创业关键影响因素。

4.问卷调查和数据统计分析法

问卷调查是以书面提出问题的方式搜集资料的一种研究方法。通过借鉴国内外相关研究成果,设计调查问卷,采取实地发放、委托他人等方式获取数据资料。问卷分析以结构方程模型、多元回归分析、单因素方差分析、独立样本 T 检验为主。

5.案例研究法

对于"为什么"和"怎么样"的问题,运用案例研究方法能给出较为满意的回答。案例研究通常是在自然情境中收集资料,而不是依托"得出的"数据。案例研究采用"分析性概况",而非"统计性概况"的方法。运用案例分析法,进一步验证模型,揭示我国研究型大学教师学术创业行为影响机理,并探索不同学术创业形式下,教师学术创业影响机理的异同。

(二) 技术路线图

本书的技术路线如图 1-1 所示:

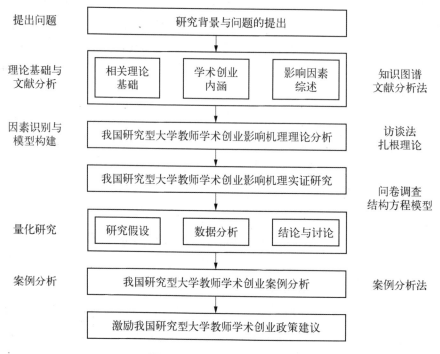

图 1-1　研究的技术路线图

五、研究创新点

创新点一：我国研究型大学教师学术创业影响因素的识别。

教师参与学术创业影响因素复杂，经济、制度、社会等外在因素，自我效能、风险感知等内部因素都可能影响教师参与学术创业。目前，我国学者针对研究型大学教师这一主体进行学术创业影响因素研究的成果尚不多见，基于质性数据的研究较少。通过扎根理论，通过对一线教师的深度访谈，找出制约和促进我国研究型大学教师学术创业的关键影响因素。

创新点二：构建并验证了我国研究型大学教师学术创业影响机理模型。

以拓展的计划行为理论为指导框架，基于扎根理论识别出的关键影响因素，构建了我国研究型大学教师学术创业影响机理模型。通过运用 AMOS21.0、SPSS18.0 软件，实证分析了影响我国研究型大学教师学术创业影响机理模型。

创新点三：揭示出教师学术创业行为的形成过程，并分析了不同学术创业形式影响因素的异同。

本书运用案例研究法，选取三种不同形式的学术创业：许可、技术作价入股和创办衍生企业的案例，对我国研究型大学教师学术创业影响机理模型进行进一步验证。揭示出教师是如何做出学术创业行为决策，影响因素是如何影响教师学术创业行为的产生，不同学术创业形式下，教师学术创业影响机理的异同。

创新点四：提出了激励我国研究型大学教师学术创业的对策建议。

以我国研究型大学教师学术创业影响机理模型为依据，模型所归纳的前因变量和调节变量是教师创业激励政策应该针对的"靶心"，结合教师在学术创业中面临的问题和障碍，分别从国家层面、大学层面、个人层面提出了激励我国研究型大学教师学术创业的对策建议。

第2章

相关理论与文献综述

一、学术创业理论及述评

(一) 学术资本主义

"学术资本主义(academic capitalism)"这一术语最早是由爱德华·哈克特(Edward J. Hackett)于1990年为总结学术科学上的重要的结构变化而提出的。1997年,美国学者希拉·斯劳特(Sheila Slaughter)拉里·莱斯利(Larry L. Leslie)在他们合著的《学术资本主义:政治、政策和创业型大学》一书中沿用了学术资本主义一词并系统阐释了这一概念。之所以使用学术资本主义,是因为他们认为其替代用语——学术创业主义或创业活动,似乎只是学术资本主义的委婉语,不能完全表现利益动机向学术界的入侵①。希拉·斯劳特和拉里·莱斯利把学术资本主义界定为"大学或者教师为获取外部资金所表现出的市场行为或类似市场的行为"②。市场行为就院校而言是营利性的活动,像获得专利及随后的专利权使用费和许可协议,以及衍生公司、独立公司、产学伙伴关系等具有利润成分的活动;市场行为还包括更加世俗的活动,如来自教育活动的产品销售和服务(如标志和体育设施),与食品服务公司和书店的利润分成等等;类似市场行为指的是院校和教学科研人员为获得资金而进行的竞争,这些资金来自外部资金和合同、捐赠基金、产学合作企业、教授的衍生公司中的学校投资,以及学生的学杂费。这些行为之所以带有类似市场的性质,原因是需要通过

---

① 韩益凤.市场崇拜、学术资本主义与大学的平庸化[J].当代教育与文化,2016,8(03):96-100.

② Slaughter S, Leslie L L. Academic capitalism: Politics, policies, and the entrepreneurial university [M]. The Johns Hopkins University Press, 1997: 145.

竞争来获取①。

希拉·斯劳特和罗兹(Slaughter & Rhoades)于 2004 年在《学术资本主义和新经济：市场、政府和高等教育》一书中对学术资本主义的概念进行了适度修正，从早期强调"利益动机向学术界的入侵"转向"关注市场导向的内部嵌入活动"，他认为学术资本主义是一种知识生产和转化方式，这一方式是由大学和大学之外的团体共同形成的，通过组建新机构、更新旧机构，或者重新定义大学的使命，使大学能更紧密地适应外部环境的变革②。学术资本主义将知识视为一种商品，正在取代公共产品知识制度(public good knowledge regime)。公共产品知识制度中，知识是一种公共产品，每一个公民都能够获得和使用。学术资本主义知识制度(academic capitalism knowledge regime)强调知识的私有性和经济利益；新出现的网络组织连接企业、政府部门和大学，这种中介组织代表大学、非营利组织及私人机构利益商谈合作的具体问题，如界定大学和私人部门的边界。

(二) 知识生产模式："模式Ⅱ"

自 20 世纪 70 年代以来，正式知识生产组织如大学和科研机构等持续扩张和分化、同时国家科技政策的强有力牵引以及国家和市场对于科技成果的强大需求使得传统的以学科为基础的知识生产方式已经不能够满足国家和市场的需求。迈克尔·吉本斯(Michael Gibbons)将研究环境的这些变化所导致的后果称为一种彻底的转变，即从以追求高深知识、学术卓越的知识生产模式Ⅰ转变为强调应用创新的知识生产模式Ⅱ③。模式Ⅱ从模式Ⅰ的学科矩阵中演化出来，并且将继续与之并存。迈克尔·吉本斯通过一系列的特征来解释新的知识产生方式："模式Ⅱ"，并使"模式Ⅰ"和"模式Ⅱ"之间的差别更加具体且清晰，如表 2-1 所示。

(1) 应用情境中的知识生产：模式Ⅰ中情境是由统治着基础研究或科学的认知及社会规范所规定的。模式Ⅱ中知识产生是更大范围的多种因素作用的结果。这种知识希望对工业、政府或对社会中的某些人有用，面临不断的谈判、协商，直到各个参与者的利益都被兼顾为止。

---

① 薛治国.学术资本主义与科技政策的相互影响[D].武汉：华中科技大学,2010.

② 希拉·斯劳特,拉里·莱斯利.学术资本主义：政治、政策和创业型大学[M].梁骁,黎丽,译.北京：北京大学出版社,2008.

③ 迈克尔·吉本斯,卡米耶·利摩日,黑尔加·诺沃提尼,等.知识生产的新模式：当代社会科学与研究的动力学[M].陈洪捷,沈文钦,等译.北京：北京大学出版社,2011：1-11.

表 2-1　知识生产模式："模式 I"与"模式 II"的区别

区 别 维 度	模式 I	模式 II
生产情境	学术情境	应用情境
涉及学科	单一学科	跨学科
生产场所	同质性	异质性
生产自由度	自主性	反思性/社会问责
质量评价	同行评议	多维度质量控制

资料来源：Hessels L K，Van Lente H. Re-thinking new knowledge production：A literature review and a research agenda[J]. Research policy，2008，37(4)：740-760.

（2）跨学科：模式 II 中知识生产的首要形式是跨学科，它在知识议程的形成、调动资源的方式以及组织研究、交流研究结果以及评价科研结果上都符合超学科结构的运动。在跨学科的知识生产中，知识议程既不是在一个特定的学科内设置的，也不是仅仅由特定专家的并列的专业兴趣以一种自由松散的方式来确定的，而是从使用的情境的初始，或者从早前就专门确定了的广泛意义上的应用开始就设定和提供的。

（3）异质性与组织多样性：模式 II 的知识是由多种不同的组织和机构创造出来的，它们包括跨国公司、网络公司、基于某个特定技术的小型高科技公司、政府组织、研究性大学、实验室、研究院以及国家的或跨国的研究项目。在这种情境下，研究的资助模式也显现出相应的多样化，资金来自多种有着不同要求和期望的组织，因此，这样的资助模式也介入到应用的情境之中。

（4）社会问责与反思性：在模式 I 中，知识和学术被认为是完全自主的，学术研究仅仅服从于真理的要求。而在模式 II 中，学术研究还必须考虑到研究可能带来的社会影响和社会后果，考虑到知识需求者的要求，必须更加具备反思性[①]。

（5）质量控制：模式 I 中的质量从根本上依靠同行评议来对个人所作的贡献进行评价，质量控制通过仔细选拔有能力的人来担当评议人得以维持，评议人

---

① 王志玲.知识生产模式 II 对我国研究型大学优势学科培育的启示[J].中国高教研究，2013(03)：47-51.

的选择部分地由其对学科所作的贡献来决定。模式Ⅱ中,政府部门、企业、社会公众等开始介入质量的监控过程。

(三) 三螺旋理论

亨利·埃茨科维兹(Henry Etzkowitz)和劳埃特·雷德斯多夫(Loet Leydesdorff)在 1995 年首次提出三螺旋理论,用来解释经济社会发展中大学、产业和政府三者之间的相互依存的关系[①]。三螺旋(Triple Helix)是指大学、产业、政府三方在创新过程中密切合作、相互作用,同时每一方都保持自己的独立身份的螺旋型互动关系模式[②]。在此模型中,大学、产业部门与政府两两互动,而且还出现了三方之间行为与功能的重叠,从中孕育出三边网络和混成组织(如图 2-1 所示)。三螺旋的要旨是:大学、产业、政府三个机构每个都能表现出另外两个的一些能力,但同时仍保留着自己原有的作用和独特身份。大学具有了产业化功能,利用自己的研发成果创办新公司;产业也可以扮演大学的角色,开展培训和研究;政府也可以通过资助项目和改善经营环境来协助大学和企业建立技术联合体和技术开放中心[③]。在三螺旋这样一个跨越边界的互动模式中,大学、产业、政府三方的互动共同营造出一种有利于知识生产与转化的创新环境。

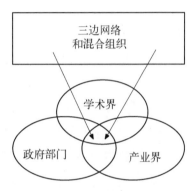

图 2-1　三 螺 旋 模 型

资料来源: Etzkowitz H, Leydesdorff L. The dynamics of innovation: from National Systems and "Mode 2" to a Triple Helix of university-industry-government relations[J]. Research policy, 2000, 29 (2): 109-123.

(四) 对本书的理论贡献

(1) 学术资本主义:学术资本采用的是一种个人主义理论。它没有把大学看作成单一的、有边界的实体,而是更关注大学中的各种二级组织。学术资本主

① Etzkowitz H, Leydesdorff L. The Triple Helix-University-industry-government relations: A laboratory for knowledge based economic development[J]. EASST review, 1995, 14(1): 14-19.
② 李培凤.基于三螺旋创新理论的大学发展模式变革研究[D].山西大学,2015.
③ 李忠双.美国高校创业教育发展动力机制研究[D].东北师范大学,2015.

义关注教育产品和服务市场化产生的收益。学术资本颠覆了人们思考高等教育的传统习惯,开始用市场话语来解释高等教育领域的各种现象,象征着高等教育领域话语解释规则变革的开始。对创业型大学而言,学术资本主义是一种内在的驱动力量。与知识生产新模式理论和三螺旋理论相比,学术资本主义理论引发我们思考学术商业化产生的负面影响①。它指出了市场导向下大学和教师追求利益,变得功利、商业和私有,高等教育的公共属性逐渐丧失。

(2) 知识生产新模式:模式Ⅱ旨在强调科学和科研型企业的变化。知识生产的概念正在改变着学术研究者、政策制定者以及其他专家之间的认知共鸣②。模式Ⅱ在研究者及其他背景人群中被广泛引用,正说明了这个概念的影响力。尽管模式Ⅱ未能直接解决学术创业问题,但是它揭示了现象背后的内部机理。学术资本化重点强调的是学术界内盈利取向的内部嵌入性,即学术界积极参与学术资本化是由学术界内部追求经济利益的动机驱动的。模式Ⅱ提供了解决此问题的一种新途径,这在某种程度上暗示着学术创业是知识生产的一种新方式。模式Ⅱ赋予了技术转移一种新含义。伴有交互与整合的特征,新型模式的技术转移由新知识生产方式的内部固有机制组成,促进学术创业。随着不同学科间的界限被打破、基础科学与应用科学之间区别的减少,学者之间、学者与企业及政府合作伙伴之间的合作正变得越来越紧密。学术界、企业、政府之间相互依存领域的佐证有:电子、计算机、生命科学、分子生物学。过去三十年间,在联邦政府的赞助下,大学与企业的合作催生出一个全新的行业——生物技术③。

(3) 三螺旋:三螺旋理论提供了一个大学与企业、政府关系的宏观视图,我们可以通过它来研究学术创业在现代社会政治、经济背景下的演化过程④。与学术资本主义不同的是,三螺旋理论把大学视为与企业、政府地位平等的主体,大学与其他组织的关系既相互依赖也相互独立,不仅是企业和政府影响大学,大

---

① Zheng P. The "Second Academic Revolution": Interpretations of Academic Entrepreneurship[J]. Canadian Journal of Higher Education, 2010, 40(2): 35 - 50.

② Nowotny H. Democratising expertise and socially robust knowledge[J]. Science and public policy, 2003, 30(3): 151 - 156.

③ Powers J B, Campbell E G. The comodification of academic research: Implications for public policy and the future of academic science[C]. Association for the Study of Higher Education Conference. Portland, Oregon. 2003: 22 - 31.

④ Zheng P. The "Second Academic Revolution": Interpretations of Academic Entrepreneurship[J]. Canadian Journal of Higher Education, 2010, 40(2): 35 - 50.

学也反作用于企业和政府。它为促进政府、企业、大学的有效互动,发挥创业型大学的主体作用,提供了一个重要的理论模型。三螺旋理论对学术创业研究的意义还在于,为学术创业所引发的冲突提供了一种乐观的解决视角。大学、企业和政府不会完全一体化,也不会完全区分。

二、学术创业研究及述评

(一)国内外学术创业研究概况

1. 国外研究概况

截至 2017 年底,基于美国科学情报研究所(ISI)Web of Science 数据库检索。检索条件为"主题＝Academic Entrepreneurship",时间跨度选定所有年份,数据库选择 SSCI(社会科学引文索引)、A&HCI(艺术和人文科学引文索引)和 CPCI-SSH(社科与人文会议录引文索引),最终检索得到 1998—2017 年间的 1 333 篇文献(包含会议、评论等),发文呈现逐年递增趋势(如图 2-2 所示)。

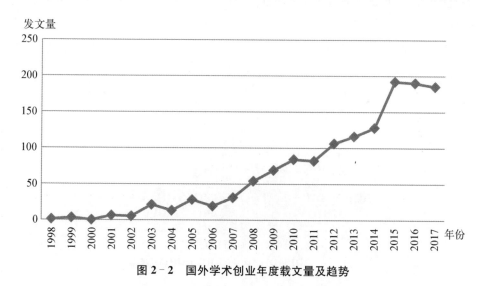

图 2-2　国外学术创业年度载文量及趋势

20 世纪 70 年代末,随着美国制造业比较优势逐渐弱化,美国的学者开始对公共研究系统的作用进行重新界定。硅谷和 128 号公路的成功经验,使政策制定者相信大学可以通过与城市互动,进而对经济产生影响。为了加速科研成果向产业转移,1980 年,美国出台了《拜杜法案》(*Bayh-Dole Act*),提出由政府资助的大学研发成果专利权归大学所有,鼓励大学研究者申请专利。该法案是外界环境变化的产物,加大了对大学技术商业化的激励,允许大学拥有联邦资助研究所产生专利的所有权,规定获得联邦资助研究的教师必须向大学技术转移办公室披露他们的发明。随后,一些欧洲国家和亚洲国家也制定了类似的政策,强调大学在经济社会中的重要作用。在此背景下,大学衍生企业、技术转让等诸多形式的学术创业激发了学者广泛的研究兴趣。

为了考察学术创业研究热点与前沿,采用 Citespace 软件,通过数据挖掘和图谱分析,对检索到的 1 333 篇文献的作者、关键词以及被引文献等进行分析,以定量的方式揭示学术创业领域的研究热点和研究趋势。

(1) 研究热点:

研究热点是某一时期内,有内在联系的、数量相对较多的一组文献共同探讨的科学问题或专题。关键词在一篇文章中所占的篇幅虽然不大,往往只有三五个,但却是文章的精髓和凝练。通常将出现频次高的关键词确定为一个研究领域的热点研究问题。通过对文献的关键词进行统计分析,进而把握学术创业研究领域的热点。将节点类型选为关键词(Keyword),阈值选择每年被引次数最多的前 30 项,分析结果如图 2-3 和表 2-2 所示。可以看出,出现频次最高的

图 2-3 学术创业研究热点与知识图谱

关键词是"创业(entrepreneurship)",为 244 次;其次是"创新(innovation)",为 112
次,这与学术创业的核心是创新有关;再次是"绩效(performance)",反映了研究者
关注如何提高学术创业的绩效。此外,"学术创业(academic entrepreneurship)""技
术转移(technology transfer)""企业(firm)""大学(university)""知识(knowledge)"
"产业(industry)""科学(science)"等也是出现频次较高的关键词,反映了研究者
对学术创业的具体表现形式——技术转移、大学与产业关系等方面的关注。

表 2-2　"学术创业"研究主题文献频次最高的 10 个关键词

频　次	中　心　性	关　键　词
244	0.12	创业 entrepreneurship
112	0.04	创新 innovation
106	0.24	绩效 performance
94	0.11	学术创业 academic entrepreneurship
80	0.13	技术转移 technology transfer
75	0.05	公司 firm
70	0.08	大学 university
66	0.08	知识 knowledge
57	0.13	产业 industry
57	0.16	科学 science

(2) 核心研究作者和经典文献:

基于文献的共被引关系,按照一定的共被引频次或强度,在引文网络中可以
形成不同的文献聚类;聚类内的文献在专业属性或研究主题上具有较大的相似
性或相关度,而不同聚类之间则存在较大的差异性[①]。在图谱中处于中心的聚
类代表了社会网络分析领域研究的核心学术群体,对核心文献聚类进行分析,可
得出社会网络分析领域里代表性学者与其重要文献。选择节点类型为(Cited

———————

① 杨利军,魏晓峰.基于知识图谱的国外社会网络分析领域可视化研究[J].情报科学,2011,
29(07): 1041-1048.

Autor),阈值选择每年被引次数最多的前30项,分析结果如图2-4所示。可以看出,学术创业研究领域代表学者有谢恩(Shane)、埃茨科维茨(Etzkowitz)、赖特(Wright)、罗姆泰梅尔(Romthaermel)等。谢恩在2004年著的《学术创业:大学衍生企业和财富创造》(*Academic entrepreneurship: University Spinoffs and Wealth Creation*)是该领域的必读经典文献。他将学术创业的概念界定为"学术创业是知识产权权利人的所有者(学术机构)应用知识产权开办公司的过程",并详尽讨论了大学技术转移办公室(TTO)的特征、制度环境、技术转移类型、大学文化、产业特征等与大学衍生企业的关系。谢恩在2003年发表的《为什么一些大学产生更多的衍生企业?》(*Why do some universities generate more start-ups than others?*)详细阐述了大学研究导向、大学政策、风险资本等对新创企业的影响。埃茨科维茨在1995年发表的《官产学关系的三螺旋:一个知识经济发展的实验室》(*The Triple Helix University-industry-government relations: A laboratory for knowledge based economic development*)中提出了大学—产业—政府互动的三螺旋模型,为发挥创业型大学的主体作用提供了理论基础。罗姆泰梅尔在2007年发表的《大学创业:文献的分类法》(*University entrepreneurship: a taxonomy of the literature*),基于对文献的梳理,提出了一个描述大学创业动态过程的框架。

图2-4 学术创业领域作者共被引聚类图谱

（3）具体文献分析：

结合对具体文献的阅读，国外学术创业研究领域的研究主要聚焦于以下几个方面：

第一，大学层面——创业型大学的研究。在大学层面研究视角下，学者通常把学术创业活动看作是大学系统自然演进的一个阶段，强调经济发展使大学拓展传统的教学、科研职能，承担"创业"使命。Rothaermel et al.(2007)认为创新系统的核心是创业型大学，由大学产生新技术，并通过中介（大学技术转移办公室、孵化器、科技园）推动技术扩散[①]。这一主题的研究主要包括：大学更具有创业精神的核心要素、创业型大学形成过程中面临的障碍因素等。Lockett & Wright(2005)提出，大学技术转移办公室规模与人员专业化程度、中介机构服务能力、大学与产业合作程度等是解释为什么有的大学更具创业精神的关键要素[②]。Etzkowitz(2003)认为创业型大学不仅受到内在因素（激励机制、地位、位置、文化等）的影响，还受到外部因素（法律和政策、区域条件等）的影响[③]。Del Campo et al.(1999)探讨了大学由"象牙塔"范式（关注基础研究和教学）向"创业型"范式转化过程中所产生的矛盾冲突关系[④]。

第二，学术创业具体表现形式——技术转移、衍生企业等研究。由于技术更新速度加快，产品生命周期不断缩短，全球竞争加剧，导致技术在大学和产业之间的转移越来越受到重视。技术转移协会于 1975 年创办的《技术转移》(*Journal of Technology Transfer*)，推动了技术转移这一主题的研究，主要包括：大学研究与私营部门创新之间的关系、技术转让机制、衍生企业对经济和社会产生的影响、外部资源对衍生企业绩效的影响等。Toole & Czarnitzki(2007)研究表明，与一般新创企业相比，衍生企业存活率更高，但基于创新技术转化周期较长，其盈利能力较低[⑤]。Perkman et al.(2013)认为大学知识产权政策、与外部网络的联结

① Rothaermel F T, Agung S D, Jiang L. University entrepreneurship: a taxonomy of the literature [J]. Industrial and corporate change, 2007, 16(4): 691 - 791.

② Lockett A, Wright M. Resources, capabilities, risk capital and the creation of university spin-out companies[J]. Research policy, 2005, 34(7): 1043 - 1057.

③ Etzkowitz H. Innovation in innovation: The triple helix of university-industry-government relations[J]. Social science information, 2003, 42(3): 293 - 337.

④ del Campo A A, Sparks A, Hill R C, et al. The transfer and commercialization of university-developed medical imaging technology: Opportunities and problems[J]. IEEE Transactions on Engineering Management, 1999, 46(3): 289 - 298.

⑤ Toole A A, Czarnitzki D. Biomedical academic entrepreneurship through the SBIR program[J]. Journal of Economic Behavior & Organization, 2007, 63(4): 716 - 738.

强度、风险资本投资的连续性是决定衍生企业成功的前提条件[①]。Ensley &
Hmieleski(2005)讨论了团队异质性与创业企业绩效的关系,发现创业团队异质
性(教育背景、商业化经验)赋予了新创企业更多样化的知识,使企业能够更好地
评估机会和威胁,进而有利于提升创业企业绩效[②]。

第三,个体层面——学术创业者的相关研究。Mars(2010)运用内容分析法
对国外五种核心高等教育学期刊进行分析,发现对学术创业的研究层次主要集
中在国家、区域、机构和大学层次,对个体层次研究的较少;亚洲、欧洲和拉丁美
洲文献多关注国家、区域、大学层次的系统变革,而美国、澳大利亚和加拿大则多
关注机构层次(如大学技术转移和知识商业化活动)[③]。在此研究视角下,一部
分学者如 Mills & Morris(1986)、Meyer(2003)等专注于揭示学者创业者和企业
家创业存在的差异,这对理解学者到底在何种程度上发挥了其他创业者所不能
起到的作用具有价值[④][⑤]。还有一部分学者聚焦于探索学术创业者的类型划分,
如 Provasi & Squazzoni(2007)将学术创业者划分为通过产业支持(资金、技术)进行
项目开发学术创业者和将创新转化为经济利润的学术创业者两种类型[⑥]。最近几
年,有学者如 Haeussler & Colyvas(2011)、Clarysse et al.(2011)等开始关注影
响学术创业者的个性特征和经历特征,并尝试从学者创业能力、创业经验等方面分
析影响学术创业的关键因素,但没有深入揭示这些特征发挥作用的内在机理[⑦][⑧]。

---

① Perkmann M, Tartari V, McKelvey M, et al. Academic engagement and commercialisation: A review of the literature on university-industry relations[J]. Research policy, 2013, 42(2): 423－442.

② Ensley M D, Hmieleski K M. A comparative study of new venture top management team composition, dynamics and performance between university-based and independent start-ups[J]. Research policy, 2005, 34(7): 1091－1105.

③ Mars M M, Rios-Aguilar C. Academic entrepreneurship (re) defined: significance and implications for the scholarship of higher education[J]. Higher Education, 2010, 59(4): 441－460.

④ Mills P K, Morris J H. Clients as "partial" employees of service organizations: Role development in client participation[J]. Academy of management review, 1986, 11(4): 726－735.

⑤ Meyer M. Academic entrepreneurs or entrepreneurial academics? Research-based ventures and public support mechanisms[J]. R&d Management, 2003, 33(2): 107－115.

⑥ Provasi G, Squazzoni F. Academic entrepreneurship and scientific innovation: micro-foundations and institutions[J]. Department of Social Sciences, University of Brescia (Hrsg.): Working paper. Nr. SOC, 2007: 06－07.

⑦ Haeussler C, Colyvas J A. Breaking the ivory tower: Academic entrepreneurship in the life sciences in UK and Germany[J]. Research policy, 2011, 40(1): 41－54.

⑧ Clarysse B, Tartari V, Salter A. The impact of entrepreneurial capacity, experience and organizational support on academic entrepreneurship[J]. Research Policy, 2011, 40(8): 1084－1093.

Philpott et al.(2011)提出大学的管理者应该更加关注个体层次,才能促进学术创业绩效的提升[①]。

第四,环境层面的相关研究。作为学术创业研究的维度之一,环境是学术个体或组织进行创业活动过程中必须面对和能够利用的各种因素的综合,如资金条件、政府政策、研究开发转移、商业环境、文化和社会规范等。在此研究视角下,研究者的着眼点各有侧重:新制度经济学文献如 Srivastava et al.(1998)侧重解释学术创业在不同国家具有不同类型和特点的制度和历史原因[②];社会学文献如 Audretsch & Keilbach(2004)主要关注科学知识商业化的社会效果和激励机制问题[③];还有一部分文献如 Farsi et al.(2014)主要探讨有利于学术组织向产业转化的制度安排问题[④]。

2. 国内研究概况

我国对学术创业的研究处于起步阶段,在中国知网以"学术创业"为关键词,截至 2017 年底,搜索到的文献仅有 103 篇(包括期刊、会议),近两年关注度有明显幅度的上升(如图 2－5 所示)。我国学者对学术创业领域的研究大体上包括三个阶段:第一个阶段以李华晶为代表,研究主要集中在对国外学术创业研究的现状分析;第二个阶段以黄扬杰为代表,探讨了学术创业的概念和特征,并从学科组织层次构建了学术创业力作用于绩效的模型;第三个阶段以付八军为代表,围绕"创业型大学建设"展开研究,重点探讨了创业型大学的组织特性是学术资本转化,而非学术资本主义,并从教师转型视角去分析创业型大学建设的困境。他认为高举创业型大学大旗的高校,并没有从传统型真正转向创业型,最根本的原因正是教师尚未从传统型转向创业型。很少有学术论文针对"学术创业"主题从教师微观层面进行详尽的论述。

---

①　Philpott K, Dooley L, O'Reilly C, et al. The entrepreneurial university: Examining the underlying academic tensions[J]. Technovation, 2011, 31(4): 161－170.

②　Srivastava R K, Fahey L, Christensen H K. The resource-based view and marketing: The role of market-based assets in gaining competitive advantage[J]. Journal of management, 2001, 27(6): 777－802.

③　Audretsch D, Keilbach M. Entrepreneurship capital and economic performance[J]. Regional studies, 2004, 38(8): 949－959.

④　Farsi J, Modarresi M, Motavaseli M, et al. Institutional factors affecting academic entrepreneurship: The case of university of Tehran[J]. Economic Analysis, 2014, 47(1－2): 139－159.

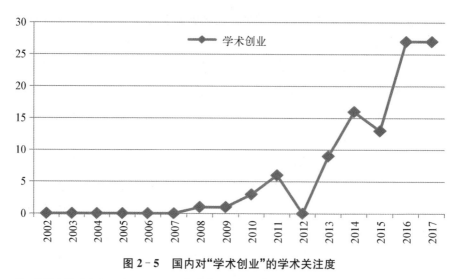

图 2-5　国内对"学术创业"的学术关注度

注：数据来源于 CNKI，对 2002—2017 年学术创业的文献进行学术趋势分析获得。

(二) 学术创业相关概念界定

1. 学术创业的内涵

"学术创业（academic entrepreneurship）"这一术语最早由美国学者罗伯特在其经典著作《高科技创业者》中使用，他认为学术创业是学术机构的研究者基于科研成果创建新公司的过程。此后，不同研究者沿用学术创业这一术语，并基于自己的主观理解和学术背景给出了不同的定义（如表 2-3）。Etzkowitz & Leydesdorff(1995)认为学术创业是内源性的，也是外源性的[①]。一方面因为大学内部教师研究团队具备了类似企业的品质，另一方面大学教师的发明创造必然会部分受到外部的影响[②]。Jain & Yusof(2007)认为任何形式有潜在商业价值的技术转移都能定义为学术创业[③]。我国学者李华晶(2010)认为学术创业从狭义上理解是学者或学术组织所参与的商业上创业活动（如基于大学的风险投资基金、产学合作、以大学为基础的孵化器企业、在企业和学术部门具有双重身

---

① Etzkowitz H, Leydesdorff L. The Triple Helix-University-industry-government relations: A laboratory for knowledge based economic development[J]. EASST review, 1995, 14(1): 14-19.

② 埃兹科维茨.麻省理工学院与创业科学的兴起[M]. 王孙禺，袁本涛，译.北京：清华大学出版社,2007.

③ Yusof M, Jain K K. Entrepreneurial leadership and academic entrepreneurship in Malaysian public research universities[J]. Asia Pacific Journal of Innovation and Entrepreneurship, 2009, 3(3): 63-84.

份的研究者,由学者组建的新创企业等),从广义上理解,学者的创业行为还包括对学术生涯的创业型管理,如创建一个新的研究领域或机构,同时可能伴随着商业化战略[①]。Grimaldi et al.(2013)提出,学术创业是基于科研成果商业化的过程,不仅包括正式的商业化活动(许可、技术转让、创办衍生企业),还包括非正式的"软"活动(咨询、合同研究等)[②]。

表 2‑3　学术创业的概念界定

代 表 学 者	定　　义
Louis et al.(1998)	学术创业是试图通过开发研究创意或产品并使之市场化,从而增加个人或组织收益、影响力和声誉的活动。
Klofsten & Jones-Evans(2000)	大学除教学、科研以外的所有商业化活动。
Colyvas & Powell (2007)	学术创业是研究者把新角色和资源整合进现有的组织环境,引发新模式的创建。
Glasman(2003)	教师追求创业机会改进大学的活动。
Stuart & Ding(2006)	科学转向追求收益的过程。
Shane(2004)	知识产权权利人的所有者(学术机构)应用知识产权开办公司的过程。
Wright et al.(2007)	一种商业化活动——创办大学衍生企业,超越了传统的创新许可。
O'Shea(2004)	学术创业是一个涵盖性术语,大学和其产业伙伴为了学术研究能够产业化而进行的努力和活动,其前提条件是大学内部有大量的科学研究,并且其中一部分有商业化的潜力。
Franzoni & Lissoni (2006)	"直白定义":学术创业是大学科学家、教授、博士研究生或博士后创办公司使研究成果商业化的过程; "广义定义":学术创业涉及学术生涯的战略化管理、创建新的学科和机构。
Brennan(2006)	学术创业包含大学内部和外部组织创造、创新和战略的更新。

资料来源:根据相关文献整理。

---

① 李华晶. 学者、学术组织与环境:学术创业研究评析[J]. 科学学与科学技术管理,2009,30(02):51‑54+116.

② Grimaldi R, Kenney M, Siegel D S, et al. 30 years after Bayh-Dole: Reassessing academic entrepreneurship[J]. Research policy, 2011, 40(8): 1045‑1057.

作为一个新兴的研究领域,研究者对学术创业的定义还存在分歧。但总的来说,研究者对学术创业的界定可以概括为四种:

第一种从角色冲突视角界定学术创业,认为学术创业与传统大学的观念存在冲突,因此,发生在大学外部的、超越学术界对传统大学的定义的活动均称为学术创业。代表性学者如 Klofsten & Jones-Evans(2000)认为学术创业是"在大学正式的基础教学和科研任务之外所有商业化的活动"①;Louis et al.(1998)认为教师通过开发研究创意或产品使其市场化,从而增加个人或组织收益、影响力和声誉的活动②;Laukkanen(2003)认为学术创业是与市场相联系,并由市场驱动的活动。这种活动有时因与传统价值观念、文化和学术惯性的不同而产生冲突③。

第二种强调学术组织或个人在创业中的主体地位,认为学术创业是教师把资源融入现有组织背景下的整合过程,催生了反映研究者从事工作的一种全新模式。代表性学者如 Colyvas & Powell(2007)调查了斯坦福大学生物医学领域参与学术创业的缘由,将学术创业定义为披露发明、申请专利或与生物医药企业合作,重点考察的是学者如何将学术规范和产业化进行整合,建立新身份的过程④。

第三种侧重办新公司,包括研究商业化、技术转移和大学衍生企业。代表性学者如 Wright(2007)强调学术创业是一个商业化的开发过程,超越了传统的创新特许,表现为基于大学的技术和知识创建一项新事业⑤;Shane(2004)对美国、加拿大和英国学术创业进行全面研究,将注意力几乎全部放在衍生企业方面,因此他认为学术创业是知识产权权利人的所有者(学术机构)应用知识产权开办公司的过程⑥。然而,一些研究者认为学术创业的内涵应该包括更广泛的

---

① Klofsten M, Jones-Evans D. Comparing academic entrepreneurship in Europe — the case of Sweden and Ireland[J]. Small Business Economics, 2000, 14(4): 299 - 309.

② Louis K S, Jones L M, Anderson M S, et al. Entrepreneurship, secrecy, and productivity: a comparison of clinical and non-clinical life sciences faculty[J]. The Journal of Technology Transfer, 2001, 26(3): 233 - 245.

③ Laukkanen M. Exploring academic entrepreneurship: drivers and tensions of university-based business[J]. Journal of Small Business and Enterprise Development, 2003, 10(4): 372 - 382.

④ Colyvas J A, Powell W W. From vulnerable to venerated: The institutionalization of academic entrepreneurship in the life sciences[M] The sociology of entrepreneurship. Emerald Group Publishing Limited, 2007, 25: 219 - 259.

⑤ Wright M. Academic entrepreneurship in Europe[M]. Edward Elgar Publishing, 2007.

⑥ Shane S. Encouraging university entrepreneurship? The effect of the Bayh-Dole Act on university patenting in the United States[J]. Journal of Business Venturing, 2004, 19(1): 127 - 151.

创业活动。如 Chrisman et al.(2007)认为学术创业是促进大学—企业技术转移的有效机制,将学术创业的定义为"由大学代理机构创办公司的活动"[1]。

第四种基于公司创业视角的综合观点,认为学术创业包含大学内部和外部组织创造、创新和战略的更新。代表性学者如 Brennan & McGowan(2006)通过将企业创业视角与组织知识创造模型、本体论层次和知识类型相结合,将学术创业的复杂现象解构为一系列逻辑范畴和概念箱[2],如表 2-4 所示。

表 2-4　学术创业概念界定框架

分析层次	优势识别	创新识别	机会识别	知识类型
创业系统	大学、企业和政府的三螺旋互动	创新系统	创业系统	编码知识
大学	知识创造	知识生产	创业型大学	嵌入知识
学院	组织知识	吸收能力	学习型组织	文化型知识
团体	非正式网络	社会学习	个体、领域与机会	体化知识
个体	个性差异	氛围和创造力	专业领域	脑化知识

资料来源:Brennan M C, McGowan P. Academic entrepreneurship: an exploratory case study[J]. International Journal of Entrepreneurial Behavior & Research, 2006, 12(3): 144-164.

本书认为理解学术创业的内涵,关键是要厘清学术创业与一般创业的区别:

首先,学术创业对象具有"特殊性"。学术创业与一般创业活动的对象有较大差异,学术创业的对象是"科研成果",即在科学技术活动中通过复杂的智力劳动所得出的具有某种被公认的学术或经济价值的产品。

其次,学术创业目的掺杂"学术"性。教师参与学术创业的目的除了获取经济报酬外,还包括反哺学术研究的进一步提升。学术创业的主体——教师参与学术创业过程中具有双重身份,追求利润为导向的学术创业者和探索真理为使命的学术研究者。Van Looy et al.(2004)对比利时大学 14 个学科的教师进行实

---

① Chrisman J J, Hynes T, Fraser S. Faculty entrepreneurship and economic development: The case of the University of Calgary[J]. Journal of business venturing, 1995, 10(4): 267-281.

② Brennan M C, McGowan P. Academic entrepreneurship: an exploratory case study[J]. International Journal of Entrepreneurial Behavior & Research, 2006, 12(3): 144-164.

证研究,发现学术创业和学术研究是可以平衡的,这两种活动并不相互妨碍。并且随着资源的增加,这两者之间的交互作用更为显著,并呈现出"马太效应"[1]。

最后,学术创业形式多样性。传统意义上,创业等同于创办新企业,而学术创业的外延则更为宽泛。Louis(1989)识别出了5种学术创业的类型:① 参与外部提供资助的大型研究项目;② 获得外部收益;③ 得到企业的支持;④ 获取专利;⑤ 商业化——正式的或者在私人企业持有股权(基于教师的研究成果)[2]。Klofsten & Jones-Evans(2000)将学术创业活动形式从活动的硬性到软性分为:科技园、衍生企业、专利和许可、合同研究、产业培训课程、顾问咨询、筹资、学术出版和培养高质量的本科生,硬活动多指有形产出,而软活动则相反[3]。李华晶(2009)基于不同创业导向,将学术创业活动分为内向型学术创业——对既有的科学实践进行创新,学术创业目的只是寻求对科学进步的贡献;中间型学术创业——通过与私人部门间的合作进行创新,从而获取经济或知识资源来支持研究项目;外向型学术创业——追求具有潜在的市场价值的创新活动[4]。

综上所述,教师学术创业是教师把新身份和资源整合到现有的组织环境中,运用大学创新创业资源,将科研成果转化为资本,进而通过市场化运行实现价值增值的过程。技术许可、技术转让、技术作价入股和创办衍生企业通常被认为是学术创业常见的学术创业形式。创办衍生企业形式与转让和技术许可形式相比,资产专用性和风险较高,教师学术创业选择哪种形式取决于交易费用和创新的属性。

2."学术创业"VS"创业型大学"VS"技术转移"VS"科技成果转化"

通常情况,学术创业、创业型大学、技术转移、科技成果转化这四种概念在不同的语境下被交替使用。然而,严格来讲,其表达的侧重点有所不同。Etzkowitz(2003)认为"创业型大学"多用于描述描述大学对区域经济发展的重要性[5]。

① Van Looy B, Ranga M, Callaert J, et al. Combining entrepreneurial and scientific performance in academia: towards a compounded and reciprocal Matthew-effect? [J]. Research Policy, 2004, 33(3): 425-441.

② Louis K S, Blumenthal D, Gluck M E, et al. Entrepreneurs in academe: An exploration of behaviors among life scientists[J]. Administrative science quarterly, 1989: 110-131.

③ Klofsten M, Jones-Evans D. Comparing academic entrepreneurship in Europe-the case of Sweden and Ireland[J]. Small business economics, 2000, 14: 299-309.

④ 李华晶.学者、学术组织与环境:学术创业研究评析[J].科学学与科学技术管理,2009(2):51-54+116.

⑤ Etzkowitz H. Innovation in innovation: The triple helix of university-industry-government relations [J]. Social science information, 2003, 42(3): 293-337.

Gibb & Hannon(2006)认为与技术转移和学术创业相比,创业型大学的概念更为宽泛,因为创业型大学还表现出组织结构特性、领导力、控制系统、人力资源系统和校园文化等一系列特征[①]。伯顿·克拉克(2003)认为创业型大学是凭它自己的力量,如何在它的事业中创新,并寻求在组织特性上有实质性的转变,以便为将来取得更好的发展态势[②]。王雁(2005)认为创业型大学是具有"企业家精神"的研究型大学,其三大功能即教学、研究和创业是三位一体的完整体系,与传统研究型大学相比,创业型大学具有环境敏感的组织范式与内外协调的运行机制[③]。在大学层面,创业是一种战略举措。Brennan & McGowan(2008)认为学术创业是嵌入在大学系统中的活动,是创业型大学的重要组成部分[④]。Yusof(2010)认为只有大范围进行学术创业活动的大学才能称之为创业型大学[⑤]。

　　Parker & Zilberman(1993)将技术转移(technology transfer)定义为"将大学、科研机构或政府实验室的基本知识、信息与创新流向私人及准私人部门的个体或公司的过程"[⑥]。技术转移除了包括显性的技术(可编码的技术)的转移,还包括隐性的技术(不可编码的技术),一般是技术人员的转移。科技成果转化是指:"为提高生产力水平对科学研究与技术开发所产生的具有实用价值的科技成果所进行的继续实验与开发、应用与推广,直至形成新的产品、工艺、材料或发展新产业的活动。""科技成果转化"在英语语境中无准确对应的术语,是我国的专有名词。与国外文献中广泛使用的术语"学术创业(academic entrepreneurship)"和"技术转移(technology transfer)"有明显区别。科技成果转化重在"转化",即科技成果形态的变化,形成了新的事物;技术转移重在"转移",即技术在空间位置上的变化;学术创业重在"学术",强调学者的主体地位。科技成果转化的过程

---

　　① Gibb A, Hannon P. Towards the entrepreneurial university [J]. International Journal of Entrepreneurship Education, 2006, 4(1): 73 - 110.

　　② 伯顿·克拉克.建立创业型大学:组织上转型的途径[M]. 王承绪,等译.北京:人民教育出版社,2003.

　　③ 王雁.创业型大学:美国研究型大学模式变革的研究[D].浙江大学,2005.

　　④ Brennan M C, McGowan P. Academic entrepreneurship: An exploratory case study[J]. International Journal of Entrepreneurial Behavior & Research, 2006, 12(3): 144 - 164.

　　⑤ Yusof M. Categories of university-level entrepreneurship: a literature survey[J]. International Entrepreneurship and Management Journal, 2010, 6(1): 81 - 96.

　　⑥ Parker D D, Zilberman D. University technology transfers: impacts on local and US economies [J]. Contemporary Economic Policy, 1993, 11(2): 87 - 99.

中往往会伴随技术的转移,同时技术转移又能促进科技成果的转化,但不是所有的技术转移都可以导致科技成果的转化①。

学术创业与科技成果转化、技术转移的区别还在于它们基于的理论基础不同。学术创业主要基于学术资本主义、知识新生产模式和三螺旋等理论;技术转移主要基于的是技术差距理论、企业能力吸收理论、知识转移障碍理论、可持续发展理论等;科技成果转化主要基于知识经济理论、技术创新理论、孵化器理论等。

3. 学术创业者

Dickson et al.(1990)基于参与学术创业的程度将教师划分为三种类型:学术—创业者(academic-entrepreneur)、创业—研究者(entrepreneurial-researcher)、专业化—创业者(Scientific-entrepreneur)②。学术—创业者参与创业活动,但是仅把创业活动作为他们学术工作以外的兼职活动;创业—研究者全职从事创业活动,同时本质上仍然致力于感兴趣的学科领域;专业化—创业者把科学研究等同于创业。Provasi & Squazzoni(2007)把学术机构的创新者分为纯学术科学家(Pure academic Scientists)、学术创业者 1(academic entrepreneurs 1)和学术创业者 2(academic entrepreneurs 2)③(如表 2 - 5 所示)。

纯学术科学家符合默顿提出的科学规范,大多从事基础性研究,即在现有的科学实践上,建构新发现、新理论、新范式、新领域等寻求创新突破,进而对科学进步作出贡献。因此,他们往往不关心技术与商业应用等问题。学术创业者 1 以部门间合作方式进行创新,寻找支持研究项目与研究团队的知识与经济资源,同时会通过跨部门或者多部门间的合作增加知识与经济资源。他们希望通过提升公共或私人知识与经济资源,实现其所控制的组织(如项目团队、实验室、研究机构)增长最大化;学术创业者 2 指的是从事具有市场价值的创新型科学家,他们谋求新发现专利、许可或建立衍生企业,以此推动创新成果资本化,并寻求经济价值的最大化①。

本书把所有参与学术创业(许可、转让、技术作价入股、创办衍生企业)的教师,统称为学术创业者(academic entrepreneur)。

---

① 石根柱,郑晓娜.浅析美国国防技术转移[J].国防,2018(04):71-75.

② Dickson K, Coles A M, Smith H L. Science in the market place: the role of the scientific entrepreneur[J]. New technologybased firms in the, 1990, 4:27-37.

③ Provasi G, Squazzoni F. Academic entrepreneurship and scientific innovation: micro-foundations and institutions[J]. Department of Social Sciences, University of Brescia (Hrsg.): Working paper. Nr. SOC, 2007:6-7.

表 2-5　教 师 的 分 类

	纯学术科学家	学 术 创 业 者	
		学术创业者 1（AE1）	学术创业者 2（AE2）
目的	科学进步	研究团队/实验室的发展	技术创新
激励	在同行中赢得声誉	获取外部资金用于科研项目	获取经济利润或职业提升
团体	科学团体	技术—科学团体	市场
信念	文职人员	科学的企业管理	个体企业家
方式	出版	部门间的合作	专利、许可、衍生企业
性质	公共	公共和私有的集成	私有

资料来源：Provasi G，Squazzoni F. Academic entrepreneurship and scientific innovation：micro-foundations and institutions[J]. Department of Social Sciences，University of Brescia（Hrsg.）：Working paper. Nr. SOC，2007：6-7.

（三）学术创业的影响因素

1. 个人层面

在"学术创业"主题中，仅有少量文献关注教师个体对学术创业活动产生影响。但是在"创业"主题的文献中，Venkataraman& Shane（2000）更多把个体差异作为解释怎样成为创业者的关键因素[①]。Nicolaou et al.（2008）认为个体差异会影响创业行为，无论创业形式是个体经营、开创公司、经营自有业务还是参与公司创建过程。即使将收入水平、受教育程度、婚姻状况、种族等环境影响考虑在内，个体差异占整个差异的 60%[②]。Shane（2010）认为影响个体差异的两个主因是遗传差异与经验[③]。Nicolaou et al.（2009）研究了遗传因素对创业意愿的影响，发现创业意愿有一部分是遗传的，这个比例在 37%—48%之间，且对女性的

---

① Shane S，Venkataraman S. The promise of entrepreneurship as a field of research[J]. Academy of management review，2000，25(1)：217-226.

② Nicolaou. N，Shane. S，Cherkas. L，et al. Is the tendency to engage in entrepreneurship genetic[J]. Management Science，2008，54(1)：167-179.

③ Shane S. Born entrepreneurs，born leaders：How your genes affect your work life[M]. Oxford University Press，2010：65.

遗传效应更加明显,男性可能更受到情境因素的影响①。

众多研究发现,经验是教师学术创业中最重要的影响因素。Shane(2000)研究表明,如果一个人之前有创建新企业的经验,无论先前企业是否成功,都会增加再次创业的可能性②。也就是说,失败的创业经历与成功的创业经历一样,都是强化学习的过程,都有相同的价值。Hoye & Pries(2009)对加拿大一所研究型大学 172 名教师调查发现,存在"重复性创业者",且重复创业者在后期的创业中更可能成功③。类似地,Bercovitz & Feldman(2008)也指出曾经向所在大学技术转化办公室披露研究发明的研究者更有可能重复这种行为。先前识别创业机会的经验有可能会增加研究者参与创业活动的概率④。McGrath & MacMillan(2000)认为多次创业的人可能具有"企业家思维",这能够促进他们不断寻找新的机会⑤。Bekkers & Bodas-Freitas(2010)发现与企业有过合作(正式的或者非正式的)经验的教师更可能参与学术创业活动⑥。但是也有研究发现先前的经验对其继续从事学术创业活动产生了负向影响。如 Cooper et al.(1988)研究发现,有过创业经验的教师可能会夸大商业风险,对资金的需求预估过高⑦。同时,也会削弱只有在新手企业家中才会出现的极度乐观,从而降低了再次创业的可能性。

创业榜样会对教师参与学术创业产生一定的影响。Bauer(2001)研究表明,大学教师创业者会向其他教师和大学生提供一种"非正式的课程",比如如何获得创业资金、如何开办企业等⑧。Kenney & Goe(2014)研究表明,成功创业的

---

① Nicolaou N, Shane S, Cherkas L, et al. Opportunity recognition and the tendency to be an entrepreneur: A bivariate genetics perspective[J]. Organizational Behavior and Human Decision Processes, 2009, 110(2): 108 – 117.

② Shane S, Venkataraman S. The promise of entrepreneurship as a field of research[J]. Academy of management review, 2000, 25(1): 217 – 226.

③ Hoye K, Pries F. 'Repeat commercializers,' the 'habitual entrepreneurs' of university-industry technology transfer[J]. Technovation, 2009, 29(10): 682 – 689.

④ Bercovitz J, Feldman M. Academic entrepreneurs: Organizational change at the individual level [J]. Organization science, 2008, 19(1): 69 – 89.

⑤ McGrath R G, Mac Grath R G, MacMillan I C. The entrepreneurial mindset: Strategies for continuously creating opportunity in an age of uncertainty[M]. Harvard Business Press, 2000.

⑥ Bekkers R, Bodas-Freitas I. Catalysts and barriers: Factors that affect the performance of university-industry collaborations[C]. Conference paper International Schumpeter Society Conference. 2010.

⑦ Cooper A C, Woo C Y, Dunkelberg W C. Entrepreneurs' perceived chances for success[J]. Journal of business venturing, 1988, 3(2): 97 – 108.

⑧ Bauer M W. Diffuse anxieties, deprived entrepreneurs: Commission reform and middle management [J]. Journal of European Public Policy, 2008, 15(5): 691 – 707.

榜样会鼓励人们参与创业活动,因为大多数人开始从事一项新的工作是通过观察、模仿其他成功的人[①]。Golub(2003)认为哥伦比亚大学衍生企业的快速增长,在一定程度上是由于早在1990年初健康学科的教师创办的企业,给其他教师提供了一种案例——优秀的科学家同时可以创办企业[②]。

学术研究水平和质量是影响教师参与学术创业的又一重要因素。Franzoni & Lissoni(2006)强调优秀的科学家更热衷于探索高新技术知识,研究成果在一定时期内表现出独占性、垄断性等特征,他们相对识别利用创业机会的能力也更强[③]。Meyer(2006)发现学术研究者参与创业活动的频率越高,他的科研产出(发文量)越高[④]。同样地,Landry et al.(2007)研究发现教师参与学术创业活动与科研水平正相关[⑤]。

Shane(2000)发现具有多种学科知识背景的教师能更好地识别创业机会[⑥]。Bercovitz & Feldman(2008)研究表明,跨学科研究教师(以其身份隶属于校内多个学术部门为衡量方式)向所在大学的技术转移办公室披露发明的可能性更大[⑦]。Shane(2004)研究发现若干从专利中识别出创业机会的企业家,认为他们识别出创业机会是跨学科研究(如临床药理学与材料科学)经验积累的结果[⑧]。D'Este et al.(2011)研究也表明,拥有跨学科背景的教师,能够综合多种学科的优

---

①　Kenney M, Goe W R. The role of social embeddedness in professorial entrepreneurship: a comparison of electrical engineering and computer science at UC Berkeley and Stanford[J]. Research Policy, 2004, 33(5): 691 - 707.

②　Golub E. Generating spin-offs from university-based research: The potential of technology transfer[J]. Unpublished doctoral dissertation. Columbia University, New York, NY, 2003: 39 - 44.

③　Franzoni C, Lissoni F. Academic entrepreneurship, patents, and spin-offs: critical issues and lessons for Europe[J]. Centro di Ricerca sui Processi di Innovazione e Internazionalizzazione CESPRI, 2006: 1 - 29.

④　Meyer M. Academic inventiveness and entrepreneurship: On the importance of start-up companies in commercializing academic patents[J]. The Journal of Technology Transfer, 2006, 31(4): 501 - 510.

⑤　Landry R, Amara N, Ouimet M. Determinants of knowledge transfer: evidence from Canadian university researchers in natural sciences and engineering[J]. The Journal of Technology Transfer, 2007, 32(6): 561 - 592.

⑥　Shane S, Venkataraman S. The promise of entrepreneurship as a field of research[J]. Academy of management review, 2000, 25(1): 217 - 226.

⑦　Bercovitz J, Feldman M. Academic entrepreneurs: Organizational change at the individual level [J]. Organization Science, 2008, 19(1): 69 - 89.

⑧　Shane S. Encouraging university entrepreneurship? The effect of the Bayh-Dole Act on university patenting in the United States[J]. Journal of Business Venturing, 2004, 19(1): 127 - 151.

势,更具有创新性,识别创业机会能力也更强①。

　　Bercovitz & Feldman(2008)研究表明,教师在大学的学习经历与教师参与学术创业间存在显著正向相关②。DiMaggio & Powell(1983)强调大学在个体社会化中的作用,认为那些来自同一所大学的学生会倾向于以类似的方式看待问题③。Biglaiser & Brown(2003)研究表明,专业化训练会给个体行为规范留下印记④。在大学学习期间,接受过创业教育或参与学术创业实践,对其今后继续从事学术创业活动有很大的促进作用;与之相反,那些在不鼓励技术转移大学中接受学术训练的学生在其毕业成为教师后很少参与学术创业①。

　　Minniti & Nardone(2007)证实了学术创业与性别、年龄等存在相互关系⑤。Allen et al.(2007)研究表明,女性教师参与学术创业的意愿较低⑥。Elston & Audretsch(2010)发现性别是决定教师利用小型企业创新研究(SBIR)资助主要因素,女性申请SBIR资助者要远远少于男性⑦。同样地,Link & Scoot(2009)研究发现只有17.5%的SBIR企业由女性创办,剩下的82.5%均由男性创办⑧。Aldridge & Audretsch(2011)发现女性不但申请SBIR资助人数较少,而且低于美国普遍女性创业比例⑨。Levin & Stephan(1991)发现年龄与学术创业者正相关。他通过建立学术生涯周期模型,认为在职业生涯的早期,学者通常会提升自身

　　①　D'Este P, Perkmann M. Why do academic engage with industry? The entrepreneurial university and individual motivations[J]. The Journal of Technology Transfer, 2011, 36(3): 316 - 339.

　　②　Bercovitz J, Feldman M. Academic entrepreneurs: Organizational change at the individual level[J]. Organization Science, 2008, 19(1): 69 - 89.

　　③　DiMaggio P J, Powell W W. The iron cage revisited: Institutional isomorphism and collective rationality in organizational fields[J]. American sociological review, 1983: 147 - 160.

　　④　Biglaiser G, Brown D S. The determinants of privatization in Latin America[J]. Political Research Quarterly, 2003, 56(1): 77 - 89.

　　⑤　Minniti M, Nardone C. Being in someone else's shoes: the role of gender in nascent entrepreneurship[J]. Small business economics, 2007, 28: 223 - 238.

　　⑥　Allen I E, Elam A, Langowitz N, et al. Global entrepreneurship monitor[J]. 2006 Report on Women and Entreprenurship, 2007, 1 - 50.

　　⑦　Elston J A, Audretsch D B. Risk attitudes, wealth and sources of entrepreneurial start-up capital[J]. Journal of Economic Behavior & Organization, 2010, 76(1): 82 - 89.

　　⑧　Link A N, Scott J T. Private Investor Participation and Commercialization Rates for Government-sponsored Research and Development: Would a Prediction Market Improve the Performance of the SBIR Programme? [J]. Economica, 2009, 76(302): 264 - 281.

　　⑨　Audretsch D B, Aldridge T T, Sanders M. Social capital building and new business formation: A case study in Silicon Valley[J]. International Small Business Journal, 2011, 29(2): 152 - 169.

人力资本,包括成为某方面的专家或者获得终身职位[①]。Feldman et al.(2005)
研究表明,一旦实现学术职业目标,研究者会选择创办企业来获得经济回报[②]。
Audretsch(2000)研究发现,与企业科学家创办企业相比,大学科学家的年龄较
大,经验也更为丰富,他认为这种现象的出现与大学评价制度相关[③]。Klofsten &
JonesEvans(2000)分析了爱尔兰和瑞典大学的衍生企业,发现这两个国家的年
轻创业者非常少,通常获得晋升后才会选择学术创业[④]。

2. 大学层面

不同的大学对学术创业采取的政策不同。Tornatzky et al.(1997)发现一些
大学更倾向于制定有利于大学创办企业的政策,或许因为这些大学有为经济服
务的目标[⑤]。Shane(2004)总结出了一些有利于增加大学衍生企业活动的政策,
包括:提供专有技术独占许可、持有股份代替专利收入、允许教师离岗创业、可
以使用大学资源(孵化器、资金等)、提供种子基金等。Malone & Roberts(1996)
比较了几所主要的研究型大学,认为斯坦福大学在 20 世纪 90 年代早期比其他
研究型大学创办的衍生企业少的主要原因是大学没有制定独占许可政策[⑥]。
Hsu & Bernstein(1997)访谈了数名哈佛大学和麻省理工学院的创办企业者,发现
在大多情况下,创办企业者不会基于非独占许可创办他们的企业[⑦]。Goldfarb &
Henrekson(2003)通过对比美国大学体系和瑞典大学体系的学术创业政策,发
现知识产权归大学所有的美国大学体系比直接赋予发明人个人所有的瑞典大学
体系更能促进学术成果商业化[⑧]。

---

① Levin S G, Stephan P E. Research productivity over the life cycle: Evidence for academic scientists[J]. The American economic review, 1991: 114-132.

② Feldman M, Francis J, Bercovitz J. Creating a cluster while building a firm: Entrepreneurs and the formation of industrial clusters[J]. Regional studies, 2005, 39(1): 129-141.

③ Audretsch D B, Thurik A R. Capitalism and democracy in the 21st century: from the managed to the entrepreneurial economy[J]. Journal of evolutionary economics, 2000, 10(1-2): 17-34.

④ Klofsten M, Jones-Evans D. Comparing academic entrepreneurship in Europe-the case of Sweden and Ireland[J]. Small Business Economics, 2000, 14(4): 299-309.

⑤ Tornatzky L G, Bauman J S. Outlaws Or Heroes?: Issues of Faculty Rewards, Organizational Culture, and University-industry Technology Transfer[M]. Southern Technology Council, 1997: 22.

⑥ Malone C F, Roberts R W. Factors associated with the incidence of reduced audit quality behaviors[J]. Auditing, 1996, 15(2): 42-49.

⑦ Hsu D, Bernstein T. Managing the university technology licensing process: Findings from case studies[J]. Journal of the Association of University Technology Managers, 1997, 9(9): 1-33.

⑧ Goldfarb B, Henrekson M. Bottom-up versus top-down policies towards the commercialization of university intellectual property[J]. Research policy, 2003, 32(4): 639-658.

Shane(2004)认为允许兼职或者是离开政策(leaves of absence)对于鼓励大学衍生企业的创办是非常重要的,因为许多教师不想永久离开他们的工作职位,也不愿意放弃终身教职去创办企业[1]。Kenney & Goe(2014)研究表明,那些允许教师暂时性地离开去创办企业的大学,会产生更多的大学衍生企业[2]。Kenny & Goe(2014)通过比较加利福尼亚大学伯克利分校和斯坦福大学的"离开政策",解释了为什么斯坦福大学的衍生企业要多于伯克利分校[1]。伯克利分校的教师如果想在衍生企业中担任职务,则必须离开大学,但助理教授不能离开学校超过一年,这极大地阻碍了青年教师开办公司;而斯坦福大学的教师不用离开大学也可以成为公司的负责人。此外,加利福尼亚大学伯克利分校的教师是否可以暂时离开大学是由院系主任决定的,导致许多教师会谨慎评判是否提出申请。

专利收入分配给发明者、发明者所在院系和大学的比例也会影响大学衍生企业的数量。发明者占收入比越高,大学创办衍生企业活动比例越低。发明者所在院系以及大学共享专利收入所得,当大学发明者基于自己的研究成果创办企业时,他必须向大学缴纳专利使用费用,通常缴纳的费用要比专利许可收入返还的要多。因此,大学发明者专利所得收入越高,发明者越倾向于将专利转让,因为随着发明者专利许可收入比例的增加,开办企业的机会成本也会不断上升[3]。

大学的使命和文化对教师学术创业也会产生影响。Mowery & Sampat(2005)认为那些强调创业精神的大学教师更倾向于参与学术创业[4]。Hayter(2013)认为某些大学的文化会促进创业活动,同时鼓励衍生企业的创办,而另一些大学的某些细微信号会阻碍创业活动[5]。Louis at al.(1989)调查了美国生命科学的教师,发现不同的组织文化对教师是否创办衍生企业有显著影响,并且对教师参与

---

① Shane S. Encouraging university entrepreneurship? The effect of the Bayh-Dole Act on university patenting in the United States[J]. Journal of business venturing, 2004, 19(1): 127 - 151.

② Kenney M, Goe W R. The role of social embeddedness in professorial entrepreneurship: a comparison of electrical engineering and computer science at UC Berkeley and Stanford[J]. Research Policy, 2004, 33(5): 691 - 707.

③ Di Gregorio D, Shane S. Why do some universities generate more start-ups than others? [J]. Research policy, 2003, 32(2): 209 - 227.

④ Mowery D C, Sampat B N. The Bayh-Dole Act of 1980 and university-industry technology transfer: a model for other OECD governments? [J]. The Journal of Technology Transfer, 2004, 30: 115 - 127.

⑤ Hayter C S. Harnessing university entrepreneurship for economic growth: Factors of success among university spin-offs[J]. Economic Development Quarterly, 2013, 27(1): 18 - 28.

其他创业活动也会产生影响[①]。Huyghe & Knockaert(2015)对瑞典和德国大学研究人员实证分析发现,大学使命强调学术创业的程度与学术创业意愿正相关[②]。此外,院系领导和同行在推动或抑制教师学术创业中也发挥重要作用。Wright et al.(2009)认为大学管理者、组织文化、亚文化以及在大学能够获取的资源是促进学术创业的有效制度安排[③]。

Clarysse(2005)研究表明不同层次的大学技术转移办公室(TTO)对大学教师创办企业的数量、种类都有影响[④]。Baldini(2010)认为欧洲大学衍生企业自1990 年来的快速递增与专业化的大学技术转移办公室(Technology Transfer Offices,TTO)是密切相关的[⑤]。Phan & Siegel(2006)认为大学技术转移办公室促进了大学教师参与学术创业活动[⑥]。Thursby & Kemp(2002)的研究表明,美国大学的专利申请数量在大学创建 TTO 后增加了[⑦]。Vanaelst et al.(2006)也证实了比利时的大学创建 TTO 后,合同的数量、规模以及收入都增加了[⑧]。有一些学者对此持相反意见,认为大学技术转移办公室对学术创业活动影响并不明显,强调社会制度是学术创业的主要决定因素,大学是否成立技术转移办公室与教师参与创业活动并无直接关系。

领导在组织中通过组织文化建设和作为角色榜样来影响组织内其他成员的行为。领导通过明显可见的行为,向下属传达他所期望的、有价值的、可能获得奖励的行为是什么,从而推动组织文化建设。由于个人行为是由观察和模仿社

① Louis K S, Blumenthal D, Gluck M E, et al. Entrepreneurs in academe: An exploration of behaviors among life scientists[J]. Administrative science quarterly, 1989: 110 – 131.

② Huyghe A, Knockaert M. The influence of organizational culture and climate on entrepreneurial intentions among research scientists[J]. The Journal of Technology Transfer, 2015, 40: 138 – 160.

③ Wright M, Piva E, Mosey S, et al. Academic entrepreneurship and business schools[J]. The Journal of Technology Transfer, 2009, 34: 560 – 587.

④ Clarysse B, Wright M, Lockett A, et al. Spinning out new ventures: a typology of incubation strategies from European research institutions[J]. Journal of Business venturing, 2005, 20(2): 183 – 216.

⑤ Baldini N. Do royalties really foster university patenting activity? An answer from Italy[J]. Technovation, 2010, 30(2): 109 – 116.

⑥ Phan P, Siegel D S. The effectiveness of university technology transfer[J]. Foundations and Trends in Entrepreneurship, 2006, 2(2): 7 – 15.

⑦ Thursby J G, Kemp S. Growth and productive efficiency of university intellectual property licensing[J]. Research policy, 2002, 31(1): 109 – 124.

⑧ Vanaelst I, Clarysse B, Wright M, et al. Entrepreneurial team development in academics spinout: An examination of team heterogeneity[J]. Entrepreneurship Theory and Practice, 2006, 30(2): 249 – 271.

会环境中其他人的行为而决定的,所以通过观察领导的行为,下属们能间接意识到哪些行为被认为是合法的、值得效仿的。具体到教师学术创业,Bercovitz & Feldman(2008)研究表明,教师参与学术创业行为在很大程度上取决于教师所在系的领导——系主任,如果系主任在过去 5 年内有过向技术转移办公室披露发明的行为,那么该系教师披露发明的可能性就会增加 4%[①]。系主任在教师晋升考核中具有直接而重要的作用,引起争论的是系主任如何看待学术创业。那些有过学术创业等经历的系主任,往往释放了"积极参与学术创业有助于教师晋升"的信号,这种相关性不仅会对面临更多不确定因素的青年教师起作用,对资深教师也会产生影响。Azoulay et al.(2007)研究发现除院系领导外,教师参与学术创业的行为还受到院系同事的影响[②]。Bandura(1986)研究发现,当个体面临不确定情形而作出行为决策时,社会学习理论认为个体会模仿与自己身份类似的人的行为[③]。Bercovitz & Feldman(2003)研究表明,教师参与学术创业的行为受到院系内同等地位(例如,职称相同、科研水平相当)同事的显著影响;同事披露发明增长 1%,教师个人披露发明会增加 12%;当领导因素与同事因素同时放入模型时,领导因素不显著,而同事因素依然显著,这是由于领导因素和同事因素之间存在多重共线性,说明院系同事对教师学术创业的影响占主导作用[④]。Hill(2010)的结论与之相反,他发现院系同事对教师参与学术创业没有显著影响[⑤]。

3. 环境层面

政府出台的激励政策是营造创新创业环境、破解创业动力不足的重要手段,能够有效提升高校教师参与学术创业的意愿。政府财税金融支持力度越大、知识产权保护越完善,越有助于降低学术创业过程的风险,从而对教师学术创业有较强的推动作用。Ranga et al.(2003)基于比利时大学的个案研究发现,影响教

① Bercovitz J, Feldman M. Academic entrepreneurs: Organizational change at the individual level [J]. Organization Science, 2008, 19(1): 69 - 89.

② Azoulay P, Ding W, Stuart T. The determinants of faculty patenting behavior: Demographics or opportunities? [J]. Journal of economic behavior & organization, 2007, 63(4): 599 - 623.

③ Bandura A. Social foundations of thought and action: A social cognitive theory[M]. Englewood Cliffs, NJ, US: Prentice-Hall, Inc, 1986.

④ Bercovitz J, Feldman M. Technology transfer and the academic department: who participates and why[C]. DRUID summer conference. 2003, 15: 12 - 14.

⑤ Hill T L, Mudambi R. Far from Silicon Valley: How emerging economies are re-shaping our understanding of global entrepreneurship[J]. Journal of International Management, 2010, 16(4): 321 - 327.

师学术创业最重要的制度性因素是国家和区域创新政策,包括与创新相关的宏观政策、支持研究和创新的法案等①。对于分析美国拜杜法案(*Bayh-Dole Act*)产生的效果,出现了相互矛盾的结果。有学者如 Mowery et al.(2001)研究表明,拜杜法案对大学商业化活动的增加几乎没有影响②,而 Shane(2004)则证实了积极的影响③。Lu & Tao(2010)的研究发现,制度环境对学术创业的影响更多的是起到调节效应④。

　　学术创业与区域经济发展水平、创新基础设施、市场活跃程度等密切相关。Powers & McDougall(2005)研究发现,大多数教师创办的衍生企业都位于母校附近,大学所在地区风险投资集聚程度越高,教师学术创业的可能性越大⑤。Scott & Venkataraman(2000)认为环境中的资源可用性决定了教师感知创业机会的能力,资源越丰富,教师感知创业机会的能力越强⑥。Florida(1999)认为,即使许多高校产生了新的知识和发现,在资源受限的区域可能会因技术基础设施不足、中试平台缺乏、外部投资短缺等限制了科研人员学术创业的积极性⑦。Stuart & Ding(2006)重点关注了当地社会环境对教师创业的影响,从社会环境因素解释了为什么教师从单纯的科学研究者转变为创业者⑧。他认为只有当地社会环境对学术创业是支持的,允许利用学术资源、提供基础设施和经济诱因,大学才能从知识商业化中受益。Bercovitz & Feldman(2008)发现良好的创业

　　① Ranga L, Debackere K, Tunzelmann N. Entrepreneurial universities and the dynamics of academic knowledge production: A case study of basic vs. applied research in Belgium[J]. Scientometrics, 2003, 58(2): 301 - 320.

　　② Mowery D C, Nelson R R, Sampat B N, et al. The growth of patenting and licensing by US universities: an assessment of the effects of the Bayh-Dole act of 1980[J]. Research policy, 2001, 30(1): 99 - 119.

　　③ Shane S. Encouraging university entrepreneurship? The effect of the Bayh-Dole Act on university patenting in the United States[J]. Journal of business venturing, 2004, 19(1): 127 - 151.

　　④ Lu J, Tao Z. Determinants of entrepreneurial activities in China[J]. Journal of Business Venturing, 2010, 25(3): 261 - 273.

　　⑤ Powers J B, McDougall P P. University start-up formation and technology licensing with firms that go public: a resource-based view of academic entrepreneurship[J]. Journal of business venturing, 2005, 20(3): 291 - 311.

　　⑥ Shane S, Venkataraman S. The promise of entrepreneurship as a field of research[J]. Academy of management review, 2000, 25(1): 217 - 226.

　　⑦ Florida R. The role of the university: leveraging talent, not technology[J]. Issues in science and technology, 1999, 15(4): 67 - 73.

　　⑧ Stuart T E, Ding W W. When do scientists become entrepreneurs? The social structural antecedents of commercial activity in the academic life sciences[J]. American journal of sociology, 2006, 112(1): 97 - 144.

环境能够增加教师参与学术创业活动的可能性,但无法判断这是否只是一种选择效果,即教师或许是由于此机构支持创业活动而被吸引[1]。在这方面,他们的研究没有明确:如果教师创业能力较弱,或者是只有高水平创业能力的人愿意加入上述机构,良好创业环境是否会产生同样的效果。Degroof & Roberts(2004)认为在鼓励学术创业的环境下,强大的社区有能力选择最好的项目,将资源分配给大学[2]。因此,大学可采取被动的接收策略。相反,Wright et al.(2005)认为在不鼓励学术创业的环境下,研究机构需要发挥更主动的作用,例如为新创企业提供孵化器、创业辅导、风险基金等[3]。Farsi & Modarresi(2014)构建了影响学术创业的制度性因素模型,从正式因素和非正式因素两方面阐释影响学术创业的因素[4](如表2-6所示)。

表2-6 影响学术创业的制度性因素模型

正式因素(Formal Factors)	非正式因素(Informal Factors)
政府政策和法规	执法程序
市场结构	学者对创业的态度
大学治理结构	榜样和学术激励机制
学术创业结构	政治考虑
创业教育计划	教育质量
大学—产业关系	
大学研究结构	
知识产权法	

资料来源:Farsi J, Modarresi M. Institutional factors affecting academic entrepreneurship: The case of university of Tehran[J]. Economic Analysis, 2014, 47: 135-159.

---

① Bercovitz J, Feldman M. Academic entrepreneurs: Organizational change at the individual level [J]. Organization Science, 2008, 19(1): 69-89.

② Degroof J J, Roberts E B. Overcoming weak entrepreneurial infrastructures for academic spin-off ventures[J]. The Journal of technology transfer, 2004, 29(3-4): 327-352.

③ Wright S J, Stoner K E, Beckman N, et al. The plight of large animals in tropical forests and the consequences for plant regeneration[J]. Biotropica, 2007, 39(3): 289-291.

④ Farsi J, Modarresi M, Motavaseli M, et al. Institutional factors affecting academic entrepreneurship: The case of university of Tehran[J]. 2014.

（四）研究述评

综上所述,国内外相关研究文献对于考察教师学术创业来讲具有重要的借鉴价值,主要为以下三点:一是提供了多视角、多层面有解释力的分析视角;二是提供了大量的第一手文献数据资料和相关观点;三是提供了可以借鉴的实证研究方法。

但这些研究也有局限与不足,大致包括以下四个方面:第一,在理论上,作为一个重要的创业主题,学术创业的理论框架体系还需充实完善,其相关理论的挖掘与重构尚不充分,目前仍缺少成熟的理论脉络梳理。第二,在研究对象上,主要关注组织层面,多是对创业型大学的研究,而缺乏基于教师个体层面研究学术创业的综合模型和数据资料。第三,在研究内容上,针对学术创业的"中国情境"研究不足,缺少对我国研究型大学教师学术创业影响机理的系统化分析。第四,在研究方法层面,实证研究在学术创业研究中较为缺乏。

后续研究应从借鉴国外学术创业理论研究成果转变为基于中国国情开展学术创业的实证研究,研究视角从组织层面扩展到教师个体层面,对我国研究型大学教师学术创业影响机理进行系统研究,揭开学术创业"黑箱"。

三、学术创业政策研究及述评

（一）政策工具理论

1. 政策工具的内涵

政策工具是达到政策目标的一个手段,政策由理念变为现实离不开各种政策工具。对于什么是政策工具,国内外学者提出了不同的定义。Lester & Stewart(2004)把政策工具视为"政策执行的技术",并概括出两种技术途径,即通过命令和控制的途径以及通过市场化途径①。欧文·休斯(Owen EHughe)在《公共管理导论》一书中将政策工具定义为"政府的行为方式,以及通过某种途径用以调节政府行为的机制"②。政策工具是政策活动的一种集合,它表明了一些类似的

---

① Lester J P, Stewart J. Public policy: An Evolutionary Approach[M]. Beijing: China Renmin University Press, 2004: 43.

② 欧文·休斯.公共管理导论[M].张成福,等译.北京:人民大学出版社,2003: 36.

特征,关注的是对社会过程的影响和治理。

从工具本身的含义来说,政策工具的最终目的是实现政策目标。不同学者对政策工具的表述不尽相同,但重点都强调其目标性。政策工具是政府为达到一定目标而采用的方法和手段,对政府实现既定的政策目标有重要作用。

2. 政策工具的分类

荷兰经济学家基尔申(Kirschen)于1964年最早提出将政策工具进行分类,他整理出64种一般化的工具,但并未加以系统化分类,也没有对这些工具的起源和影响加以理论化探讨。随后,各国学者对政策工具的分类开展了广泛的研究①。按照政策工具的目标,Schneider & Ingram(1990)将政策工具分为激励、提高能力、象征和劝告以及学习②。依据政府的强制性程度,Michael & Ramesh(2003)将政策工具分为自愿性工具、强制性工具和混合性工具三类③。

在具体的创新创业政策研究领域中,最有代表性的是 Rothwell(1985)对政策工具的分类,它根据政策工具对技术创新产生影响的层面不同,将政策工具分为供给面、环境面和需求面三大类④。此种分类方法具备较强的目标针对性和操作性,在创新创业政策研究中运用最为广泛。Freitas & Von Tunzelmann(2008)将科技创新政策分为使命型与扩散型、特定型与一般型、地方主导与中央主导,并建立了包含46个题项的政策规划编码框架⑤。我国学者赵筱媛和苏竣(2007)结合科技政策的结构和层次将科技政策划分为基础层面政策、综合层面政策和战略层面政策三类⑥。其中基础层面包含税收优惠、教育培训、科技投入、知识产权、公共技术采购等多种形式;综合层面政策包括大学科技园、中小企业创新基金、科技中介等;战略层面政策是具有前瞻性和重要指导意义的宏观政策或目的。

---

① 陈学飞.教育政策研究基础[M].北京:人民教育出版社,2011:323-337.

② A Schineider, H Ingram. Behavioural assumptions of policy tools[J]. The Jounal of Politics, 1990, Vol.52(2):510-521.

③ Michael Howlett & M. Ramesh,Studing public policy: Policy cycles and policy subsystems[M]. Oxford: Oxford University Press, 2003:87.

④ Rothwell R. Reindustrialization and technology: Towards a national policy framework[J]. Science and Public Policy, 1985, 12(3):113-130.

⑤ Freitas I M B, Von Tunzelmann N. Maping public support for innovation: A comparison of policy alignment in the UK and France[J]. Research policy, 2008, 37(9):1446-1464.

⑥ 赵筱媛,苏竣.基于政策工具的公共科技政策分析框架研究[J].科学学研究,2007,25(1):52-56.

(二) 学术创业政策研究

学术创业政策是政府为了促进学术创业而采取的公共干预措施,通过一系列的制度安排或政策工具,提高教师参与学术创业的动力,消除障碍因素,从而提升学术创业水平,促进经济的发展。学术创业既包含学术研究的创新阶段,也包括学术成果产业化阶段。因此学术创业政策,不仅包括学术创新政策,也包括学术成果转移转化的政策,以及与之相关的创业教育、创业融资和知识产权等政策。我国学术创业政策研究主要包括以下几个方面:

1. 学术创业政策演进趋势和特点研究

肖国芳和李建强(2015)重点研究了改革开放以来中国技术转移政策演变过程,阐释了重心下移和市场驱动等政策特征[①]。易高峰(2017)对 1985—2016 年国家层面的高校学术创业政策文本进行内容挖掘和可视化分析,总结出学术创业经历的四个演化阶段,包括科技体制改革背景下的初步建立、科教兴国战略下的逐步发展、创新型国家建设下的改革深化和创新驱动发展战略下的重点突破[②]。杜伟锦等(2017)梳理了我国京津冀和长三角地区科技成果转化政策的演变过程,将区域不同阶段的科技成果转化政策进行对比,分析了两区域在政策构建中的差异[③]。

2. 学术创业政策体系合理性研究

卢章平等(2013)用内容分析法研究我国 1980—2011 年科技成果转化政策,从政策制定部门、发展趋势以及政策效力角度分析,指出了政策工具在使用过程中存在的问题,提出了政策建议[④]。黄菁(2014)将定量统计分析、多维尺度分析等方法引入政策研究领域,对政策的时间、类型、地域等分布,以及政策作用领域、主题和特征变迁进行了分析[⑤]。张永安和闫瑾(2016)运用文本挖掘

---

① 肖国芳,李建强.改革开放以来中国技术转移政策演变趋势、问题与启示[J].科技进步与对策,2015(6):115-119.

② 易高峰.我国高校学术创业政策演化的过程、问题与对策——基于 1985—2016 年高校学术创业政策文本分析[J].教育发展研究,2017(5):70-76.

③ 杜伟锦,宋园,李靖等.科技成果转化政策演进及区域差异分析——以京津冀和长三角为例[J].科学学与科学技术管理,2017,38(02):3-11.

④ 卢章平,王晓晶.基于内容分析法的科技成果转化政策研究[J].科技进步与对策,2013(4):14-21.

⑤ 黄菁.我国地方科技成果转化政策发展研究——基于 239 份政策文本的量化分析[J].科技进步与对策,2014(7):46-53.

方法,对科技成果转化政策进行词频分析、语义网络分析、中心性分析以及聚类分析,得到科技成果转化政策三维结构框架(政策颁布层级、政策作用对象和政策措施)[①]。刘华和周莹(2012)分析了我国技术转移政策之间的相关冲突对政策绩效的影响,并对我国技术转移政策协同运行机制建立提出了具体建议[②]。马江那等(2017)基于政策工具和创新价值链的双重视角,分析了我国科技成果转化政策在政策工具设计、搭配及构建中存在的问题[③]。

3. 学术创业政策的国际比较研究

徐慧(2012)通过分析主要发达国家,如美国、日本、英国等在成果转化政策制定的经验,为我国学术创业政策体系制定提供借鉴[④]。李凡(2015)等从政策目标、政策工具和政策执行三个方面描述了中国和俄罗斯两国的技术创新政策,并采用二元 logistic 回归方法,探索了两国在不同阶段的政策演进差异[⑤]。李梓等(2015)对比分析了中韩两国技术创新政策的差异及其历史演变路径[⑥]。李晓慧等(2016)通过探讨美国为促进学术成果产业化和加快技术转移、推广及应用所采取的一系列政策措施,为我国提供借鉴参考[⑦]。

(三) 研究述评

政策工具是政策研究领域的重要组成部分,以上学者对政策工具内涵的解读和政策工具的分类,为本书奠定了重要的理论基础。现有学术创业政策研究大多聚焦于学术创业政策演进特点和学术创业政策本身所存在的问题,而与学术创业影响机理的关联度较低,或造成实施中存在一定程度的盲目性,难以实现激励政策之间的协同。

---

① 张永安,闫瑾.基于文本挖掘的科技成果转化政策内部结构关系与宏观布局研究[J].情报杂志,2016(2):26-33.

② 刘华,周莹.我国技术转移政策体系及其协同运行机制研究[J].科研管理,2012(3):54-61.

③ 马江娜,李华,王方.中国科技成果转化政策文本分析——基于政策工具和创新价值链双重视角[J].中国科技论坛,2017(8):34-44.

④ 徐慧.发达国家专利成果转化政策和措施[J].中国高校科技,2012(3):11-19.

⑤ 李凡,林汉川,刘沛罡,李娜.中俄技术创新政策演进比较研究[J].中国高校科技,2012(3):11-19.

⑥ 李梓,涵昕,朱桂龙,刘奥林.中韩两国技术创新政策对比研究——政策目标、政策工具和政策执行维度[J].科学学与科学技术管理,2015(4):29-35.

⑦ 李晓慧,贺德方,彭洁.美国促进科技成果转化的政策[J].科技导报,2016(12):42-48.

第 *3* 章

我国研究型大学教师学术创业
影响机理的理论研究

一、基于扎根理论的我国研究型大学教师学术创业影响因素识别

（一）扎根理论研究方法

扎根理论（Grounded Theory）最早由格拉泽（Glaser）和施特劳斯（Strauss）于 1967 提出，它是一种运用公式性规则、启发性工具和系统化程序搜集和分析质性数据，并扎根在数据中建构理论的定性研究方法①。扎根理论是一种有效地根植于定性资料的研究范式，经由整合性的资料收集，发掘和归纳现象所蕴含的理论，并暂时性验证建构理论的过程。格拉泽等人提出质化研究路线，涉及逻辑演绎和理论归纳，细分为扎根启动、进入现场、建立工具、发展概念、理论抽样、建构理论和结论阐释 7 个部分，关键技术工具包括开放编码、主轴编码和选择编码 3 种，如图 3-1 所示。

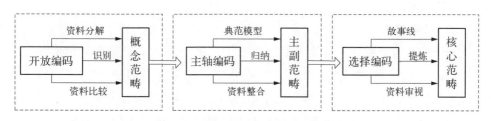

图 3-1　基于扎根理论的质性研究过程

①　Glaser B, Strauss A. The discovery of grounded theory[J]. London：Weidenfeld and Nicholson，1967，24(25)：288-304.

Rothwell(1980)认为与其他质性研究方法相比,扎根理论研究是基于生动资料的探究来解释一个具体概念的延伸,更加突出基于不同个体、案例之间差异性比较之上的共性因素的抽取与提炼,聚焦于社会情景与个体行为的互动①。扎根理论内在含义为以系统化资料收集为基础,通过对资料的深度解析与不断解读,从中探索研究命题的关键概念,然后再从不同的概念之间建立某种符合逻辑的联系,从而构建出一整套科学的理论阐释体系。以往学术创业理论研究中,学者们对教师学术创业关键影响因素关注程度不够,没有针对中国情境下教师学术创业关键影响因素提出完整的理论构建,仅仅依靠文献的总结分析来探讨教师学术创业影响因素很难具有说服性。因此,选取扎根理论作为研究方法,通过对研究型大学教师进行深入访谈,希望透过研究型大学教师的视角,挖掘教师学术创业的关键影响因素。

(二) 扎根理论研究设计

1. 访谈提纲设计

围绕"教师学术创业的关键影响因素"的问题,在借鉴已有相关研究成果的基础上,主要设计了如下 7 个问题:(访谈提纲见附录 A 所示)① 您对研究型大学教师参与学术创业的看法是什么? 您认为教师有没有必要进行学术创业? 为什么? ② 请您谈谈您参与学术创业的经历(许可、转让、技术作价入股、衍生企业)。③ 您参与学术创业的动机是什么? ④ 您认为影响您参与学术创业的主要因素有哪些? ⑤ 您参与学术创业是否受到外部激励? 请谈谈是哪些? ⑥ 您是否有想要参与学术创业、但是受到一些因素的影响而放弃的情况? 是受到哪些因素的影响? ⑦ 当您学术研究和学术创业相冲突的时候,您是如何解决的?

2. 研究对象

选取 20 位研究型大学教师作为研究对象,就"教师学术创业影响因素"问题进行深度访谈。样本涵盖工学、人文社会科学、理学和生命科学的教师。每位教师的访谈时间在 30~120 分钟。访谈中,征得受访者同意,对访谈进行了录音。访谈结束后,进行了文字转录,力求最大程度保证受访者话语的原始性。

---

① Rothwell A. Research in Progress — Is Grounded Theory What Management Needs[J]. Journal of European Industrial Training, 1980, 4(6): 6 - 8.

采用目的抽样,主要选取上海交通大学、同济大学等参与学术创业的教师作为访谈对象,教师创业的形式包括许可、技术转让、技术作价入股、创办衍生企业。其中,教师参与的许可、技术转让、技术作价入股需对企业和社会带来一定的经济价值;衍生企业需符合创新型企业认定标准,是教师基于自己的原创型成果创办的企业,其他类型创业不包含在内。

3. 访谈程序

正式访谈之前,先行将访谈提纲通过邮件发给受访者,总体依据访谈提纲展开,内容不限于提纲,给被访者一定的自由发挥空间,尽可能捕捉到相关信息。访谈之前,熟悉受访者的基本情况,这些基础工作有利于访谈过程中的深层次交流及后续问题的回答。在访谈过程中,征得受访者同意后,对访谈进行录音,访谈结束后进行翻录,将其访谈资料整理成访谈文本。

(三)数据资料的扎根分析过程

访谈转录完成后,对访谈的文本资料进行逐字逐句的分解,提取在研究情景中重要的、突出的、屡次出现的现象,并对这些现象进行意义解释。这种意义解释主要是通过编码来完成的。从 20 份访谈资料中随机选取 16 份进行三个级别的编码:开放编码、主轴编码和选择性编码,提炼我国研究型大学教师学术创业影响因素的核心范畴和主范畴的典型关系结构。

1. 开放编码

开放编码是对原始访谈资料逐字逐句进行编码、贴标签,以从原始资料中产生初始概念、发现概念范畴。开放编码的分析焦点是从原始资料中构建概念。首先将原始资料分解成可操作的片段,然后探究每个片段所蕴含的思想,将这些思想以概念命名。其次,对这些可能存在一定交叉或隶属关系的概念重新分类,抽象成能够涵盖这些概念的类属,形成所谓的范畴[①]。

通过对访谈资料进行开放编码,共得到 375 条原始语句,从中抽象出 61 个初始概念。经过多次整理、合并,剔除出现频次低于两次的初始概念,最终形成 17 个范畴,分别是物质预期、社会化预期、自我评价预期、学术研究水平、先前经验、学术创业能力、组织、院系领导、同事、榜样、个人网络、产学合作网络、支持性

---

① 高翔.基于扎根理论的再制造产品购买意愿影响因素研究[D].大连理工大学,2016.

网络、时间冲突、角色冲突、政策因素、大学中介机构。开放式编码过程举例见附录 B,开放编码结果如表 3-1 所示。

表 3-1 开放式编码结果

初始范畴	原始语句(初始概念)
物质预期	我参与学术创业,一方面是响应国家"大众创业、万众创新"号召,另一方面是能够提高个人收入。**(提高个人收入)** 现在有很多博士生非常优秀,我如果有一个很好的公司,能赚取额外的收入,可以提高他们的待遇。**(提高博士生待遇)** 我要为我的团队考虑,许可、转让所得可以提高他们的收入。**(提高团队收入)**
社会化预期	通过参与学术创业,最大的收获是个人的成就感,在国内国际上有不小的影响。**(社会声誉)** 最初参与技术转让的时候根本没想过会提高个人声誉,但做大后确实增加了自己的影响力。**(影响力)**
自我评价预期	能够让成果得到应用,在市场上和社会上体现个人价值。**(体现个人价值)** 每个人有自己的价值观,学术创业和欲望、兴趣有关的。**(满足个人兴趣)**
学术研究水平	做了这么多年学术,问题的研究是不是深到了可以拿到市场上检验的阶段。**(学术积累)** 我是先做好研究,研究做到一定程度,大家认可你了,自然有企业来找你。**(学术研究水平)**
先前经验	海外留学经历奠定了我创新的理论基础。**(海外留学经历)** 回国之前去了日本一家公司,奠定了回国后创新的基础。**(企业工作经验)** 在创办这个企业之前,我有多次许可、技术转让的经历。**(学术创业经验)** 我博士是在国外读的,与企业接触非常多,涉及的专利许可和技术转让也很多,这对我现在参与学术创业有很大帮助。**(博士阶段训练)**
学术创业能力	教师缺少与学术创业相关的知识,如会计、法律等。**(学术创业知识)** 我认为,从模式上,可以入股,但不一定参与,教授一般不擅长公司的经营与管理。**(不擅长管理)** 教师不熟悉设备及经济核算,缺少把产品推向市场的能力。**(学术创业技能缺乏)**
组织	前七八年我一直是有争议的人,我所在的学校都不敢宣传,他们有顾虑。**(存在争议)** 学校校领导没有评估,对学术创业没有明确的定位。**(对学术创业态度模糊)**
院系领导	院系领导的态度非常关键,如果院系领导不支持学术创业,认为应用研究、甚至开办公司不符合研究型、一流大学的理念,那么院系的教师做这件事情势必会受到压制。**(领导态度)**

续 表

初始范畴	原始语句(初始概念)
同事	我周围同事参与学术创业,对我有一定的带动。(**同事带动**) 我所在的院系学术创业的氛围很好,周围的同事都与企业有过很多合作,也有很多专利的许可,也有将技术作价入股跟企业合办公司。(**同事影响**)
榜样	我跟我导师相识 13 年,导师对我的影响很大,我们之间相处很好。他就是一直在做许可、转让这些事情,我从一直辅助到现在自己独立来创业。(**导师**)
个人网络	投资朋友对我学术创业有一定影响,从他们那里,我了解了社会规则。(**投资朋友**) 我创办企业肯定离不开家人和朋友的支持,主要是物质上和情感上的支持。(**家人朋友**)
产学合作网络	我经常参与企业的课题研究,申请横向课题经费,所以研究成果转让是顺其自然的一件事情。(**合作研究**) 我所在大学位于长三角经济发达的地区,区位优势明显,这里有很多创新型企业,所以我们与企业经常开展合作。(**与企业合作广泛**)。
支持性网络	在创办企业之前,我与投资机构就有一定的联系,这对我帮助很大。(**与投资机构联系**) 我与政府一些机构有一定的合作,对我参与学术创业会有帮助。(**政府机构**)
角色冲突	实际当教授还蛮好的,金字招牌,假如创业的话,双重身份,理论上不可以。(**双重身份**) 我不是很适应参与技术转移带给我的另一种身份,包括与企业谈判,还是认为深入学术研究是教师的本职工作。(**角色不适应**)
时间冲突	我也会考虑创办企业,但遇到的问题是我的精力不够,人手不够。(**精力不够**) 市场上,竞争激烈,不投入 200%,不会成功。如果停薪留职,以后就发现,真正回来工作的,几乎没有。走了就走了,因为做企业,时间不够的。(**时间不够**)
政策因素	由于制度不完善,包括自主知识产权没有,所以做事需要基于人与人之间的信任。(**制度不完善**) 没有专利保护,意味着保护不了自己,只要一拿出去,就极有可能被别人抄袭。(**专利得不到保护**) 目前的考评体系,并不鼓励进行学术创业。谁做谁吃亏,尤其是年轻人,要升职之类的。(**考评体系**)
大学中介机构	在专利许可的过程中,大学技术转移办公室对我帮助很大,有很多家企业想跟我们合作,大学技术转移办公室做了大量的工作,包括筛选企业、谈价格,对接教授和企业起到了很好的作用。(**大学技术转移办公室**) 大学孵化器提供的资金太少,我觉得更适合于大学生,对教师的意义不明显。(**孵化器**)

2. 主轴编码

主轴编码是将开放性编码中被分割的数据通过聚类分析,在不同范畴之间建立关联。这些关联可以表现为"情景联系、因果联系、相似关系"等。在该阶段,研究者只围绕"轴心"展开深度分析。在建立关联时,需要分析各个范畴在概念层次上是否存在潜在的联结关系,从而寻找一定的线索。为了真正了解类属的动机和意图,应将被访者的语言放到当时的语境下考虑,同时还要与所处的社会文化背景相关联。在主轴编码阶段共得到6个主范畴(如表3-2所示),分别是结果预期、人力资本、参照群体、社会网络、冲突因素、情境因素。

表 3-2　主轴编码结果

主范畴	对应范畴	关 系 内 涵
结果预期	物质预期	教师对参与学术创业产生的经济收入预期影响其学术创业态度
	社会化预期	教师对参与学术创业产生的社会认可预期影响其学术创业态度
	自我评价预期	教师对参与学术创业产生的自我价值、兴趣满足预期影响其学术创业态度
人力资本	学术研究水平	教师科研成果质量影响其学术创业态度和知觉行为控制
	先前经验	教师企业工作经验、学术创业经验、学生时代接受创业教育获得的经验等影响其学术创业态度和知觉行为控制
	学术创业能力	教师所拥有的有助于学术创业成功的知识、技能等影响其学术创业态度和知觉行为控制
参照群体	组织	组织对教师学术创业行为及结果的期望压力影响其主观规范
	院系领导	院系领导对教师学术创业行为及结果的期望压力影响其主观规范
	同事	同事参与学术创业成功的示范性作用影响其主观规范
	榜样	榜样参与学术创业成功的示范性作用影响其主观规范
社会网络	个人网络	教师从家人、朋友、同事等建立的关系网络中获取的信息、资源等影响其知觉行为控制

续　表

主范畴	对应范畴	关　系　内　涵
社会 网络	产学合作网络	教师从与企业合作建立的关系网络中获取的信息、资源等影响其知觉行为控制
	支持性网络	教师从与政府机构建立的关系网络影响其知觉行为控制
冲突 因素	角色冲突	教师同时扮演"学者"和"学术创业者"所产生的角色冲突影响其知觉行为控制
	时间冲突	教师同时扮演"学者"和"学术创业者"所产生的时间冲突影响其知觉行为控制
情境 因素	政策因素	政府部门的宣传和激励政策会在教师学术创业意愿和学术创业行为之间产生影响
	大学中介机构	高校为鼓励教师学术创业建立的大学中介服务机构会在教师学术创业意愿和学术创业行为之间产生影响

3. 选择编码

选择性编码是指围绕核心范畴,系统地和其他范畴予以联系,验证之间的关系,并把概念化尚未发展完备的范畴补充完整的过程①。围绕核心范畴"研究型大学教师学术创业影响机理",以计划行为理论为指导,将故事线概括为:结果预期(物质预期、社会化预期、自我评价预期)、人力资本(学术研究水平、先前经验、学术创业能力)是教师学术创业态度形成的前因变量,参照群体(组织、院系领导、同事、榜样)是主观规范形成的前因变量,人力资本(学术研究水平、先前经验、学术创业能力)、社会网络(个人网络、产学合作网络、支持性网络)、冲突因素(角色冲突、时间冲突)是知觉行为控制的前因变量;教师学术创业态度、主观规范通过影响教师学术创业意愿间接影响教师学术创业行为,知觉行为控制既可以直接影响教师学术创业行为,也可以通过教师学术创业意愿间接影响教师学术创业行为;情境因素(政策因素、大学中介机构)在教师学术创业意愿与实际学术创业行为之间起到调节作用。

---

① 毛智辉,眭依凡.高校教师韧性发展的影响因素研究——基于扎根理论的探索性分析[J].江苏高教,2018(08):74-79.

4. 理论饱和度检验

用事先预留的 4 位教师的访谈记录进行相同的编码和分析,并进行饱和度检验。结果表明,概念范畴已经足够充足,没有发现新的主范畴和关系,主范畴内也没有发现新的范畴维度。因此,可以证明该模型基本达到理论饱和。

二、我国研究型大学教师学术创业影响机理模型构建

(一) 模型构建的理论基础

1. 理性行为理论

在期望—价值理论的基础上,美国学者菲什拜因(Fishbein)和阿杰恩(Ajzen)于 1975 年提出了理性行为理论(Theory of Reasoned Action),用来解释和预测行为的决策过程。理性行为理论是用于构建态度对行为影响的通用模型,该理论有两个基本假设:① 人的行为是在自我意志控制之下的且合乎理性的行为;② 个人是否实施某种行为的意愿是该行为发生的最直接决定因素。

理性行为理论认为个体在具体情境中的行为意愿完全依赖于完成目标行为的态度和主观规范。态度反映的是个体对于是否从事某一特定行为所持有的积极或消极的评价,主观规范反映的是个体对那些对他们来说重要的个体或组织是否赞成或反对某一特定行为的态度的判断,具体表现为他人对个体的影响。态度和主观规范产生于个人对某一目标行为的"突显信念"(Salient Belief)。个体拥有大量与行为有关的信念,但在具体的时间和环境下只有少量的行为信念能被获取,这些可获取的信念也叫突显信念。

理性行为理论模型结构如图 3-2 所示:

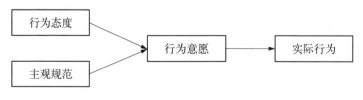

图 3-2 理性行为理论模型

资料来源:Fishbein M, Ajzen I. Attitude, belief, intention and behavior:An introduction to theory and research[M]. 1975.

虽然,Venkatesh et al.(2003)研究表明,在没有明显障碍因素的前提下,理性行为理论框架被证明对行为预测有着较好有效性[①]。但该理论仍有一定的应用局限性。Liska(1984)指出:"理性行为理论的适用范围仅仅是自主行为,不包括资源依赖行为和习惯性行为,即需要能力、机会、技术,或者通过他人协助的行为"[②]。理性行为认为是个体能够凭借自己的意志力完全控制自己的行为,也就是说行为不会受到其他因素的影响和制约。这与现实情境下个体行为存在的偏差较大。在现实社会环境中,个体行为会受到各种资源和条件的制约,行为不可能完全由自己控制,还可能存在一些个体自身意志力无法控制的情况[③]。如果个体不是完全地受到个人的意志控制,即使受积极态度和主观规范所驱动,还是无法实施某项具体行为。Ajzen(1985)基于理性行为理论应用中存在的缺陷,增加"知觉行为控制"这一变量,拓展了理性行为理论[④]。

2. 计划行为理论

Ajzen(1985)在理性行为理论(Theory of Reasoned Action,TRA)的基础上,增加"知觉行为控制"变量,提出了计划行为理论(Theory of Planned Behavior,TPB)。

计划行为理论认为个体行为意愿是影响行为最直接的因素。行为(Behavior)是指个体实际采取行动的行为。个体行为意愿(Behavior Intention)是个体从事某种行为的主观概率。行为意愿和行为之间存在高度相关性,个体行为意愿越强,表示他越有可能实际实施该行为。行为意愿主要由行为态度(Attitude toward the behavior)、主观规范(Subjective norm)和知觉行为控制(Perceived behavioral control)三个变量决定。行为态度是个体对执行某种特定行为的积极或消极的评价;主观规范指的是个体在决策是否执行某特定行为时感知到的外部环境的压力;Ajzen(1985)[⑤]认为感知行为控制是个体感知到的执行某特定行为的难易

---

① Venkatesh V, Morris M G, Davis G B, et al. User acceptance of information technology: Toward a unified view[J]. MIS quarterly, 2003: 425-478.

② Liska A E. A critical examination of the causal structure of the Fishbein/Ajzen attitude-behavior model[J]. Social psychology quarterly, 1984: 61-74.

③ 王艳芝.影响顾客选择定制产品的因素及机制分析[D].南开大学,2012.

④ Ajzen I. From intentions to actions: A theory of planned behavior[M]. Action control. Springer Berlin Heidelberg, 1985: 11-39.

⑤ Ajzen I. From intentions to actions: A theory of planned behavior[M]. Action control. Springer, Berlin, Heidelberg, 1985: 11-39.

程度,或反映出其所感受到内外部因素对行为的限制程度。当个体对执行某种行为的态度越积极,感知到的主观规范越大,知觉行为控制越强,则实施某种行为的意愿就越强烈,从而更有可能执行某种行为。行为态度、主观规范和知觉控制通过行为意愿的中介作用最终影响实际行为的产生。

计划行为理论模型结构如图 3 - 3 所示:

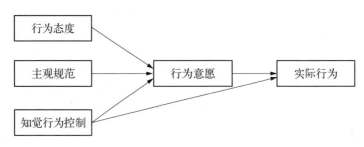

图 3 - 3　计划行为理论模型

资料来源:Ajzen I. From intentions to actions:A theory of planned behavior [M]. Action control. Springer,Berlin,Heidelberg,1985:11 - 39.

此外,Ajzen(1985)认为知觉控制除了通过行为意愿的中介作用对实际行为产生影响外,如果个体知觉行为控制与实际的行为控制接近时,也可能直接影响实际行为的产生①。知觉行为控制对行为产生的影响包括两个方面:一是知觉行为控制对行为意愿产生的影响(motivational implications)。当个体认为环境中缺乏资源、机会等,行为意愿会减弱,即使对该行为持有积极态度亦不会改变。另一方面,当所预测的行为不完全在自己意志控制下,且知觉行为控制反映出某种程度的实际控制(Actual Control)时,知觉行为控制不需要通过行为意愿的中介作用,直接可对实际行为产生影响。知觉行为控制在概念上与"感知控制点"和"自我效能感"容易出现混淆。有部分学者甚至将"知觉行为控制"与"自我效能感"等同。感知控制点基于个体内部感知,是指在不同的具体情境下,相对比较稳定的一种个人行为期待。自我效能感是个体对是否有能完成任务的一种主观判断。而知觉行为控制不仅包括对是否有能力完成任务信心的判断,还包括个体对拥有的资源、机会、时间、金钱等外在因素的判断。

---

　　①　Ajzen I. From intentions to actions:A theory of planned behavior[M]. Action control. Springer,Berlin,Heidelberg,1985:11 - 39.

　　计划行为理论中,行为态度、主观规范和知觉行为控制这三个变量的相对重要性由于具体情境不同而出现不同,Truong(2009)研究发现仅有行为态度对于行为意愿有重要影响[①];Taylor ℰ Todd(1995)研究发现仅有主观规范是影响个体行为意愿的关键因素[②];Goethner et al.(2012)认为态度和感知行为控制能够充分解释行为意愿[③];而 Fortin(2000)认为态度、主观规范、感知行为控制均是行为意愿的重要解释变量[④]。同时,行为态度、主观规范和感知行为控制这三个变量均受突显信念(Salient Beliefs)的影响。其中,决定态度的是个体对执行行为后可能产生结果的信念(Behavior Beliefs);决定主观规范的是个体预期到重要他人或者团体对是否应该执行某特定行为的期望,即规范信念(Normative beliefs);决定感知行为控制的是个体感知到的可能促进或者阻碍执行实际行为的因素,即控制信念(control belifs)。

　　计划行为理论提出后,广泛应用在消费行为、低碳行为、创业行为、求职行为等诸多研究领域,绝大多数研究证实该理论是一个用来解释和预测行为的强有力的模型。Armitage ℰ Conner(2001)元分析研究发现,态度、主观规范和知觉行为控制可以分别解释39%的行为意愿变异和27%的行为变异[⑤]。计划行为理论为多种行为研究提供了理论基础,已成为个体行为研究的一个比较有影响力的理论。之所以能够成为解释多种行为的理论基础,是因为该理论综合了多方面的因素;态度体现了个体内在因素,主观规范体现了外部环境的影响,知觉行为控制是个体对行为难易的感知[⑥]。目前,从搜索到的文献看,计划行为理论的相关研究在中国还处于起步阶段,还没有应用该理论框架对教师学术创业行为进行系统、全面的研究。

---

①　Truong D N, Cheng W H, Mohsenin T, et al. A 167 - processor computational platform in 65 nm CMOS[J]. IEEE Journal of Solid-State Circuits, 2009, 44(4): 1130 - 1144.

②　Taylor S, Todd P. Decomposition and crossover effects in the theory of planned behavior: A study of consumer adoption intentions[J]. International journal of research in marketing, 1995, 12(2): 137 - 155.

③　Goethner M, Obschonka M, Silbereisen R K, et al. Scientists' transition to academic entrepreneurship: Economic and psychological determinants[J]. Journal of Economic Psychology, 2012, 33(3): 628 - 641.

④　Fortin M, Glowinski R. Augmented Lagrangian methods: applications to the numerical solution of boundary-value problems[M]. Elsevier, 2000.

⑤　Armitage C J, Conner M. Efficacy of the theory of planned behaviour: A meta-analytic review [J]. British journal of social psychology, 2001, 40(4): 471 - 499.

⑥　赵斌,栾虹,李新建,付庆凤.科技人员创新行为产生机理研究——基于计划行为理论[J].科学学研究,2013,31(02): 286 - 297.

此外,计划行为理论不仅可以用来解释和预测学术创业行为,还能用来干预行为。包括两种干预策略:① 对突显信念进行干预,突显信念可以解释教师个体为何拥有不同的学术创业态度、主观规范和知觉行为控制。可以通过干预突显信念,为激励教师学术创业行为提供有价值的信息。② 对行为意愿和实际行为之间存在的变量进行干预。Ajzen et al.(2009)进一步讨论了行为意愿和行为之间不确定关系,即个体并非总是按照原定的意愿来行动,意愿到行为之间还有一段距离①。通过干预行为意愿和实际行为之间可能存在的变量,从而缩小行为意愿到实际行为的差距。因此,以计划行为理论为指导构建理论模型,不仅可以揭示教师学术创业行为的形成机理,还可以为激励教师学术创业提供干预行为的依据。

(二)理论模型构建

计划行为理论表明,意愿是实际行为最有效的预测变量。因此,学术创业意愿越高,学术创业行为发生的可能性就越高。然而,越来越多的证据表明,并非所有的意愿都会转化为实际行为。由于个人偏好的变化或者新的约束条件的出现,行为可能推迟或放弃。意愿和行为之间可能存在"差距",因此需要对计划行为理论模型进行拓展。

基于扎根理论识别出来的关键影响因素,借鉴理性行为理论、计划行为理论,同时结合教师的访谈分析,构建出我国研究型大学教师学术创业影响机理模型,如图 3-4 所示。

(三)模型阐释与研究假设

1. 学术创业意愿与学术创业行为的关系

Gulbrandsen(2005)认为个体成为创业者的决策一般被认为是理性的行动和有计划的行为②。具体到"高校教师"这一特定研究对象,教师学术创业行为同样是有计划的。因此,可以借用计划行为理论模型,通过"学术创业意愿"中间

---

① Ajzen I, Czasch C, Flood M G. From Intentions to Behavior: Implementation Intention, Commitment, and Conscientiousness 1[J]. Journal of Applied Social Psychology, 2009, 39(6): 1356-1372.

② Gulbrandsen M. "But Peter's in it for the money" — the liminality of entrepreneurial scientists[J]. VEST: Journal of Science & Technology Studies, 2005, 18.

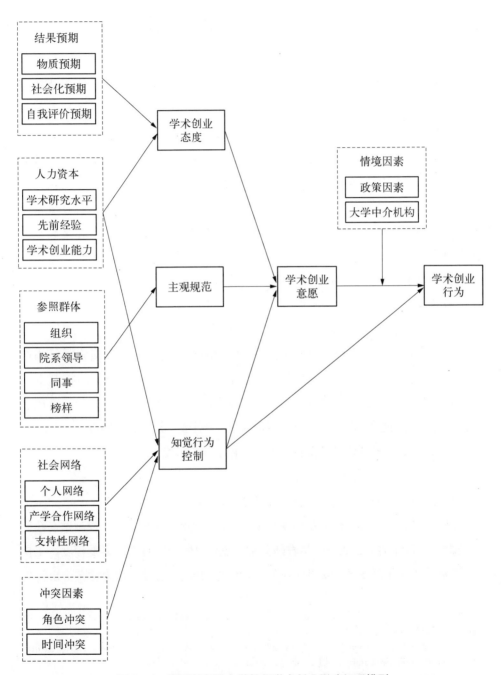

图 3 - 4 我国研究型大学教师学术创业影响机理模型

变量来解释创业行为的产生。计划行为理论认为,行为意愿与行为之间具有显著的正向关系,行为意愿是实际行为最直接的前因变量[①]。尤其是当某种行为不常见、难以观察、时间滞后时(如创业行为),行为意愿被证实是实际行为最有效的预测变量。Douglas & Shepherd(2002)通过实证研究表明,个体创业意愿越强烈,实施创业行为的可能性就越大[②]。受访教师谈道:"从我个人的能力或者工作体会来讲,你说真的让我去创办公司,去市场化运作,去运营资本,去把公司办得热火朝天的,那可能我的能力或者说知识范围还达不到,但是的确是我们在做一些创新性研究工作。特别在'能源转化'领域,能把自己所学跟社会的需求或者说产业的需求,紧密结合起来,然后解决一些实际问题。那么同时研究成果能够在产业或者行业里边得到应用,对我们来讲应该说是更擅长,也是我一直在做的事情。"

综合以上分析,提出如下假设:

假设1:教师学术创业意愿与教师学术创业行为正相关。

2. 知觉行为控制与教师学术创业行为的关系

基于计划行为理论,知觉行为控制除了影响行为意愿外,亦会对实际行为产生直接影响。Ajzen(1999)认为当所要预测的行为不完全在意志力的控制下或者知觉行为控制反映出某种程度的实际控制(actual contral)时,知觉行为控制不需要通过行为意愿就可对行为产生影响[③]。基于此,提出如下假设:

假设2:知觉行为控制与教师学术创业行为正相关。

3. 学术创业态度、主观规范和知觉行为控制与学术创业意愿的关系

1) 教师学术创业态度与学术创业意愿的关系

基于计划行为理论,行为意愿受行为态度、主观规范和知觉行为控制这三个变量的影响。教师学术创业态度是教师对学术创业这一特定行为的喜爱程度。王艳芝(2008)指出,行为态度可以捕捉到个人对行为的评价,态度与行为意愿正相关[④]。

---

① Krueger N F, Reilly M D, Carsrud A L. Competing models of entrepreneurial intentions[J]. Journal of business venturing, 2000, 15(5): 411-432.

② Douglas E J, Shepherd D A. Self-employment as a career choice: Attitudes, entrepreneurial intentions, and utility maximization[J]. Entrepreneurship theory and practice, 2002, 26(3): 81-90.

③ Ajzen I, Sexton J. Depth of processing, belief congruence, and attitude-behavior correspondence [J]. Dual-process theories in social psychology, 1999: 117-138.

④ 王艳芝.影响顾客选择定制产品的因素及机制分析[D].南开大学,2012.

Gulbrandsen(2005)认为如果教师对学术创业行为有着积极的评价,他们更愿意花费时间和精力去参与学术创业[①]。正如某位教师在访谈中提道:"如果老师没有社会经验、实践经验,仅凭个人理解、照本宣科的话实际是误人子弟的。中国社会经济快速发展离不开高校技术创新的支撑。然而,样品到大批量生产是一个漫长的过程,如果仅在实验室完成样品,不去社会生产中跟踪大批量生产,这是不完整的,很多想法变化非常大甚至是突变的。这个过程如果不经历,是不健全的。人必须是一个社会的人,社会实践是必不可少的,与企业的沟通、合作,自己创业都是有意义的、值得肯定的。我愿意把我原创性的想法运用到实践中,从而实现自我价值。"还有教师谈道:"实行授权专利不仅是对自己的知识产权的一个保护,在产业化或者是商业化的过程中,研究的方向或者是研究的内涵又将进一步得到提升。科学研究和成果产业化是一个双向促进的过程。无论是对国家、对个人需求的满足,或者说是研究的需要,我认为学术创业还是很有积极意义的,我也乐意去做这个事情。"

综上所述,提出如下假设:

假设 3:教师学术创业态度与教师学术创业意愿正相关。

2) 主观规范与学术创业意愿的关系

Ajzen(1985)认为主观规范反映的是个体选择某一目标行为时感知到的来自特定参照群体的压力[②]。它反映的是重要的他人或团体对个体行为决策的影响。主观规范受规范信念(normative beliefs)和服从动机(motivation to comply)的影响。规范信念是指个体预期到重要他人或团体对其是否应该执行某特定行为的期望;服从动机是指个体依从重要他人或团体对其所抱期望的动机。Krueger(1993)证实了主观规范对创业意愿的正向影响[③]。基于此,提出如下假设:

假设 4:主观规范与教师学术创业意愿正相关。

3) 知觉行为控制与学术创业意愿的关系

知觉行为控制是个体感知到执行某特定行为容易或困难的程度,反映个体对

---

① Gulbrandsen M. "But Peter's in it for the money" — the liminality of entrepreneurial scientists[J]. VEST:Journal of Science & Technology Studies, 2005, 18.

② Ajzen I. From intentions to actions:A theory of planned behavior[M]. Action control. Springer, Berlin, Heidelberg, 1985:11-39.

③ Krueger N F, Carsrud A L. Entrepreneurial intentions:applying the theory of planned behaviour [J]. Entrepreneurship & Regional Development, 1993, 5(4):315-330.

促进/阻碍执行行为因素的知觉。计划行为理论认为，即使学者对学术创业态度和主观规范是积极的，如果不具备客观执行行为的资源，那么他也不会形成强烈的学术创业意愿。知觉行为控制是在理性行为理论基础上增加的变量，试图解释非意志完全控制行为。Ajzen(2002)认为知觉行为控制对行为意愿有良好的预测作用，高水平的知觉行为控制会增强个体执行某行为的意愿，并且更愿意为之付出努力，在遇到障碍和困难时也会表现得更加坚定①。基于以上分析，提出如下假设：

假设 5：知觉行为控制与教师学术创业意愿正相关。

4. 学术创业态度、主观规范和知觉行为控制与其前因变量间的关系

根据计划行为理论，行为态度、主观规范和感知行为控制这三个变量分别受行为结果信念（Behavior beliefs）、规范信念（Normative beliefs）和控制信念（Contral beliefs）的影响；也就是说行为信念、规范信念和控制信念分别是行为态度、主观规范和知觉行为控制的前因变量。突显信念（salient beliefs，也就是前因变量）是行为态度、主观规范和知觉行为控制的认知与情感基础，不仅可以解释个体为何拥有不同的行为态度、主观规范和知觉行为控制，还可以为制定行为干预措施提供有价值的信息。

1) 学术创业态度与前因变量间的关系

心理学中有关态度形成的文献强调了行为结果预期（behavior outcome expectations）对态度的作用。个体在决定是否实施某行为时，会对行为产生的收益和造成的损失进行评估②。积极的结果预期（个体对执行行为后可能产生结果的信念）会导致积极的行为态度③。积极的结果预期可以被看作是假设性的激励，对行为态度有预测作用④。基于扎根理论发现，结果预期是影响学术创业态度的前因变量，由物质预期、社会化预期和自我评价预期三个维度构成。受

---

① Ajzen I. Perceived behavioral control, Self-Efficacy, locus of control, and the theory of planned Behavior1[J]. Journal of applied social psychology, 2002, 32(4): 665 – 683.

② Cheng Y T, Rodak D E, WONG C A, et al. Effects of micro-and nano-structures on the self-cleaning behaviour of lotus leaves[J]. Nanotechnology, 2006, 17(5): 1359 – 1362.

③ Lee-Ross D. Perceived job characteristics and internal work motivation: An exploratory cross-cultural analysis of the motivational antecedents of hotel workers in Mauritius and Australia[J]. Journal of management development, 2005, 24(3): 253 – 266.

④ McCole P, Ramsey E, Williams J. Trust considerations on attitudes towards online purchasing: The moderating effect of privacy and security concerns[J]. Journal of Business Research, 2010, 63(9): 1018 – 1024.

访教师谈道:"我现在跟企业主要以合作为主,也把自己的某些专利授权给企业,当然我也有创办企业的想法,一方面我能学有所用,提升我研究的水平。另一方面创业能够体现个人价值,同时给团队好的出路。对于教师学术创业,总体上我是支持的,人总要学有所用。"Göktepe-Hulten & Mahangaonkar(2010)对德国的一个大型科研学术组织——马克思·普朗克科学促进学会的 2 500 名科学家的商业化行为进行研究,发现科学家通过商业化活动获得/增加声誉的期望与他们的专利和发明披露正相关[①]。Goethner et al.(2012)证实了预期效益和教师学术创业的相关性[②]。正如受访教师谈道:"许可专利并不是总跟报酬有关的,这是知识产权保护,证明我们在技术上有所创新,或者有所突破。这是一种成绩,或者是成果的体现,社会价值的体现。特别是对我们从事工科,或者技术领域方面研究的科研人员来讲,也非常宝贵。授权以后能被企业、行业里成功应用,把它创造出它本身的价值,对我们的成果来讲也是得到社会认可的一种方式,在同行或者社会上也能赢得一定的声誉。"对参与学术创业获得的物质收入的期望也是影响教师学术创业的原因之一。受访教师谈道:"我觉得增加物质收入也是我参与学术创业的原因之一。实事求是地讲,当老师的收入是比较微薄的,那么能够利用自己所学,还有这个专业上的优势来提高自己的收入也不是一件坏事。"

还有教师认为兴趣是驱动其学术创业积极态度形式的主要原因。受访教师谈道:"我对这个事情有非常大的兴趣,我创业主要是给高校提供管理上的、基于数据的一种咨询。高校目前整体管理水平比较落后,依赖于经验管理,行政化色彩比较浓厚。建立科学管理的管理模式是增强高校竞争力的核心,对高校而言,解决此问题的难度较大。因此,我们来提供这样一种服务,或许可以推动中国高等教育的变革。"

综合以上分析,提出如下假设:

假设 6a: 物质预期与学术创业态度正相关。

假设 6b: 社会化预期与学术创业态度正相关。

假设 6c: 自我评价预期与学术创业态度正相关。

除了行为结果预期,人力资本也被认为是影响学术创业的重要因素。

---

① Göktepe-Hulten D, Mahagaonkar P. Inventing and patenting activities of scientists: in the expectation of money or reputation? [J]. The Journal of Technology Transfer, 2010, 35(4): 401-423.

② Goethner M, Obschonka M, Silbereisen R K, et al. Scientists' transition to academic entrepreneurship: Economic and psychological determinants[J]. Journal of Economic Psychology, 2012, 33(3): 628-641.

Davidsson & Honig(2003)研究表明,受教育程度、工作经验以及创业经历对创业行为有显著的正向影响[1]。Klofsten & Jones-Evans(2002)对瑞典和爱尔兰的学术创业者进行研究,发现学术创业者往往受到更好的教育[2]。Geuna et al.(2006)认为教师研究质量与学术创业正相关,在学术创业上表现更积极的教师在学术研究上的贡献更多一些[3]。Bercovitz & Feldman(2003)研究证实学生时代的产学合作经验与其工作之后的产学合作行为之间有显著的正向关系[4]。Cooper(1988)发现有企业相关经验的学者更容易进行学术创业[5]。Haeussler & Colyvas(2011)研究表明,学术成果越多的教师,参与学术商业化活动越多[6]。Bercovitz & Feldma(2003)也发现教师论文数量对其披露发明有显著的正向影响[7]。学术创业能力是教师参与学术创业的重要因素,同时也是目前教师遇到的困境之一,有教师谈道:"我认为,从模式上,教师可以入股,但不一定参与企业运营,教授不是一个在社会上搞管理、搞经营很有水平的人。"还有教师谈道:"老师本身不熟悉设备、不熟悉放大生产、不熟悉经济核算,自己去创业本身很痛苦。"此外,Bercovitz & Feldman(2008)指出,学生时代接受过创业教育或参与过学术创业实践的教师,对工作后参与学术创业活动有积极的促进作用[8]。

综合以上分析,提出如下假设:

假设 7a: 学术研究水平与学术创业态度正相关。

假设 7b: 先前经验与学术创业态度正相关。

假设 7c: 学术创业能力与学术创业态度正相关。

---

[1] Davidsson P, Honig B. The role of social and human capital among nascent entrepreneurs[J]. Journal of business venturing, 2003, 18(3): 301 – 331.

[2] Klofsten M, Jones-Evans D. Comparing academic entrepreneurship in Europe-the case of Sweden and Ireland[J]. Small business economics, 2000, 14: 299 – 309.

[3] Crespi G, Geuna A, Nesta L J. Labour mobility of academic inventors: career decision and knowledge transfer[J]. 2006: 1 – 28.

[4] 范惠明. 高校教师参与产学合作的机理研究[D]. 浙江大学, 2014.

[5] Cooper A C, Woo C Y, Dunkelberg W C. Entrepreneurs' perceived chances for success[J]. Journal of business venturing, 1988, 3(2): 97 – 108.

[6] Haeussler C, Colyvas J A. Breaking the ivory tower: Academic entrepreneurship in the life sciences in UK and Germany[J]. Research policy, 2011, 40(1): 41 – 54.

[7] Bercovitz J, Feldman M. Technology transfer and the academic department: who participates and why[C]. DRUID summer conference. 2003, 15: 12 – 14.

[8] Bercovitz J, Feldman M. Academic entrepreneurs: Organizational change at the individual level[J]. Organization Science, 2008, 19(1): 69 – 89.

2) 主观规范与前因变量间的关系

计划行为理论认为,决定主观规范的是规范信念(Normative beliefs),即个体预期到重要他人或者团体对是否应该执行某特定行为的期望。Turner(1991)认为在个体主观标准的形成上,参照群体起到重要作用[①]。参照群体指的是那些对于个体判断、评价、选择行为起到重要作用的群体或者群体成员。基于教师学术创业行为视角,教师是否选择参与学术创业也会受到参照群体的影响。Azoulay et al.(2007)研究发现,教师参与学术创业活动会受到院系领导、同事的显著影响[②]。Bercovitaz & Feldman(2003)研究发现,如果教师所在系的领导在过去 5 年中有过学术创业的行为,那么该系的教师学术创业的可能性就会增长 4%[③]。Göktepe-Hulten & Mahagaonkar(2010)发现如果教师所在院系的同事都遵从传统的默顿标准的学术价值观,那么教师在产学合作中也缺乏动力[④]。Krueger & Norris(2000)指出研究中应选择对个体行为最为有影响力的群体,以提高其解释程度[⑤]。基于扎根理论发现,参照群体是影响主观规范的前因变量,其中组织、院系领导、同事和榜样这四个维度是对教师主观规范最为有影响力的群体。受访教师谈道:"这个有很好的环境,特别是我们这个学院,我周围的很多老师都有成果的许可、转让,还有部分在外面办了公司。院里也比较重视,对成果商业化很认可。"还有教师谈道:"我导师对我影响很大,因为如果没有他,我可能就不会做学术创业,就是他带我入行的。"

基于以上分析,结合扎根研究结果,提出如下假设:

假设 8a:组织与主观规范正相关。

假设 8b:院系领导与主观规范正相关。

假设 8c:同事与主观规范正相关。

假设 8d:榜样与主观规范正相关。

---

① Turner J C. Social influence[M]. Thomson Brooks/Cole Publishing Co, 1991.

② Azoulay P, Ding W, Stuart T. The determinants of faculty patenting behavior: Demographics or opportunities? [J]. Journal of economic behavior & organization, 2007, 63(4): 599 – 623.

③ Bercovitz J. Feldman M. Technology transfer and the academic department: who participates and why[C]. DRUID summer conference, 2003, 15: 12 – 14.

④ Göktepe-Hulten D, Mahagaonkar P. Inventing and patenting activities of scientists: in the expectation of money or reputation? [J]. The Journal of Technology Transfer, 2010, 35(4): 401 – 423.

⑤ Krueger Jr, Norris F. The cognitive infrastructure of opportunity emergence[J]. Entrepreneurship theory and practice, 2000, 24(30: 5 – 24.

3) 知觉行为控制与前因变量的关系

决定知觉行为控制的是个体感知到的可能促进或者阻碍执行实际行为的因素，即控制信念（control beliefs）。有学者认为自我效能感反映的是个体对内部控制因素的感知（如知识、技能、信息识别与获取能力等），控制力反映的是对外部控制因素的感知（如时间、资源等）。然而，Fishbein & Ajzen(2011)认为这样的解释并不合理，没有迹象表明自我效能理论仅仅局限于内部因素，也没有任何根据表明控制力感知的是外部因素；相反，自我效能感和控制力可能既反映外部因素也反映内部因素①。

基于扎根理论研究发现，人力资本、社会网络和角色冲突是影响知觉行为控制的前因变量。人力资本包含学术研究水平、先前经验、学术创业能力三个维度；社会网络包含个人网络、产学合作网络和支持性网络三个维度；冲突因素包含角色冲突和时间冲突两个维度。

Franzoni & Lissoni(2006)认为优秀的学者更热衷于探索高新技术知识，研究成果在一定时期内表现出独占性、垄断性等特征，成果商业化的潜力会更大②。受访教师普遍认为，学术创业的前提是基于高质量的研究成果。如教师在访谈中提道："事实上，如果要参与学术创业，首先你要有好的研究成果。如果你没有好的成果，即使将成果变成产品，市场上也不会认可，没有任何价值。国家出台再多的激励政策，没有好的研究成果，也是无用的。所以，研究出高质量的创新成果是第一位的，是基础。"Bandura(1986)研究发现，替代经验会对个体效能感产生影响③。根据班杜拉（Bandura）提出的替代经验会对个体效能感产生影响的结论，与实际创业者的接触会提升个体的创业效能感，这种实际的创业感知和情境类比会使个体参与创业活动的可能性变大。Biglaiser & Brown(2003)认为专业化训练所获得的经验会给个体行为规范留下印记④。Bercovitz & Feldman

---

① Bandura A. Self-regulation of motivation through anticipatory and self-reactive mechanisms[C] Perspectives on motivation: Nebraska symposium on motivation. 1991, 38: 69 - 164.

② Franzoni C, Lissoni F. Academic entrepreneurship, patents, and spin-offs: critical issues and lessons for Europe[J]. Centro di Ricerca sui Processi di Innovazione e Internazionalizzazione CESPRI, 2006: 1 - 29.

③ Bandura A. Social Foundations of Thought and Action: A Social Cognitive Theory[J]. Journal of Applied Psychology, 1986, 12(1): 169.

④ Biglaiser G, Brown D S. The determinants of privatization in Latin America[J]. Political Research Quarterly, 2003, 56(1): 77 - 89.

(2003)对杜克大学和霍普金斯大学教师的访谈发现,在那些鼓励技术转移的学校或院系中接受学术创业训练的学生,毕业成为教师后参与学术创业的可能性也越大[①]。

社会网络通过提供个体所不具有的知识和信息的获取通道,帮助扩大其理性边界,获得新的创业想法和机会[②]。社会网络是挖掘创业机会的重要来源。Hite & Hesterly(2001)认为个人关系网络会在个体寻求市场资源支持受挫时提供重要资源[③]。Wright et al.(2007)指出,学者可通过与商业合作伙伴的互动获得有关市场、技术的知识,更容易从事商业性活动[④]。Ozgen & Baron(2007)表明,家人朋友的支持、与企业的接触对教师创业机会的识别有正向影响[⑤]。Decarolis(2009)的研究发现,教师通过从家庭、企业、社区、政府及宗教组织等社会网络获得支持会增加其创业的可能性[⑥]。基于扎根理论研究发现,社会网络包含个人网络、产学合作网络和支持性网络三个维度。教师通过社会网络可获得学术创业的资源和信息,从而增强其知觉行为控制。受访教师谈道:"我在跟企业合作研究,虽然在合作协议中规定未经双方同意不得转让。但是,我一般把跟企业合作的研究分为两个方面,一方面先解决企业需求的问题;另一方面,就是科学研究,因为你没有科学研究,实际上企业问题的解决水平是非常低的,所以说我把企业问题拿来了以后,再去做研究,会有一些很亮的这个成果出来,往往这部分成果才是具有学术创业潜力的,也增强了学术创业的信心。"

在学术创业过程中,学者不得不面对学术领域和商业领域不同文化与价值的冲击。学者的科研目标具有长期性,科研产出以发表的文章数量和学术领域同行认可度为标准。相比之下,商业领域崇尚的是团队管理与短期目标的实现,产品更追求特色与唯一性,以追求利润为最终导向。因此,当学者参与学术创业

---

① Bercovitz J, Feldman M. Academic entrepreneurs: Organizational change at the individual level [J]. Organization Science, 2008, 19(1): 69-89.

② 王莹.大学生社会网络对创业意向的影响研究[D].浙江大学,2011.

③ Hite J M, Hesterly W S. The evolution of firm networks: From emergence to early growth of the firm[J]. Strategic management journal, 2001, 22(3): 275-286.

④ Wright M, Lockett A, Clarysse B, et al. Academic spin-offs, formal technology transfer and capital raising[J]. Industrial and Corporate Change, 2007, 16(4): 609-640.

⑤ Ozgen E, Baron R A. Social sources of information in opportunity recognition: Effects of mentors, industry networks, and professional forums[J]. Journal of business venturing, 2007, 22(2): 174-192.

⑥ Decarolis F. When the highest bidder loses the auction: theory and evidence from public procurement [M]. 2009: 20-100.

时,需要接受新的商业角色,学术角色和商业角色势必会造成角色冲突①。根据计划行为理论,当学者体验到角色冲突越大,则知觉行为控制越弱。有教师在访谈中提道:"假如创业的话,像我,双重身份,理论上不可以。创业本身很难,没有精力搞学校的东西,或者说你没有破釜沉舟,还有后路,这本身就失败了。理论上,都做好不可能。创业不是想象那么简单,市场上,竞争激烈,不投入200%,不会成功。政策上允许停薪留职,但以后就会发现,真正回来工作的,几乎没有,走了就走了。必须没有退路,有了退路很难成功。"有受访教师认为学者学术研究和学术创业时间上的冲击也是无法避免的。"当我做成果产业化,其实对我学术研究是有帮助的,这是毫无疑问的。但实际上你把本来大量用来做学术研究的时间,去用在了做这件事情上。所以这个综合评估我觉得应该来说还是不知道怎么评估,就是有帮助,但是实际上我没有在做学术研究,或者说做的比较少。这两者本身在时间上是绝对冲突的,就我个人而言,这个选择我已经很清楚地做出来,当两者出现冲突的时候,还是以做学术创业这个事情为主。"还有教师认为不同的学术创业形式产生的冲突是不同的,以创办企业的形式参与学术创业感知到的角色冲突更大,学术研究和学术创业二者难以平衡。"学术创业,我认为它是一个学术自由的范畴,我如果愿意去接触企业,去了解如何能够帮助企业提高生产效率,或者做一些技术上的创新,甚至是颠覆性的创新,这个应该是老师自己的选择,那他也可以选择不去。但是当你做的这件事情本身已经脱离了学术研究的范畴的时候,那么这个时候就是开始产生冲突的时候,如果还是学术研究,即便是我为企业提出一个问题,我再帮他研究,但只要这是学术研究,我觉得这就不会对我产生影响,这是我本来做的事情,但一旦它变成了一个产品的开发,我觉得冲突就会凸显出来。我觉得平衡肯定是很难的,你不可能又当老师又办企业,这是不现实的。"

综合以上分析,结合扎根理论研究结果,提出如下假设:

假设9a: 学术研究水平与知觉行为控制正相关。

假设9b: 先前经验与知觉行为控制正相关。

假设9c: 学术创业能力与知觉行为控制正相关。

---

① 黄攸立,薛婷,周宏.学术创业背景下学者角色认同演变模式研究[J].管理学报,2013,10(03):438-443.

假设 10a：个人网络与知觉行为控制正相关。

假设 10b：产学合作网络与知觉行为控制正相关。

假设 10c：支持性网络与知觉行为控制正相关。

假设 11a：角色冲突与知觉行为控制负相关。

假设 11b：时间冲突与知觉行为控制负相关。

5. 情境因素对学术创业意愿与学术创业行为的调节作用

尽管计划行为理论能解释部分行为方差,但是仍有大部分的行为方差不能被解释。Sutton(1998)对计划行为理论的元分析表明,主观规范、行为态度和知觉行为控制对行为意愿的解释度(40%—50%)要高于对实际行为的解释度(19%—38%)①。行为意愿和行为之间可能存在情境调节变量。在节能行为、消费行为等研究领域,Guagnano(1995)等证实了情境因素对行为的显著调节作用②。在创业行为研究领域,基于创业行为意愿—创业行为之间的关系是否会受到情境变量的调节,至今仍然是研究中的"盲点"。

基于扎根理论研究发现,学术创业意愿和实际学术创业行为之间还受到情境因素的影响。情境因素包含政策因素和大学中介机构两个维度。Shane(2004)发现美国《拜杜法案》(*The Bayh-Dole*)提出后,即由政府资助的高校科研成果所有权归高校,研发者们积极申请专利,并热衷于将其市场化③。Wallmark(1997)对瑞典的大学研究发现,国家政策的出台会对教师学术创业行为产生影响④。Goldfarb & Henrekson(2003)研究表明政府资助的发明专利权归属于发明者,反而会抑制衍生企业的产生⑤。受访教师认为政策因素并不是促使他们学术创业态度形式、知觉行为控制增强的因素之一,但会对他们从学术创业意愿形成,到实际创业产生这一过程中产生影响。如有教师谈道:"我在做学术创业(创办

① Sutton S. Predicting and explaining intentions and behavior: How well are we doing? [J]. Journal of applied social psychology, 1998, 28(15): 1317 – 1338.

② Guagnano G A, Stern P C, Dietz T. Influences on attitude-behavior relationships: A natural experiment with curbside recycling[J]. Environment and behavior, 1995, 27(5): 699 – 718.

③ Shane S. Encouraging university entrepreneurship? The effect of the Bayh-Dole Act on university patenting in the United States[J]. Journal of Business Venturing, 2004, 19(1): 127 – 151.

④ Wallmark J T. Inventions and patents at universities: the case of Chalmers University of Technology [J]. Technovation, 1997, 17(3): 127 – 139.

⑤ Goldfarb B, Henrekson M. Bottom-up versus top-down policies towards the commercialization of university intellectual property[J]. Research policy, 2003, 32(4): 639 – 658.

企业)这个决定之前什么政策都没有,我是很早就下了决心的,只是时机的问题,还有我们内部意见不太统一的问题,但是从来没有因为国家有这个政策,所以我才去做这个事情,这肯定没有。但是我认为学校如果能出台停薪留职的政策,则会对我有一定的帮助。"

Tornatzky(1996)识别出美国大学 50 个最佳孵化项目并强调大学孵化器对技术转移起到加速的作用[①]。他认为孵化器的作用包括为衍生企业提供会计及法律帮助、筹集资金为市场化做准备、团队建设、提供物理空间、基础设施和服务等,提高教师学术创业成功率。Chugh(2004)指出大学技术转移办公室(TTO)在教师学术创业的产生中扮演重要角色[②]。这类组织或是隶属大学的一个部门,或是自负盈亏的商业实体,一方面为高校教师和研究人员的科研成果寻找市场,另一方面将企业技术发展的最新动态传达到学校。Locktt & Wright(2004)、Power & Mcdougall(2005)分别系统地分析了美国和英国的大学技术转移办公室,发现大学技术转移办公室的规模、专业程度与教师衍生企业的增加正相关[③④]。在访谈中,有教师谈道:"今年技术转让的这个例子,是通过学校的技术转移机构协助完成的。企业有需求,然后找到我们学校的中介机构,中介机构再找到我,是这样的过程。学校的技术转移机构是对接学校老师跟社会需求这样很好的一个桥梁。当然也有直接找过我们的,也有通过文章,通过同行的朋友的介绍,直接找我们。"

基于扎根理论研究发现,教师迫切需要大学或者社会提供这样一种组织,提供教授成果和资本市场对接通道;提供学术创业服务团队;教师在学术创业的过程中不参与公司运营,完全交与中介组织是实现成果的商业化。但目前我国高校学术创业中介服务组织专业化程度不高,在一定程度上阻碍了那些有学术创业意愿的教师去参与学术创业。正如受访教师提道:"在学术创业的过程中,我

---

① Tornatzky L G, Bauman J S. Outlaws Or Heroes?: Issues of Faculty Rewards, Organizational Culture, and University-industry Technology Transfer[M]. Southern Technology Council, 1997: 22.

② O'Shea R P, Chugh H, Allen T J. Determinants and consequences of university spinoff activity: a conceptual framework[J]. The Journal of Technology Transfer, 2008, 33(6): 653-666.

③ Vohora A, Wright M, Lockett A. Critical junctures in the development of university high-tech spinout companies[J]. Research policy, 2004, 33(1): 147-175.

④ Powers J B, McDougall P P. University start-up formation and technology licensing with firms that go public: a resource-based view of academic entrepreneurship[J]. Journal of Business Venturing, 2005, 20(3): 291-311.

认为最需要、也是目前最欠缺的是为教师提供学术创业的一整套服务。例如,如何申请专利、如何保护专利、如何融资,项目怎么去谈、股份如何分配,以及法律上的支持等等。这些方面高校教师是不太擅长的,需要专业的人员给予建议和帮助。教师要做的事情依然是专注在研究上,成果拿出去,如何转化,有多少收益,需要有服务机构来告诉我。"还有教师谈道:"大学尤其是研究型大学教师做的科学或技术创新,得到成果,完成了第一棒;把一个科学发现或技术突破做成产业性研究,得出技术可行,这是第二棒;投资、产业技术开发、放大这是第三棒;最终的产品生产是第四棒。成果商业化最大的问题在于第一棒与第四棒的衔接不到位。目前缺少第二、三棒,没有阶段性技术调节机制,也没有阶段性基础市场。由于没有阶段性技术交易机制,没有获利退出机制,教师不得已而选择自己去做。第一棒完成人在完成后不能获利退出,会被迫做第二棒、第三棒的事情,但第二、三棒没有学术价值,且需要更多的资源,因此迫切需要这样的中介组织去替教师完成第二棒和第三棒的事情。"

综合以上分析,结合扎根理论研究成果,提出如下假设:

假设 12a: 政策因素对学术创业意愿与学术创业行为的关系起到调节作用。

假设 12b: 大学中介对学术创业意愿与学术创业行为的关系起到调节作用。

研究设计与预测试

一、问卷设计

（一）问卷设计过程

问卷设计质量直接决定了研究的科学性和最终结论的价值，所获取数据的有效性和可靠性是统计分析的前提与基础。参考 Dunn et al.(1994)的建议，在问卷的设计过程中遵照以下步骤[①]：

首先，通过阅读大量与结果预期、人力资本、参照群体、社会网络、角色冲突、学术创业态度、主观规范、知觉行为控制、学术创业意愿和学术创业行为相关的文献，借鉴其中权威研究的理论构思以及在实证研究中广泛采纳的相对成熟的量表，结合半结构访谈及实际问题的背景，设计测量题项，形成问卷的初稿（见附录 C）。

其次，与本领域权威学者对研究变量的选择、题项测度的合理性进行了交流和讨论，综合各专家意见，对问卷进行了修改。

再次，听取了多位学术创业者对本问卷的建议，对问卷题项设计、措辞和问卷格式等方面的问题进行修正，消除有歧义的语句，使得问卷更容易被教师理解。

最后，通过预测试对题项进行纯化，形成问卷终稿。在正式发放问卷之前，先小范围地发放问卷，并对收集的数据进行初步检验分析。根据分析结果，进一步对问卷进行修正，如题项的删减、归类、语言表述等，在此基础上形成了调查问卷的最终稿（见附录 D）。

---

① Dunn W N. Public policy analysis[M]. Routledge，2015：10-50.

（二）问卷内容

本书的问卷内容，围绕着我国研究型大学教师学术创业影响机理模型展开，基于李克特量表法，通过被调查者在态度、对象、个人或事件上的认同程度来评估其对题项的态度。Green & Green(1979)的研究结果证实了量表刻度上升到 7 时，量表的内部一致性最好[①]。同时考虑到被调查人群为研究型大学教师群体，其对参与学术创业实践有较为准确的认识，因此，在对变量进行测量时采用七分制 Likert 量表评分方法，分值从 1 到 7 表示从"完全不同意"到"完全同意"，分值 4 代表中立态度。问卷主要包括以下几个部分：

（1）教师个人基本信息，该部分用于了解模型控制变量所需的信息，包括性别、年龄、受教育程度、职称、学科门类、研究类型、职业发展定位等。

（2）教师学术创业行为，该部分主要了解教师参与学术创业的情况，包括专利许可、技术转让、技术作价入股和创办衍生企业。

（3）影响教师参与学术创业的因素与教师学术创业意愿，该部分主要收集模型中与计划行为理论相关的变量信息，包含结果预期、人力资本、参照群体、社会网络、角色冲突、学术创业态度、主观规范、知觉行为控制和教师学术创业的意愿。

（4）情境因素，主要为收集模型调节变量（政策因素、大学中介机构）所需的信息。

（5）开放式问题，该部分用于了解教师在参与学术创业过程中面临的主要障碍因素以及最有效的激励因素。

二、变量的定义与测量

根据第三章所提出的理论模型和研究假设，涉及的变量包括结果预期、人力资本、参照群体、社会网络、冲突因素、学术创业态度、主观规范、知觉行为控制、学术创业意愿、学术创业行为（如表 4-1 所示）。各变量的定义和测量主要在参考已有成熟量表的基础上，结合实地访谈所获信息形成。

---

① Green R H，Green R M. Sampling design and statistical methods for environmental biologists [M]. John Wiley & Sons，1979.

表4-1 变 量 汇 总

变 量 类 型	变 量 名 称
前因变量	结果预期、人力资本、参照群体、社会网络、冲突因素
中间变量	学术创业态度、主观规范、知觉行为控制
结果变量	学术创业意愿、学术创业行为
调节变量	情境因素
控制变量	性别、年龄、职称、学历、研究类型、学科门类、职业定位

(一) 前因变量

1. 结果预期

结果预期指的是个体对自己行为的期望结果。Bandura(1978)认为个体更有可能选择那些他们认为会产生积极结果的行为[1]。Bock et al.(2005)也证实积极的结果预期在某些行为中会起到激励作用,会成为一种促进因素[2]。Constant et al.(1994)认为结果预期强调个体从行为中获得的好处[3]。Henry(1997)、Compeau et al.(1999)等不同学者根据研究目的、研究领域的不同,将结果预期划分为不同的维度,如学术结果预期和职业结果预期,外源收益预期、内源收益预期和损失预期,与绩效相关的结果预期和与个人相关的结果预期等[4][5]。沿用班杜拉对结果预期的分类形式,将结果预期分为物质预期、社会化预期和自我评价预期。物质预期是指教师对参与学术创业行为所带来的经济上获益的期望;社会化预期是指教师对参与学术创业行为所带来的社会认可

① Bandura A. Self-efficacy：Toward a unifying theory of behavioral change[J]. Advances in Behaviour Research and Therapy，1978，1(4)：139-161.

② Bock G W, Zmud R W, Kim Y G, et al. Behavioral intention formation in knowledge sharing[J]. MIS quarterly，2005：87-111.

③ Constant D, Kiesler S, Sproull L. What's mine is ours, or is it? A study of attitudes about information sharing[J]. Information systems research，1994，5(4)：400-421.

④ Henry J A. Epidemiology and relative toxicity of antidepressant drugs in overdose[J]. Drug Safety，1997，16(6)：374-390.

⑤ Compeau D, Higgins C A, Huff S. Social cognitive theory and individual reactions to computing technology：A longitudinal study[J]. MIS quarterly，1999：145-158.

的期望；自我评价预期是指教师对参与学术创业行为所带来的自我满足的期望。物质预期、社会化预期和自我评价预期的测量主要参考了 Bock et al.(2005)、Compeau et al.(1999)的测量量表[2][5]，具体测量题项如表 4-2 所示。

表 4-2　结果预期测量量表

变 量	编号	测 量 题 目	测度的来源
物质预期	ME1	我认为参与学术创业可以增加个人收入。	Bock et al.(2005)；Compeau et al.(1999)；访谈
	ME2	我认为参与学术创业可以为研究团队提供额外的收入来源。	
	ME3	我认为参与学术创业可以为推动现有研究获取额外资金。	
社会化预期	SCE1	我认为参与学术创业可以增强自己在学术圈的声誉。	Bock et al.(2005)；Compeau et al.(1999)；范惠明(2007)
	SCE2	我认为参与学术创业可以提高自己在社会上的认可度。	
	SCE3	我认为参与学术创业可以拓宽自己的关系网。	
自我评价预期	SEE1	我认为参与学术创业可以满足个人兴趣。	Compeau et al.(1999)；访谈
	SEE2	我认为参与学术创业可以实现个人价值。	
	SEE3	我认为参与学术创业可以获得成就感。	

2. 人力资本

人力资本是指个体通过教育、培训、医疗保健等方面的投资而获得的知识、能力和经验等累积[1]。Dayidsson & Honig(2003)认为人力资本会对个体的职业选择和创业的态度产生影响，人力资本水平高的个体在识别创业机会上更具有优势[2]。Becker(1994)将人力资本分为一般人力资本(包括个体的受教育背

---

①　西奥多·W·舒尔茨.论人力资本投资[M].吴珠华,等译.北京：北京经济学院出版社,1990.

②　Davidsson P, Honig B. The role of social and human capital among nascent entrepreneurs[J].
Journal of business venturing, 2003, 18(3)：301-331.

景、工作经验、个性特征等)和特殊人力资本(包括与特定产业相关的知识、技能和经验等)①。基于扎根理论定性分析,将人力资本分为学术研究水平、先前经验、学术创业能力三个维度。

蔡曙山(2001)认为学术研究水平是教师在学术上的表现,这里侧重指教师科研成果质量②。广义上还包含教师在学术声誉、科研项目、成果奖励上的表现。Perkmann et al.(2011)认为学术研究水平一般通过发文篇数、被引频次、著作等来测量③。

先前经验是教师在先前的经历积累中不断获得的各类技能、知识以及理性或感性观念的总和,主要源自教师在先前工作经历中及参与学术创业过程中对自己或他人经验的反思性学习。Cooper(1973)、Bruno & Tyebjee(1985)等研究发现大多数高科技企业的创业者都有在大企业工作的经历④⑤。先前经验的测量主要借鉴 Stuart(1990)、Bercovitz & Feldman(2008)、范惠明(2014)等测量方法⑥⑦⑧,衡量的是先前经验的多样性,而不去考虑其与学术创业行为的相关性。

学术创业能力是学术背景下创业初始阶段的一组能力。黄扬杰(2014)从学科的角度定义学术创业能力,认为学术创业能力是一系列内部要素和外部要素的组合,从而促进传统的大学学科组织向知识型组织转变,最终使学科学术创业绩效提升的组织能力⑨。关于个人层面的学术创业能力,目前缺乏清晰的界定,一般是通过对创业能力分析来理解学术创业能力的内涵。国内外比较代表性的

---

① Becker G S. Human capital revisited[M]. Human Capital: A Theoretical and Empirical Analysis with Special Reference to Education (3rd Edition). The University of Chicago Press, 1994: 15-28.

② 蔡曙山."代表性学术成果"是哲学社会科学评价的重要指标[J].中国高等教育,2004(23): 40-41.

③ D'Este P, Perkmann M. Why do academics engage with industry? The entrepreneurial university and individual motivations[J]. The Journal of Technology Transfer, 2011, 36(3): 316-339.

④ Cooper A C. Technical entrepreneurship: what do we know? [J]. R&D Management, 1973, 3(2): 59-64.

⑤ Bruno A V, Tyebjee T T. The entrepreneur's search for capital[J]. Journal of Business Venturing, 1985, 1(1): 61-74.

⑥ Stuart R W, Abetti P A. Impact of entrepreneurial and management experience on early performance [J]. Journal of business venturing, 1990, 5(3): 151-162.

⑦ Bercovitz J, Feldman M. Academic entrepreneurs: Organizational change at the individual level [J]. Organization Science, 2008, 19(1): 69-89.

⑧ 范惠明.高校教师参与产学合作的机理研究[D].浙江大学,2014.

⑨ 黄扬杰.大学学科组织的学术创业力研究[D].浙江大学,2014.

观点如 Shane & Venkataraman(2000)、Nicolaou et al.(2008)等基于机会视角，把创业能力定义为创业者发现、识别、利用机会的能力[1][2]。Thompson(2004)从特质的角度将创业能力界定为创业者的天赋能力，如性格特质、知识和技能等[3]。唐靖和姜彦福(2008)将创业能力界定为包含机会识别和开发能力和运营管理能力的两阶六维度概念[4]。本书提到的学术创业能力侧重从教师所扮演的学术创业者角色来分析其概念，指教师所拥有的有利于学术创业成功的知识、技能等。学术创业能力的测量，主要参考 Ahmad et al.(2010)、Man(2008)等测量量表[5][6]。综上所述，学术研究水平、先前经验、学术创业能力具体测量题目如表 4-3 所示。

表 4-3　人力资本测量量表

变　量	编号	测 量 题 目	测度的来源
学术研究水平	ARL1	近五年发表 SCI 的数量。	Siegel et al.(2007)；Perkmann et al(2011)；访谈结果
	ARL2	近五年发表专著的数量。	
	ARL3	近五年研究经费实到总额。	
	ARL4	近五年发表文章最高被引用次数。	
先前经验	PE1	我有丰富的企业工作经验。	Shepherd(2003)；Clarysse et al.(2011)
	PE2	我有很多参与学术创业成功或失败的经验。	

[1]　Shane S, Venkataraman S. The promise of entrepreneurship as a field of research[J]. Academy of management review, 2000, 25(1)：217-226.

[2]　Nicolaou N, Shane S, Cherkas L, et al. Is the tendency to engage in entrepreneurship genetic? [J]. Management Science, 2008, 54(1)：167-179.

[3]　Thompson J L. The facets of the entrepreneur: identifying entrepreneurial potential[J]. Management decision, 2004, 42(2)：243-258.

[4]　唐靖，姜彦福.创业能力概念的理论构建及实证检验[J].科学学与科学技术管理，2008(08)：52-57.

[5]　Hazlina Ahmad N, Ramayah T, Wilson C, et al. Is entrepreneurial competency and business success relationship contingent upon business environment? A study of Malaysian SMEs[J]. International Journal of Entrepreneurial Behavior & Research, 2010, 16(3)：182-203.

[6]　Man T W Y, Lau T, Chan K F. Home-grown and abroad-bred entrepreneurs in China: A study of the influences of external context on entrepreneurial competencies[J]. Journal of Enterprising Culture, 2008, 16(02)：113-132.

变　量	编号	测　量　题　目	测度的来源
先前经验	PE3	在读书期间,我接受过很多与学术创业相关的教育。	Shepherd(2003); Clarysse et al.(2011)
	PE4	在读书期间,我参加过很多与学术创业相关的实践活动。	
学术创业能力	AEA1	我能识别出具有潜力的市场。	Ahmad et al.(2010); 贺小刚(2005); Chandler(1992); Man(2008);访谈结果
	AEA2	即使面临逆境我也会坚持下来。	
	AEA3	我能够有效地领导、激励和监督员工。	
	AEA4	我能及时调整战略目标和经营思路。	
	AEA5	我能利用各种方式进行融资。	
	AEA6	我能协调好学术和学术创业存在的矛盾。	

3. 参照群体

参照群体(Reference Group)这一术语最初用于研究消费行为,是指消费者购买时会拿来与自己比较,从而影响自己消费愿望及行为的一组社会人群[①]。Park & Lessig(1977)认为参照群体是与个体愿望、看法和行为有显著关联的想象中或实际存在的个体或群体[②]。Bearden & Etzel(1982)认为参照群体是对个体行为产生重大影响的个体或群体[③]。本书所指的参照群体是那些对教师学术创业的态度、评价及行为决策产生重要影响的个人或群体。参照群体维度划分比较有代表性的如 Veblen(2009)提出的初级群体(家人、朋友、同事、邻居等)、次级群体(职业团体、教会、学术组织等)和渴望群体(明星、成功人士等)[④],Shih &

---

①　Hyman H H. The psychology of status[J]. Archives of Psychology (Columbia University),1942(38):94.

②　Park C W, Lessig V P.Students and housewives:Differences in susceptibility to reference group influence[J]. Journal of consumer Research, 1977,4(2):102-110.

③　Bearden W O, Etzel M J. Reference group influence on product and brand purchase decisions[J]. Journal of consumer research,1982,9(2):183-194.

④　Veblen T. The theory of the leisure class[M]. Oxford University Press,2009.

Fang(2004)提出的非成员群体和成员群体①，以及 White & Dahl(2006)提出的积极参照群体和消极参照群体等②。

　　基于扎根理论(详见第三章)，将参照群体分为组织、领导、同事及榜样四个维度，借鉴 Pavlou & Fygenson(2006)的测量量表，测量题目反映参照群体的指令性规范(参照群体希望你做的)、描述性规范(参照群体实际做的)和遵从程度(行为主体对参照群体行为的遵从程度)③。具体测量题目如表 4-4 所示。

表 4-4　参照群体测量量表

变　量	编号	测　量　题　目	测度的来源
组　织	OZ1	我所在大学对教师参与学术创业态度是积极的。	Ajzen(2002)；Pavlou & Fygenson(2006)；Francis et al.(2004)
	OZ2	我所在大学希望教师参与学术创业。	
	OZ3	我会遵从组织希望去参与学术创业。	
院系领导	DL1	我所在院系领导希望我参与学术创业。	
	DL2	我所在院系的领导参与了学术创业。	
	DL3	我会遵从院系领导希望去参与学术创业。	
同　事	CL1	我周围同事希望我参与学术创业。	
	CL2	我周围的同事有很多参与学术创业。	
	CL3	我会遵从同事希望去参与学术创业。	
榜　样	RM1	我的榜样希望我参与学术创业。	
	RM2	我的榜样人物(例如导师、父母等)参与了学术创业。	
	RM3	我会遵从榜样希望去参与学术创业。	

---

　　① Shih Y Y, Fang K. The use of a decomposed theory of planned behavior to study Internet banking in Taiwan[J]. Internet research, 2004, 14(3): 213-223.

　　② Pavlou P A, Fygenson M. Understanding and predicting electronic commerce adoption: An extension of the theory of planned behavior[J]. MIS quarterly, 2006: 115-143.

　　③ White K, Dahl D W. To be or not be? The influence of dissociative reference groups on consumer preferences[J]. Journal of Consumer Psychology, 2006, 16(4): 404-414.

4. 社会网络

Barnes(1954)认为"社会网络"这一术语最初用于表达正式关系之外的非正式关系[①]。Mitchell(1969)将社会网络扩展为既包含非正式关系,也包含正式关系[②]。Cook & Whitmeyer(1982)把社会网络的概念由仅关注个人与个人之间的关系推广到涵盖组织、群体乃至国家在内的更广泛层面[③]。对社会网络概念较为系统界定的是 Adler & Kwon(2002)提出的,他把社会网络理解为个体之间或组织之间经过社会关系形成的相对较为稳定的系统,包括亲属关系、交易关系、职权关系及其他社会关系等[④]。

关于社会网络维度,学术界比较公认的包括两种划分方式,一种是基于社会网络结构特征,侧重考察个体在网络中的位置及网络的特性。如 Tichy et al.(1979)提出从交易内容、联系特征与结构特征来观测社会网络的特质[⑤]。Davern(1997)从网络的动态特性出发,认为社会网络包含结构、资源、规范与动态过程[⑥]。Barnir & Smith(2002)基于网络的中心性将社会网络划分为网络范畴、联结强度、网络倾向以及网络声望[⑦]。周星(2008)在此基础上将社会网络划分为网络规模、网络关系强度、网络中心度和网络异质性四个维度[⑧]。Tichy et al.(1979)基于个体间建立联系的主体类型不同,将社会网络划分为商业性网络、社会支持网络和组织战略网络[⑨]。Premaratne et al(2002)认为社会网络包括个人网络、学术网络、政策支持性网络、情感网络等不同

---

① Barnes J A. Class and committees in a Norwegian island parish[J]. Human relations, 1954, 7(1): 39 – 58.

② Social networks in urban situations: analyses of personal relationships in Central African towns [M]. Manchester University Press, 1969.

③ Cook K S, Whitmeyer J M. Two approaches to social structure: Exchange theory and network analysis[J]. Annual review of Sociology, 1992, 18(1): 109 – 127.

④ Adler P S, Kwon S W. Social capital: Prospects for a new concept[J]. Academy of management review, 2002, 27(1): 17 – 40.

⑤ Tichy N M, Tushman M L, Fombrun C. Social network analysis for organizations[J]. Academy of management review, 1979, 4(4): 507 – 519.

⑥ Davern M. Social networks and economic sociology[J]. American Journal of Economics and Sociology, 1997, 56(3): 287 – 302.

⑦ BarNir A, Smith K A. Interfirm alliances in the small business: The role of social networks[J]. Journal of small Business management, 2002, 40(3): 219 – 232.

⑧ 周星.大学生社会网络对创业绩效的影响机制研究[D].同济大学,2008.

⑨ Butler J E, Hansen G S. Network evolution, entrepreneurial success, and regional development [J]. Entrepreneurship & Regional Development, 1991, 3(1): 1 – 16.

维度①。

本书中所指的社会网络是教师与亲人、朋友、产业部门以及政府机构等建立各种关系的总和。基于第三章扎根理论建构,与 Butler & Hansen(1991)的划分方法一致,将社会网络划分为个人网络、产学合作网络和支持性网络三个维度②。个人网络是教师基于个体身份与家人、朋友、同事之间的关系网络;产学合作性网络是教师建立的与产业部门的联系,包括合作研究、技术咨询等;支持性网络是教师与政府机构(工商、税收、行业协会等)建立的联系,通过支持性网络来获得政策、税收以及经济上的支撑。个人网络、产学合作网络、支持性网络的测量主要参考了 Linan & Chen(2009)、Fernandez-Perez(2015)等测量量表③④,具体测量题项如表 4-5 所示。

表 4-5 社会网络测量量表

变　量	编号	测　量　题　目	参　考　文　献
个人网络	PN1	我与亲人建立了良好的关系。	Linan & Chen(2009)、Fernandez-Perez(2015)
	PN2	我与朋友建立了良好的关系。	
	PN3	我与同事建立了良好的关系。	
产学合作网络	IA1	我经常与企业开展合作、合同研究。	范惠明(2007)
	IA2	近五年我的研究经费大部分来自企业。	
	IA3	我经常为企业提供技术咨询。	
支持性网络	AP1	我与税收、工商等政府职能部门建立了良好的关系。	Linan & Chen(2009)、Fernandez-Perez(2015)

① Drees M, Premaratne K, Graupner W, et al. Creation of a gradient polymer-fullerene interface in photovoltaic devices by thermally controlled interdiffusion[J]. Applied physics letters, 2002, 81(24): 4607-4609.

② Butler J E, Hansen G S. Network evolution, entrepreneurial success, and regional development [J]. Entrepreneurship & Regional Development, 1991, 3(1): 1-16.

③ Liñán F, Chen Y W. Development and Cross-Cultural application of a specific instrument to measure entrepreneurial intentions[J]. Entrepreneurship theory and practice, 2009, 33(3): 593-617.

④ Fernández-Pérez V, Esther Alonso-Galicia P, del Mar Fuentes-Fuentes M, et al. Business social networks and academics' entrepreneurial intentions[J]. Industrial Management & Data Systems, 2014, 114(2): 292-320.

续 表

变 量	编号	测 量 题 目	参 考 文 献
支持性网络	AP2	我与行业协会、商会等中介机构等建立了良好的联系。	Linan & Chen(2009)、Fernandez-Perez(2015)
	AP3	我与公众媒体建立了良好的联系。	

5. 冲突因素

基于扎根理论分析,时间冲突和角色冲突是教师参与学术创业活动中面临的两个主要的冲突因素。Rizzo et al.(1970)、Greenhaus & Beutell(1985)等人通过对已有文献的梳理,发现学者谈道角色冲突产生原因时,多数会提到时间冲突,即产生角色冲突的一部分原因是时间冲突引起的[1][2]。时间冲突和角色冲突在概念界定时存在一定程度的重合,因此对冲突因素的维度进行修正,将角色冲突和时间冲突合并,命名为"角色冲突",作为单一维度。

教师同时承担"学术研究者"和"学术创业者"双重角色时,当自身的时间、资源、能力等无法同时满足两个角色要求时,就会产生角色冲突。角色冲突主要包括角色内冲突(角色扮演者所扮演的同一个角色内部的矛盾)、角色间冲突(同一个角色扮演者所扮演的不同角色之间的冲突)和角色外冲突(两个或两个以上角色扮演者之间的冲突)。本书关注的是教师角色间冲突,即作为学术研究者和学术创业者之间的冲突,测量主要参考 Rizzo et al.(1970)的角色冲突量表,具体测量题项如表 4-6 所示[3]。

表 4-6 冲突因素测量量表

变 量	编号	测 量 题 目	参 考 文 献
角色冲突	RC1	由于我在学术研究上投入大量时间,我只能放弃参与学术创业。	Rizzo et al.(1970);任初明(2009)

---

① Rizzo J R, House R J, Lirtzman S I. Role conflict and ambiguity in complex organizations[J]. Administrative science quarterly, 1970: 150-163.

② Greenhaus J H, Beutell N J. Sources of conflict between work and family roles[J]. Academy of management review, 1985, 10(1): 76-88.

③ Rizzo J R, House R J, Lirtzman S I. Role conflict and ambiguity in complex organizations[J]. Administrative science quarterly, 1970: 150-163.

续　表

变　量	编号	测　量　题　目	参 考 文 献
角色冲突	RC2	追求真理的科学研究和追求利益最大化的学术创业,二者难以兼顾。	Rizzo et al.(1970); 任初明(2009)
	RC3	参与学术创业这件事会符合某些人的要求,但未必能符合其他人的要求。	

(二) 中间变量

1. 学术创业态度

Ajzen(2002)认为态度是指个体对于某特定行为表现出的肯定或否定的评价[①]。学术创业态度是教师对学术创业行为的主观评价性判断,包括喜恶、利弊、好坏的感觉。Ajzen(1991)研究指出态度被认为是预测行为意愿的重要因素,当个体综合各种信息,对行为的结果评价是积极的,那么个体对行为的态度也是积极的[②]。换句话说,个体对某特定行为积极的态度会增强实施行为的意愿。学术创业态度测量主要参考 Francis et al.(2004)量表[③],具体测量题项如表 4-7 所示。

表 4-7 学术创业态度测量量表

变　量	编号	测　量　题　目	参 考 文 献
学术创业态度	AT1	我认为参与学术创业是明智的选择。	Taylor & Todd(1995); Ajzen(2002); Francis et al.(2004); Goethner et al.(2012)等
	AT2	我喜欢参与学术创业。	
	AT3	我认为参与学术创业是有价值的。	
	AT4	参与学术创业会使我感到愉悦。	

---

　　① Ajzen I. Perceived behavioral control, self-efficacy, locus of control, and the theory of planned behavior 1[J]. Journal of applied social psychology, 2002, 32(4): 665-683.

　　② Ajzen I. The theory of planned behavior[J]. Organizational behavior and human decision processes, 1991, 50(2): 179-211.

　　③ Francis J, Eccles M P, Johnston M, et al. Constructing questionnaires based on the theory of planned behaviour: A manual for health services researchers[J]. 2004.

2. 主观规范

在计划行为理论中,主观规范被认为是影响行为意愿的又一重要因素,指的是个体在决策是否执行某特定行为时感知到的社会压力。本质上,主观规范反映的是社会环境因素,个体在决定是否从事某特定行为时,会通过感知外界环境对行为期望、标准、规范及产生顺从行为期望的动机,进而产生了某种规范自身行为的认知压力。也就是说,对教师产生重要影响的他人或群体期望教师采取某种行为或作为某种反应,那么教师很可能去实施此行为。主观规范的测量主要参考 Ajzen(2002)、Francis et al.(2004)等量表[1][2],具体测量题项如表 4-8 所示。

表 4-8　主观规范测量量表

变　量	编号	测　量　题　目	参　考　文　献
主观规范	SN1	绝大多数对我重要的人认为我应该参与学术创业。	Ajzen(2002); Francis et al.(2004)等
	SN2	绝大多数对我重要的人希望我参与学术创业。	
	SN3	绝大多数对我重要的人赞成我参与学术创业。	

3. 知觉行为控制

Ajzen(2002)、Trafimow et al.(2002)等研究认为知觉行为控制这一变量在概念上和方法论上还存在分歧[1][3]。Ajzen(1987)认为知觉行为控制是对个体是否有能力执行某行为的评价[4],其与 Bandura(1986)提出的"自我效能感(self-

---

① Ajzen I. Perceived behavioral control, self-efficacy, locus of control, and the theory of planned Behavior1[J]. Journal of applied social psychology, 2002, 32(4): 665-683.

② Francis J, Eccles M P, Johnston M, et al. Constructing questionnaires based on the theory of planned behaviour: A manual for health services researchers[J]. 2004.

③ Trafimow D, Sheeran P, Conner M, et al. Evidence that perceived behavioural control is a multidimensional Construct: Perceived control and perceived difficulty[J]. British Journal of Social Psychology, 2002, 41(1): 101-121.

④ Ajzen I. Attitudes, traits, and actions: Dispositional prediction of behavior in personality and social psychology[M]. Advances in experimental social psychology. Academic Press, 1987, 20: 1-63.

efficacy)"类似①。部分学者在研究中将知觉行为控制直接等同于自我效能感。Conner & Armitage(1998)把知觉行为控制划分为两个维度：自我效能(个体对自己是否有能力完成行为的信心)和控制力(个体对完成行为所需资源的控制程度)②。Courneya et al.(1999)没有对知觉行为控制进行维度划分,认为自我效能感和控制力含义被包含在知觉行为控制这一综合概念中③。

　　Manstead & van Eekelen(1998)发现无论是否对知觉行为控制进行维度划分,其测量题目均包含评价个体对执行某行为控制力的感知和评价对执行行为难易程度的感知④。知觉行为控制作为单一维度,是指教师对自己是否有能力实施学术创业行为的信心和对实施此行为所需资源的控制程度的总和。知觉行为控制测量借鉴 Armitage & Conner(2001)⑤、Terry & O'Leary(1995)⑥等量表,具体测量题目如表 4 - 9 所示。

表 4 - 9　知觉行为控制测量量表

变　量	编号	测　量　题　目	参　考　文　献
知觉行为控制	SE1	对我而言,参与学术创业很容易。	Ajzen(2002);Terry & O'Leary(1995); Sparks et al.(1997); Armitage & Conner (2001)
	SE2	只要我愿意参与学术创业,我有信心成功。	
	CT1	是否参与学术创业,完全取决于我。	
	CT2	学术创业所需的资源、时间等完全在我的控制范围内。	

① Bandura A. Social Foundations of Thought and Action: A Social Cognitive Theory[J]. Journal of Applied Psychology, 1986, 12(1): 169.

② Conner M, Armitage C J. Extending the theory of planned behavior: A review and avenues for further research[J]. Journal of applied social psychology, 1998, 28(15): 1429 - 1464.

③ Courneya K S, Bobick T M, Schinke R J. Does the theory of planned behavior mediate the relation between personality and exercise behavior? [J]. Basic and applied social psychology, 1999, 21(4): 317 - 324.

④ Manstead A S R, Eekelen S A M. Distinguishing between perceived behavioral control and self-efficacy in the domain of academic achievement intentions and behaviors[J]. Journal of Applied Social Psychology, 1998, 28(15): 1375 - 1392.

⑤ Armitage C J, Conner M. Efficacy of the theory of planned behaviour: A meta-analytic review [J]. British journal of social psychology, 2001, 40(4): 471 - 499.

⑥ Terry D J, O'Leary J E. The theory of planned behaviour: The effects of perceived behavioural control and self-efficacy[J]. British journal of social psychology, 1995, 34(2): 199 - 220.

（三）结果变量

1. 学术创业意愿

Fishbein & Ajzen(1975)认为意愿是指个人从事某特定行为的可能性。学术创业意愿是指教师参与学术创业的可能性[①]。计划行为理论认为，个体行为意愿是预测实际行为的重要变量，个体只有具备强烈的行为意愿，才会有后续的行为结果。意愿的测量主要参考 Ajzen(1987)、Francis et al.(2004)等成熟量表[②③]，具体测量题目如表 4 - 10 所示。

表 4 - 10　学术创业意愿测量量表

变　量	编号	测　量　题　目	参 考 文 献
学术创业意愿	AEI1	我愿意参与学术创业。	Ajzen(1987)；Francis et al.(2004)
	AEI2	我打算参与学术创业。	
	AEI3	我会尽一切努力参与学术创业。	
	AEI4	未来 5 年我参与学术创业的可能性很大。	

2. 学术创业行为

根据前文对学术创业行为的定义（详见第二章），依据三个标准构建了"是否参与学术创业"这一虚拟变量，即① 在大学工作期间，是否将自己的科研成果许可给企业；② 在大学工作期间，是否将自己的科研成果转让（包括一次性转让和技术作价入股）给企业；③ 在大学工作期间，是否基于自己的科研成果创办了公司。如果被试者满足其一，则被视为"有学术创业行为"。

（四）调节变量：情境因素

情境因素，也称为外部条件，指的是那些对教师参与学术创业行为产生影响

---

① Fishbein M，Ajzen I. Belief，attitude，intention and behavior：An introduction to theory and research[M]. 1975.

② Ajzen I. Attitudes，traits，and actions：Dispositional prediction of behavior in personality and social psychology[M]. Advances in experimental social psychology. Academic Press，1987，20：1 - 63.

③ Francis J，Eccles M P，Johnston M，et al. Constructing questionnaires based on the theory of planned behaviour：A manual for health services researchers[J]. 2004：1 - 43.

的外界因素。已有研究涉及的情境因素主要包括政策因素、大学技术转移办公室(TTO)、社会文化、学术文化、地理位置等。基于第三章扎根理论,涉及的情境因素主要包括政策因素和大学中介机构。政策因素,主要指国家为鼓励教师参与学术创业出台的政策,如税收优惠、金融扶持等;中介机构是一个包含技术许可、知识产权管理、专利咨询、企业合同管理、辅助创办衍生企业等在内的组织机构。在我国,几乎所有研究型大学都已设立大学中介机构,但在称谓上有所不同,如大学技术转移中心、产业研究院、技术转移研究院等,本书将这些机构统称为"大学中介机构"。情境因素的测量如表 4 - 11 所示。

表 4 - 11　情境因素测量量表

变　量	编号	测　量　题　目	参　考　文　献
政策因素	PE1	国家出台了一系列鼓励教师学术创业的税收减免政策。	Mian(1997);Lendner(2003);访谈资料
	PE2	国家出台了一系列鼓励教师学术创业的金融扶持政策。	
	PE3	在专利许可、技术转让的收益分成上,我认为分配合理。	
	PE4	国家为参与学术创业的教师提供简化便捷的登记审批程序。	
	PE5	国家出台了一系列以学术创业为导向的分类评价体系。	
大学中介机构	IS1	我校有专设机构协助教师评估学术发明的商业价值。	
	IS2	我校有专设机构发布企业技术需求,为教师和企业的沟通牵线搭桥。	
	IS3	我校有专设机构对许可方进行监管并向教师反馈。	
	IS4	我校有专设机构为教师参与学术创业提供培训和咨询。	
	IS5	我校有专设机构为教师参与学术创业提供财务、工商、税务等服务。	

变　量	编号	测　量　题　目	参　考　文　献
大学中介机构	IS6	我校有专设机构为教师参与学术创业提供种子基金,并帮助教师获得各种社会资金支持。	Mian(1997);Lendner(2003);访谈资料
	IS7	我校有专设机构为教师参与学术创业搭建了公共技术开发平台和中试平台。	

三、小规模访谈与预测试

(一) 小规模访谈

在参考文献及实地调研的基础上确定问卷初稿后,于 2017 年 2 月至 5 月先后同 10 位专家进行了小规模访谈,其中本领域专家 5 名,成功的学术创业者 5 名。

小规模访谈的主要目的是:① 讨论各变量维度划分是否准确;② 讨论问卷初稿中各变量的测量题项是否覆盖相应变量的全部内容;③ 探讨各变量测量问项表达上是否清晰易懂,是否存在歧义。

综合各专家意见,主要修改了以下两个方面:

(1) 增加控制变量"是否为创新型衍生企业"。

受访专家认为问卷设计中没有甄别创新型衍生企业和其他类型的创业,容易导致数据的不准确。科学技术部、国资委、中华全国总工会下发的《关于开展创新型企业试点工作的通知》中明确对创新型企业进行了界定,创新型企业的认定标准包括:一是具有持续创新的能力;二是拥有自主知识产权的关键技术;三是具有创新发展战略和创新文化;四是具有较强的盈利能力;五是具有行业带动性和自主品牌;参考我国创新型企业评价指标体系、创新型初创企业评价标准,一般评价指标包括销售总额、研发占比、是否拥有自主知识产权等。由于被试者创办的衍生企业可能是初创企业,也可能是成熟的企业,因此在指标的选取上,年销售总额无法统一判定。因此,结合可操作性原则,选取是否拥有知识产权和研发投入占比作为控制变量。

（2）修正情境因素变量维度，由包含政策因素和大学中介机构两个维度，调整为包含政策因素、考核评价机制和大学中介机构三个维度。

考核评价机制指的是学术资源（如职位、岗位、职称、课题、工资、补贴、福利、奖励、荣誉等）分配的标准和程序，是学术机构用以在学者之间分配学术资源的规则和程序，体现为一种管理模式[①]；受访专家认为考核评价机制是目前参与学术创业教师面临的最重要的障碍因素，应该将其从政策因素维度中抽离出来，作为独立的变量。

修正后的情境因素的测量如表 4-12 所示。

表 4-12 修正后的情境因素测量量表

变　量	编号	测　量　题　目	参　考　文　献
政策因素	PE1	国家出台了一系列鼓励教师学术创业的税收减免政策。	Mian（1997）；Lendner（2003）；访谈结果
	PE2	国家出台了一系列鼓励教师学术创业的金融扶持政策。	
	PE3	在专利许可、技术转让的收益分成上，我认为分配合理。	
	PE4	国家为参与学术创业的教师提供简化便捷的登记审批程序。	
考核评价机制	EM1	参与学术创业对教师绩效考核、晋升职称有很重要的作用。	Lendner（2003）；访谈结果
	EM2	参与学术创业对教师申请课题有很重要的作用。	
	EM3	参与学术创业对教师工资、补贴、福利有很重要的作用。	
大学中介机构	IS1	我校有专设机构协助教师评估学术发明的商业价值。	

① 凌斌.学术评价机制与大学的两个世界[J].清华大学学报(哲学社会科学版),2015,30(02)：172-181+191.

变　量	编号	测　量　题　目	参 考 文 献
大学中介机构	IS2	我校有专设机构发布企业技术需求,为教师和企业的沟通牵线搭桥。	Lendner(2003);访谈结果
	IS3	我校有专设机构对许可方进行监管并向教师反馈。	
	IS4	我校有专设机构为教师参与学术创业提供培训和咨询。	
	IS5	我校有专设机构为教师参与学术创业提供财务、工商、税务等服务。	
	IS6	我校有专设机构为教师参与学术创业提供种子基金,并帮助教师获得各种社会资金支持。	
	IS7	我校有专设机构为教师参与学术创业搭建了公共技术开发平台和中式平台。	

(二) 预测试

为了提高调查问卷的信度和效度,验证变量各维度设置合理性,在正式发放问卷前进行了小范围的预测试。变量的测量题项通过两种方法进行筛选,一种是通过探索性因子分析来确定问卷量表的基本构成;另一种是通过信度分析删除对测量变量没有贡献的问卷题项,从而提高测量变量的信度。预测试以某双一流高校教师为研究样本,发放问卷 600 份,回收 80 份,回收率 13.3%。

1. 探索性因子分析

采用 SPSS18.0 软件对潜变量的题项进行因子分析,主要利用主成分分析,并采用最大方差数法来进行因子分析。在因素的个数决定上,以特征值大于 1 为判定标准。问题项所属因子的负荷量必须大于 0.5,则具有收敛效度,否则删除;如果该问题项在所有因子中的负荷量都小于 0.5,或在两个以上因子负荷度大于 0.5,出现横跨因子的现象,则删除此问题项。

在进行因子分析之前,需要通过检验 KMO 值和 Bartlett 球形来判断量表是否适合进行因子分析。KMO 的取值范围为大于 0.7 时，且 Bartlett 球形检验统计值显著性概率为 0 时，表明数据适合进行因子分析。下面将分别对概念模型中的各变量进行探索性因子分析。

1) 结果预期

结果预期变量的 KMO 和 Barlett 球形检验结果如表 4 - 13 所示。KMO 值为 0.794，大于 0.7，Barlett 球形检验的显著性概率为 0，因而适合做因子分析。对结果预期维度的 9 个题项进行探索性因子分析，结果如表 4 - 14 所示，因子的特征根累积解释变差为 82.3%，且问题题项相对应的因子负荷系数均大于 0.5。有三个公共因子被提取出来，与预先提出的理论假设完全一致。将公共因子 1 命名为物质预期，公共因子 2 命名为社会化预期，将公共因子 3 命名为自我评价预期。

表 4 - 13　结果预期的 KMO 和 Bartlett 的检验结果

KMO 取样适切性量数		0.794
巴特利特球形度检验	近似卡方	455.154
	自由度	36
	显著性	0.000

表 4 - 14　结果预期的探索性因子分析

题　　项	成　　分		
	1	2	3
增加个人收入	0.254	0.220	0.801
为研究团队提供额外的收入来源	0.162	0.127	0.860
为推动现有研究获取额外资金	−0.048	0.151	0.825
增强自己在学术圈的声誉	0.923	0.095	0.035
提高自己在社会上的认可度	0.918	0.121	0.114
拓宽自己的关系网	0.874	0.230	0.206
满足个人兴趣	0.242	0.868	0.172

续 表

题 项	成 分		
	1	2	3
实现个人价值	0.170	0.885	0.247
获得成就感	0.050	0.918	0.118

2) 人力资本

人力资本变量的 KMO 和 Barlett 球形检验结果如表 4-15 所示。KMO 值为 0.812,大于 0.7,Bartlert 球形检验的显著性概率为 0,因而适合做因子分析。对人力资本维度的 12 个题项进行探索性因子分析,结果如表 4-16 所示,因子的特征根累积解释变差为 67.5%,且问题题项相对应的因子负荷系数均大于 0.5。有三个公共因子被提取出来,与预先提出的理论假设完全一致。将公共因子 1 命名为学术研究水平,公共因子 2 命名为先前经验,将公共因子 3 命名为学术创业能力。

表 4-15 人力资本的 KMO 和 Bartlett 检验结果

KMO 和巴特利特检验		
KMO 取样适切性量数		0.812
巴特利特球形度检验	近似卡方	1298.831
	自由度	91
	显著性	0.000

表 4-16 人力资本的探索性因子分析

题 项	成 分		
	1	2	3
SCI 发文量	0.054	−0.052	0.901
研究经费总额	0.040	0.095	0.867
最高被引用次数	0.051	−0.043	0.915

续　表

题　　项	成　　分		
	1	2	3
企业工作经验	0.155	0.847	0.019
学术创业经验	0.214	0.857	0.013
创业实践活动	0.212	0.908	−0.009
创业教育	0.213	0.788	−0.017
识别具有潜力的市场	0.654	0.289	−0.060
面临逆境坚持下来	0.805	0.040	0.132
领导、激励和监督员工	0.883	0.064	0.115
利用各种方式融资	0.623	0.468	0.007
协调学术和学术创业存在的矛盾	0.715	0.225	−0.003

3）参照群体

参照群体变量的 KMO 和 Barlett 球形检验结果如表 4－17 所示。KMO 值为 0.703，大于 0.7，Bartlert 球形检验的显著性概率为 0，因而适合做因子分析。对参照群体维度的 12 个题项进行探索性因子分析，结果如表 4－18 所示，因子的特征根累积解释变差为 86.3%，且问题题项相对应的因子负荷系数均大于 0.5。有三个公共因子被提取出来，与理论假设一致。将公共因子 1 命名为组织，公共因子 2 命名为院系领导，将公共因子 3 命名为同事，将公共因子 4 命名为榜样。

表 4－17　参照群体的 KMO 和 Bartlett 的检验结果

KMO 和巴特利特检验		
KMO 取样适切性量数		0.703
巴特利特球形度检验	近似卡方	689.048
	自由度	66
	显著性	0.000

表 4-18　参照群体的探索性因子分析

题　项	成　分			
	1	2	3	4
我所在大学对教师参与学术创业态度是积极的	0.877	0.057	0.163	0.114
我所在大学希望教师参与学术创业	0.698	0.429	−0.048	0.306
我会遵从组织希望去参与学术创业	0.906	0.105	−0.033	0.089
我所在院系领导希望我参与学术创业	0.402	−0.161	0.272	0.588
我所在院系的领导参与了学术创业	0.198	0.096	0.143	0.805
我会遵从院系领导希望去参与学术创业	0.014	0.094	0.097	0.857
我周围同事希望我参与学术创业	0.032	0.069	0.866	0.204
我周围的同事有很多参与学术创业	−0.107	0.190	0.751	0.310
我会遵从同事希望去参与学术创业	0.340	0.379	0.698	−0.100
我的榜样希望我参与学术创业	−0.003	0.801	−0.004	0.119
我的榜样人物(例如导师、学长、父母等)参与了学术创业	0.150	0.747	0.315	0.062
我会遵从榜样希望去参与学术创业	0.184	0.735	0.209	−0.065

4) 社会网络

社会网络变量的 KMO 和 Barlett 球形检验结果如表 4-19 所示。KMO 值为 0.828,大于 0.7,Bartlert 球形检验的显著性概率为 0,因而适合做因子分析。对社会网络维度的 9 个题项进行探索性因子分析,结果如表 4-20 所示,因子的特征根累积解释变差为 86.6%,且问题题项相对应的因子负荷系数均大于 0.5。有三个公共因子被提取出来,与预先提出的理论假设完全一致。将公共因子 1 命名为产学合作网络,公共因子 2 命名为支持性网络,将公共因子 3 命名为个人网络。

表 4－19　社会网络的 KMO 和 Bartlett 的检验结果

KMO 和巴特利特检验		
KMO 取样适切性量数		0.828
巴特利特球形度检验	近似卡方	629.662
	自由度	36
	显著性	0.000

表 4－20　社会网络的探索性因子分析

题　项	成　分		
	1	2	3
我与亲人建立了良好的关系	0.052	0.052	0.841
我与朋友建立了良好的关系	0.355	0.143	0.690
我与同事建立了良好的关系	0.147	0.296	0.835
我经常与企业开展合作、合同研究	0.307	0.818	0.203
近五年我的研究经费大部分来自企业	0.194	0.898	0.172
我经常为企业提供技术咨询	0.285	0.859	0.123
我与税收、工商等政府职能部门建立了良好的关系	0.896	0.230	0.168
我与行业协会、商会等中介机构等建立了良好的联系	0.877	0.319	0.146
我与公众媒体建立了良好的联系	0.862	0.259	0.211

5）角色冲突

角色冲突变量的 KMO 和 Barlett 球形检验结果如表 4－21 所示。KMO 值为 0.705，大于 0.7，Barlert 球形检验的显著性概率为 0，因而适合做因子分析。对角色冲突维度的 3 个题项进行探索性因子分析，结果如表 4－22 所示，因子的特征根累积解释变差为 70.3％，且问题题项相对应的因子负荷系数均大于 0.5。

有一个公共因子被提取出来,与预先提出的理论假设完全一致。将公共因子1命名为角色冲突。

表 4-21　角色冲突的 KMO 和 Bartlett 的检验结果

KMO 取样适切性量数		0.705
巴特利特球形度检验	近似卡方	67.475
	自由度	3
	显著性	0.000

表 4-22　角色冲突的探索性因子分析

题　　项	成　分
	1
由于我在学术研究上投入大量时间,我只能放弃参与学术创业	0.832
追求真理的科学研究和追求利益最大化的学术创业,二者难以兼顾	0.849
参与学术创业这件事会符合某些人的要求,但未必能符合其他人的要求	0.818

6)学术创业态度、主观规范、知觉行为控制以及学术创业意愿

将学术创业态度、主观规范、知觉行为控制及学术创业意愿这四个变量放在一起进行探索性因子分析。学术创业态度、主观规范、知觉行为控制及学术创业意愿这四个变量的 KMO 和 Barlett 球形检验结果如表 4-23 所示。KMO 值为0.840,大于 0.7,Barlert 球形检验的显著性概率为 0,因而适合做因子分析。对这 15 个题项进行探索性因子分析,结果如表 4-24 所示,因子的特征根累积解释变差为 82.3%,且问题题项相对应的因子负荷系数均大于 0.5。有四个公共因子被提取出来,与预先提出的理论假设完全一致。将公共因子 1 命名为学术创业态度,公共因子 2 命名为主观规范,公共因子 3 命名为知觉行为控制,公共因子 4 命名为学术创业意愿。

表 4－23　学术创业态度、主观规范、知觉行为控制以及学术
创业意愿的 KMO 和 Bartlett 的检验

KMO 取样适切性量数		0.840
巴特利特球形度检验	近似卡方	1 669.597
	自由度	105
	显著性	0.000

表 4－24　学术创业态度、主观规范、知觉行为控制以及学术
创业意愿的探索性因子分析

题　项	成　分			
	1	2	3	4
我认为参与学术创业是明智的选择	0.864	0.197	0.079	0.090
我喜欢参与学术创业	0.828	0.228	0.237	0.261
我认为参与学术创业是有价值的	0.883	0.206	0.157	0.142
参与学术创业会使我感到愉悦	0.771	0.345	0.271	0.311
我愿意参与学术创业	0.360	0.848	0.141	0.173
我打算参与学术创业	0.363	0.840	0.136	0.177
我会尽一切努力参与学术创业	0.142	0.836	0.343	0.225
未来 5 年我参与学术创业的可能性很大	0.171	0.811	0.345	0.266
对我而言,参与学术创业很容易	0.084	0.157	0.663	0.425
只要我愿意参与学术创业,我有信心成功	0.223	0.142	0.677	0.437
是否参与学术创业,完全取决于我	0.181	0.265	0.901	0.064
学术创业所需的资源、时间等完全在我的控制范围内	0.203	0.266	0.896	0.058
绝大多数对我重要的人认为我应该参与学术创业	0.411	0.314	0.240	0.719

题　项	成　分			
	1	2	3	4
绝大多数对我重要的人希望我参与学术创业	0.059	0.186	0.162	0.808
绝大多数对我重要的人赞成我参与学术创业	0.444	0.241	0.173	0.757

7）情境因素

角色冲突变量的 KMO 和 Barlett 球形检验结果如表 4-25 所示。KMO 值为 0.798，大于 0.7，Bartlert 球形检验的显著性概率为 0，因而适合做因子分析。对情境因素维度的 14 个题项进行探索性因子分析，结果如表 4-26 所示，因子的特征根累积解释变差为 75.3%，且问题题项相对应的因子负荷系数均大于 0.5。有三个公共因子被提取出来，与预先提出的理论假设完全一致。将公共因子 1 命名为政策因素，公共因子 2 命名为考核评价机制，公共因子 3 命名为大学中介机构。

表 4-25　情境因素的 KMO 和 Bartlett 的检验结果

KMO 取样适切性量数		0.798
巴特利特球形度检验	近似卡方	908.674
	自由度	78
	显著性	0.000

表 4-26　情境因素的探索性因子分析

题　项	成　分		
	1	2	3
税收减免政策	0.093	0.143	0.752
金融扶持政策	0.030	—0.004	0.551
收益分成上，分配合理	—0.103	—0.037	0.858

续　表

题　　项	成　　分		
	1	2	3
提供简化便捷的登记审批程序	0.052	−0.150	0.703
对教师绩效考核、晋升职称有很重要的作用	−0.088	0.850	−0.014
对教师申请课题有很重要的作用	−0.053	0.967	−0.035
对教师工资、补贴、福利有很重要的作用	−0.058	0.938	−0.007
协助教师评估学术发明的商业价值	0.961	−0.022	0.061
发布企业技术需求,为教师和企业的沟通牵线搭桥	0.959	−0.052	0.021
对许可方进行监管并向教师反馈	0.907	−0.108	−0.020
为教师参与学术创业提供培训和咨询	0.851	−0.023	−0.064
为教师参与学术创业提供财务、工商、税务等服务	0.887	−0.099	0.124
为教师参与学术创业提供种子基金	0.923	−0.019	0.043
为教师参与学术创业搭建了公共技术开发平台和中式平台	0.883	−0.20	−0.38

2. 信度分析

信度是指采用同一方法对同一对象进行重复测量时,问卷调查结果的一致性,即测量工具能否稳定地测量所测的变量[①]。信度越高,表示问题题项的方差对潜变量的解释程度越大,测量到的结果受误差的影响越少,具有较好的内部一致性。

Cronbach's alpha 值,即一致性指数通常用来作为衡量信度的标准。不同学者对 *Cronbach's a* 系数界限值有不同的看法,在基础研究中,*Cronbach's a* 系数要大于等于0.8才能接受;在探索研究中,*Cronbach's a* 系数则至少应达到0.7才能接

---

① 吴明隆.SPSS统计应用实务:问卷分析与应用统计[M].北京:科学出版社,2003:19.

受；而在实务研究中，$Cronbach's\ a$ 系数只需要超过 0.6 即可①。吴明隆（2003）认为，$Cronbach's\ a$ 系数大于 0.7 就可以接受，如果研究者编制时研究工具的信度低于 0.6，则应该重新修订研究工具或重新编制较为适宜②。本书采用这一标准对各变量进行信度分析，同时计算各测量项校正的项总计相关性（Corrected Item-Total Correlation），即 CITC，其值若小于 0.5 则删去指标。此外，用 $Cronbach's\ a$ 系数测量量表信度时，如果删除某个题项后一致性指数系数增加，则意味着该题项理应被删除，并且需要对删除题项后的量表重新计算一致性系数。

1）结果预期

结果预期量表信度检验结果如表 4-27 所示。各潜变量测量题项的一致性系数 $Cronbach's\ a$ 系数均大于 0.7，校正的项总计相关性（CITC 系数）均大于 0.5，且表中删除各观测变量后 $Cronbach's\ a$ 系数值都比原量表小，所以结果预期量表具有较好的内部一致性。

表 4-27　结果预期量表的信度分析

变量	题　　　项	修正后的项与总计相关性（CITI）	删除项后的 $Cronbach's\ a$ 系数	$Cronbach's\ a$ 系数
物质预期	增加个人收入	0.700	0.770	
	为研究团队提供额外的收入来源	0.753	0.725	0.836
	推动现有研究获取额外资金	0.648	0.824	
社会化预期	增强自己在学术圈的声誉	0.818	0.895	
	提高自己在社会上的认可度	0.856	0.863	0.912
	拓宽自己的关系网	0.828	0.887	
自我认可预期	满足个人兴趣	0.811	0.880	
	实现个人价值	0.846	0.851	0.911
	获得成就感	0.806	0.884	

① 罗戎,周庆山.我国数字内容产品消费模式的实证研究[J].情报理论与实践,2015,38(10)：67-72.
② 吴明隆.SPSS统计应用实务：问卷分析与应用统计[M].北京：科学出版社,2003：19.

2）人力资本

人力资本量表信度检验结果如表 4－28 所示。学术研究水平变量测量题项"专著数量"校正的项总计相关性（CITC 系数）小于 0.5，且删除此观测变量后 *Cronbach's a* 系数都比原量表大，因此删除题项"专著数量"。

表 4－28　人力资本量表的信度分析

变量	题　　项	修正后的项与总计相关性（CITI）	删除项后的 *Cronbach's a* 系数	*Cronbach's a* 系数
学术研究水平	SCI 数量	0.695	0.654	0.775
	专著数量	0.158	0.871	
	研究经费总额	0.739	0.627	
	被高引用次数	0.751	0.619	
先前经验	企业工作经验	0.745	0.906	0.912
	学术创业经验	0.797	0.888	
	创业实践活动	0.868	0.862	
	创业教育	0.801	0.887	
学术创业能力	识别具有潜力的市场	0.671	0.887	0.896
	面临逆境坚持下来	0.643	0.889	
	领导、激励和监督员工	0.813	0.863	
	调整战略目标和经营思路	0.801	0.865	
	利用各种方式融资	0.700	0.881	
	协调学术和学术创业存在的矛盾	0.704	0.880	

删除题项"专著数量"后，重新计算 *Cronbach's a* 系数，结果如表 4－29 所示。各潜变量测量题项的一致性系数 *Cronbach's a* 系数值均大于 0.7，校正的项

总计相关性(CITC 系数)均大于 0.5,且表中删除各观测变量后 *Cronbach's a* 系数值都比原量表小,所以人力资本量表经修正后具有较好的内部一致性。

表 4 - 29　修正后的人力资本量表的信度分析

变量	题　　项	修正后的项与总计相关性(CITI)	删除项后的 *Cronbach's a* 系数	*Cronbach's a* 系数
学术研究水平	SCI 数量	0.738	0.833	0.871
	研究经费总额	0.783	0.790	
	被高引用次数	0.738	0.833	
先前经验	企业工作经验	0.745	0.906	0.912
	学术创业经验	0.797	0.888	
	创业实践活动	0.868	0.862	
	创业教育	0.801	0.887	
学术创业能力	识别具有潜力的市场	0.671	0.887	0.896
	面临逆境坚持下来	0.643	0.889	
	领导、激励和监督员工	0.813	0.863	
	调整战略目标和经营思路	0.801	0.865	
	利用各种方式融资	0.700	0.881	
	协调学术和学术创业存在的矛盾	0.704	0.880	

3) 参照群体

参照群体量表信度检验结果见表 4 - 30,各潜变量测量题项的一致性系数 *Cronbach's a* 系数均大于 0.7,校正的项总计相关性(CITC 系数)均大于 0.5,且表中删除各观测变量后 *Cronbach's a* 系数值都比原量表小,所以参照群体量表具有较好的内部一致性。

表 4 - 30　参照群体量表的信度分析

变量	题　　　项	修正后的项与总计相关性（CITI）	删除项后的 *Cronbach's a* 系数	*Cronbach's a* 系数
组织	我所在大学对教师参与学术创业态度是积极的	0.743	0.782	0.852
	我所在大学希望教师参与学术创业	0.690	0.833	
	我会遵从组织希望去参与学术创业	0.749	0.768	
院系领导	我所在院系领导希望我参与学术创业	0.516	0.709	0.740
	我所在院系的领导参与了学术创业	0.636	0.565	
	我会遵从院系领导希望去参与学术创业	0.548	0.675	
同事	我周围同事希望我参与学术创业	0.684	0.597	0.768
	我周围的同事有很多参与学术创业	0.578	0.714	
	我会遵从同事希望去参与学术创业	0.552	0.751	
榜样	我的榜样希望我参与学术创业	0.515	0.678	0.726
	我的榜样人物（例如导师、学长、父母等）参与了学术创业	0.561	0.621	
	我会遵从榜样希望去参与学术创业	0.567	0.616	

4）社会网络

社会网络量表信度检验结果见表 4 - 31，各潜变量测量题项的一致性系数 *Cronbach's a* 系数值均大于 0.7，校正的项总计相关性（CITC 系数）均大于 0.5，且表中删除各观测变量后 *Cronbach's a* 系数值都比原量表小，所以社会网络量表具有较好的内部一致性。

表 4 - 31　社会网络量表的信度分析

变量	题　　项	修正后的项与总计相关性（CITI）	删除项后的 Cronbach's a 系数	Cronbach's a 系数
个人网络	我与亲人建立了良好的关系	0.861	0.901	0.932
	我与朋友建立了良好的关系	0.878	0.888	
	我与同事建立了良好的关系	0.843	0.915	
产学合作网络	我经常与企业开展合作、合同研究	0.546	0.756	0.771
	近五年我的研究经费大部分来自企业	0.553	0.748	
	我经常为企业提供技术咨询	0.725	0.553	
支持性网络	我与税收、工商等政府职能部门建立了良好的关系	0.784	0.873	0.900
	我与行业协会、商会等中介机构等建立了良好的联系	0.833	0.833	
	我与公众媒体建立了良好的联系	0.793	0.867	

5）角色冲突

角色冲突量表信度检验结果见表 4 - 32，测量题项的一致性系数 Cronbach's a 值均大于 0.7，校正的项总计相关性（CITC 系数）均大于 0.5，且表中删除各观测变量后 Cronbach's a 系数值都比原量表小，所以学术创业态度量表具有较好的内部一致性。

6）学术创业态度、主观规范、知觉行为控制以及学术创业意愿

学术创业态度、主观规范、知觉行为控制以及学术创业意愿量表信度检验结果见表 4 - 33，测量题项的一致性系数 Cronbach's a 系数值均大于 0.7，校正的项总计相关性（CITC 系数）均大于 0.5，且表中删除各观测变量后 Cronbach's a 系数值都比原量表小，所以学术创业态度、主观规范、知觉行为控制以及学术创业意愿量表具有较好的内部一致性。

表 4 - 32　角色冲突量表的信度分析

变量	题　　项	修正后的项与总计相关性（CITI）	删除项后的 Cronbach's a 系数	Cronbach's a 系数
角色冲突	由于我在学术研究上投入大量时间,我只能放弃参与学术创业	0.622	0.720	0.785
	追求真理的科学研究和追求利益最大化的学术创业,二者难以兼顾	0.649	0.683	
	参与学术创业这件事会符合某些人的要求,但未必能符合其他人的要求	0.615	0.724	

表 4 - 33　学术创业态度、主观规范、知觉行为控制及学术创业意愿量表的信度分析

变量	题　　项	修正后的项与总计相关性（CITI）	删除项后的 Cronbach's a 系数	Cronbach's a 系数
学术创业态度	参与学术创业是明智的	0.798	0.935	0.938
	喜欢参与学术创业	0.878	0.911	
	参与学术创业是明智的	0.861	0.916	
	参与学术创业会使我感到愉悦	0.875	0.911	
主观规范	绝大多数对我重要的人认为我应该参与学术创业	0.685	0.645	0.786
	绝大多数对我重要的人希望我参与学术创业	0.578	0.769	
	绝大多数对我重要的人赞成我参与学术创业	0.623	0.715	
知觉行为控制	参与学术创业容易	0.701	0.895	0.898
	参与学术创业有信心成功	0.737	0.881	

续 表

变量	题 项	修正后的项与总计相关性（CITI）	删除项后的 Cronbach's a 系数	Cronbach's a 系数
知觉行为控制	是否参与学术创业,完全取决于我	0.830	0.847	0.898
	学术创业所需的资源、时间等完全在我的控制范围内	0.828	0.848	
学术创业意愿	愿意参与学术创业	0.872	0.931	0.946
	我打算参与学术创业	0.862	0.933	
	我会尽一切努力参与学术创业	0.883	0.927	
	未来5年参与学术创业的可能性很大	0.882	0.926	

7) 情境因素

情境因素量表信度检验结果如表4-34所示,题项"提供简化便捷的登记审批程序"校正的项总计相关性(CITC系数)小于0.5,且删除此观测变量后 Cronbach's a 系数值都比原量表大;题项"为教师参与学术创业提供财务、工商、税务等服务""参与学术创业对教师申请课题有很重要的作用"删除后 Cronbach's a 系数值比原量表大;因此,删除题项"提供简化便捷的登记审批程序""为教师参与学术创业提供财务、工商、税务等服务""参与学术创业对教师申请课题有很重要的作用"。删除后重新计算 Cronbach's a 系数,各潜变量测量题项的一致性系数 Cronbach a 系数值均大于0.7,校正的项总计相关性(CITC系数)均大于0.5,情境因素量表经修正后具有较好的内部一致性。

表4-34 情境因素量表的信度分析

变量	题 项	修正后的项与总计相关性（CITI）	删除项后的 Cronbach's a 系数	Cronbach's a 系数
政策因素	税收减免政策	0.502	0.693	0.737
	金融扶持政策	0.564	0.657	

续　表

变量	题　项	修正后的项与总计相关性（CITI）	删除项后的 Cronbach's a 系数	Cronbach's a 系数
政策因素	收益分成上,分配合理	0.683	0.588	0.737
	提供简化便捷的登记审批程序	0.384	0.755	
考核评价机制	对教师绩效考核、晋升职称有很重要的作用	0.860	0.731	0.859
	对教师申请课题有很重要的作用	0.674	0.861	
	对教师工资、补贴、福利有很重要作用	0.725	0.827	
大学中介机构	协助教师评估学术发明的商业价值	0.854	0.919	0.936
	发布企业技术需求,为教师和企业的沟通牵线搭桥	0.879	0.915	
	对许可方进行监管并向教师反馈	0.864	0.917	
	为教师参与学术创业提供培训和咨询	0.740	0.933	
	为教师参与学术创业提供财务、工商、税务等服务	0.682	0.939	
	为教师参与学术创业提供种子基金	0.841	0.920	
	为教师参与学术创业搭建了公共技术开发平台和中式平台	0.811	0.879	

（三）正式问卷的形成

在小范围进行预测试后,通过探索性因子分析和信度分析,验证了各个变量维度的合理性,并删除了部分题项,有语句表述上容易产生歧义的描述进一步修正,最终确定了正式调研问卷。

四、问卷大规模发放

（一）样本选择与样本量要求

样本总体为 36 所研究型大学的教师，依据便利抽样的原则，主要调查上海交通大学、复旦大学、清华大学、浙江大学、同济大学等高校的教师。

样本的大小直接影响到研究的结果，Bagozzi & Yi(1988)认为如果运用线性结构方程对概念模型进行验证，样本量至少要大于 50[①]。Hair(1998)认为以最大似然估计法对参数估计时，样本数应该大于 100。如果样本量过少，可能会得到不准确的解或者导致不能收敛[②]。但若样本量大于 400，有可能使最大似然估计方法变得敏感，适合度指标也会随时变差。Anderson & Gerbing(1988)认为应用结构方程模型时，样本量应大于 200 以上。因为 200 以上的样本，才可以称得上是一个中型样本，分析结果也较为稳定[③]。

（二）数据收集

主要采用两种调查方式来收集数据：第一种是发放电子问卷，通过高校教师名录筛选出电子邮箱地址，向对方说明本次调研的目的以及调研数据的保密性，通过网络回收问卷；第二种方式是利用个人关系网络，委托在大学就职的教师，由他们向相关教师发放问卷。2017 年 4 月至 2017 年 7 月，总计发放调查问卷 1 200 份，回收了 255 份，回收率为 21.25%，其中有效问卷为 214 份。

---

① 郭峻峰.移动增值彩铃业务消费者使用行为实证研究[D].浙江大学,2007.

② Hair J F, Black W C, Babin B J, et al. Multivariate data analysis. Uppersaddle River[J]. Multivariate Data Analysis (5th ed) Upper Saddle River, 1998: 1 - 7.

③ Anderson J C, Gerbing D W. Structural equation modeling in practice: A review and recommended two-step approach[J]. Psychological bulletin, 1988, 103(3): 411.

第5章

我国研究型大学教师学术创业
影响机理的实证研究

一、描述性统计分析

(一) 问卷基本信息

1. 性别

调查回收的 214 份问卷中,男性总计 183 人,占 85.5%,女性总计 31 人,占 14.5%(如图 5-1 所示)。男性比例高于女性,可能与所选择的样本群的人群比例相关。

2. 年龄

样本的年龄结构,21—30 岁占 7%,31—40 岁占 37%,41—50 岁占 36%,50 岁以上占 20%(如图 5-2 所示)。其中 31—50 岁之间的教师占比最高,合占 73%的比例,间接说明了这个年龄段的教师对学术创业的关注度最高。

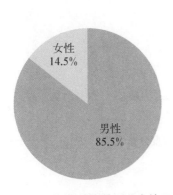

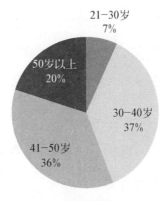

图 5-1 调查样本性别分布情况   图 5-2 调查样本年龄分布情况

3. 职称

样本在职称的分布如图 5-3 所示,其中正高级的样本数为 91 人,占 42.5%;副高级的样本数为 90 人,占 42.1%;中级及以下的样本数为 33 人,占 15.4%。

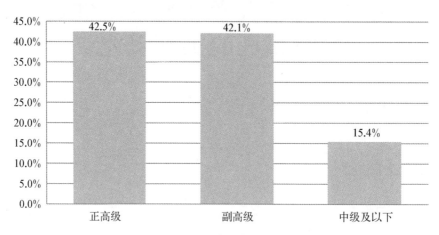

图 5-3　调查样本职称分布情况

4. 受教育程度

回收的问卷在受教育程度分布上主要以博士为主,占 96.3%,本科占 0.9%,研究生占 2.8%(如图 5-4 所示)。

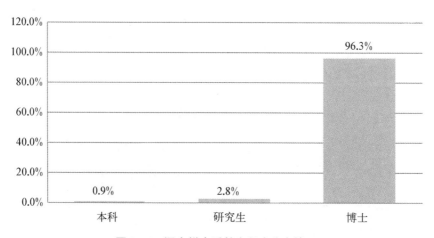

图 5-4　调查样本受教育程度分布情况

5. 学科门类

被调查教师的学科门类分布如图 5-5 所示,工学的最多,占 62.2%,理学的占 18.2%,管理学占 4.2%,医学的占 9.8%,人文社科(包括哲学、经济学、法学、教育学、文学和历史学)的占 5.6%。

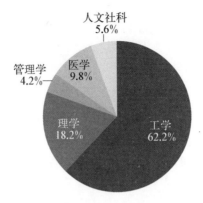

图 5-5　调查样本学科门类分布情况

6. 研究类型

被调查的教师研究类型分布情况如图 5-6 所示,从事应用基础研究的教师占比最大,为 58.9%,其次是基础研究和应用研究,分别占 21.0% 和 18.2%,从事技术开发的教师只占 1.9%。

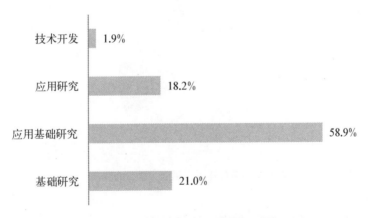

图 5-6　调查样本研究类型分布情况

7. 职业定位

样本在职业定位的分布如图 5-7 所示,60.3% 的教师侧重学术研究,兼顾学术创业。28.5% 的教师偏向学术创业,同时进行学术研究。专注顶尖科学研究和专注学术创业的占比都较少,分别为 2.3% 和 8.9%。

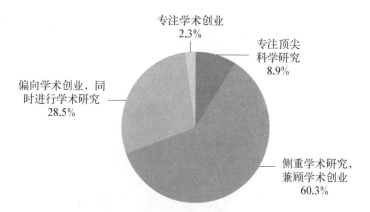

图 5-7　调查样本职业定位分布情况

8. 受访者中高层次人才

本次调查回收的样本中,获得不少高层次人才的支持(如图 5-8 所示),其中包括院士 1 名,"973"首席科学家 2 名、长江学者 2 名,国家杰青科学基金获得者 3 名,教育部新世纪优秀人才 16 名。这在一定程度上体现了本次调查样本回收质量较为理想。

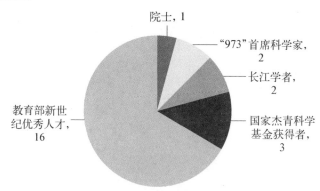

图 5-8　调查样本高层次人才分布情况

(二) 教师学术创业行为的描述性统计

被调查样本参与学术创业的情况如表 5-1 所示,有 79 人参与了许可,65 人参与了技术转让,37 人创办了衍生企业。样本情况反映出参与过学术创业的教师更关注该领域,而不能代表目前我国研究型大学教师参与学术创业的整体情况。

表 5 - 1　教师参与学术创业行为分布

学术创业行为	是否参与	频　次	百分比
许　可	否	135	63.1%
	是	79	36.9%
创办衍生企业	否	177	82.7%
	是	37	17.3%
转让(包括技术入股)	否	149	69.6%
	是	65	30.4%

二、数据质量的验证性因子分析

变量的测量大部分基于过去研究所开发的成熟量表,部分基于文献分析和扎根理论研究而提出的量表。为确保量表题项能有效用于研究假设,在此对测量模型进行评价。Bollen(2000)认为研究测量模型的评估可以逐步进行匹配检验[①]。因此,对模型中的各个变量建立测量模型,分别进行验证性因子分析。

(一) 结构方程测量模型概述

结构方程模型(Structural Equation Modeling，SEM)分为测量方程和结构方程两部分。测量方程描述的是潜变量与指标之间的关系,其本质是验证性因子分析(Confirmatory factor analysis，CFA),而结构方程则描述潜变量之间的关系。

1. 测量模型的假设与数学表达

测量模型涉及的假设包括: 设定全部的变量(观测变量、潜变量、误差)的平均值为0;公共因子与误差项之间相互独立;因子彼此间独立,该条件在某些特

---

① Bollen K A. Evaluating effect，composite，and causal indicators in structural equation models[J]. Mis Quarterly，2011：359 - 372.

殊情形下可被适当放宽;观测变量数大于公共因子数。测量方程主要用来描述和解释观测变量以及公共因子二者的关系,方程式为 $x = \Lambda_x \xi + \delta$, $y = \Lambda_y \eta + \varepsilon$。公式中: x 和 y 分别代表结果指标和预测指标构成的向量; Λ_x 代表结果指标和结果变量二者的关系; Λ_y 代表预测指标与预测变量二者的关系; δ 和 ε 分别代表结果指标 x 和 y 的误差项。

2. 测量模型的分析步骤

验证性因子分析流程包括:

(1) 模型定义。以理论假设为基础,确定观测变量与潜变量、潜变量彼此间,以及与特殊因子之间的关系。

(2) 模型识别。模型没有识别就估计参数会导致无意义的估计与解释。验证性因子分析模型一般分为不可识别、恰好识别和超识别三种。

(3) 参数估计。在测量方程验证性因子分析中,最常用的参数估计方法是最大似然法。

(4) 模型评价。参数估计后,需要对模型和数据的拟合情况进行评价,常用的评价模型拟合程度的指标如表 5-2 所示。在评价验证性因子分析模型时,必须检查多个拟合指数,而不能依赖某一个指数。

(5) 模型修正。如果模型不能很好地拟合数据,就需要对模型进行修正和再次设定。

表 5-2　模型指标评价

类　型	拟　合　指　数	参考标准
绝对拟合指数	χ^2 统计量	$p > 0.05$
	拟合优度指数(GFI)	> 0.90
	调整的拟合优度指数(AGF)	> 0.90
	近似均方根误差(RMSEA)	< 0.08
相对拟合指数	相对拟合指数(CFI)	> 0.90
	标准拟合指数(NFI)	> 0.90

（二）结果预期

1. 因子模型设定

结果预期由三个潜变量组成,分别是物质预期、社会化预期、自我评价预期。其验证性因子分析模型如图 5 - 9 所示。

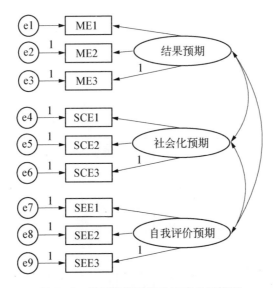

图 5 - 9　结果预期验证性因素分析模型

2. 因子模型识别

根据 t 规则,本模型包括 9 个测量指标,对应的因子数是 $q(q+1)/2=45$。需要估计的参数一共有 21 个,其中因子负荷、测量指标对应的误差方差和因子间相关系数个数分别为 9 个、9 个和 3 个。t 值为 21,小于 45,因此满足模型识别的必要条件。

由三指标法可知,本模型的潜变量(结果预期、社会化预期和自我评价预期)均有三个测量变量;残差协方差组成的矩阵属于对角矩阵;因子负荷矩阵中,任意一行只有一个非零值。因此,模型满足上述提出的三个条件,所以可推断模型满足识别的充分条件。

综上所述,模型识别的必要条件和充分条件皆满足,故模型可识别。

3. 模型的整体评估

运用 AMOS21.0 软件,选择固定负荷法,分析模型,结果如表 5 - 3 所示。

表 5-3　结果预期验证性因子分析结果

潜变量及测量指标	非标准化因子负荷	t 值	标准化因子负荷	项目信度	建构信度	AVE
物质预期					0.955	0.876
ME1	1.000		0.859	0.738		
ME2	1.060***	18.655	0.958	0.918		
ME3	1.111***	19.653	0.986	0.972		
社会化预期					0.739	0.489
SCE1	1.000		0.644	0.415		
SCE2	0.838***	8.310	0.618	0.382		
SCE3	1.078***	6.294	0.819	0.671		
自我评价预期					0.925	0.806
SEE1	1.000		0.810	0.656		
SEE2	1.080***	14.118	0.902	0.814		
SEE3	1.201***	15.368	0.974	0.949		
拟合优度指标：$\chi^2=56.251$　$df=23$　$\chi^2/df=2.446$　$p=0.000$　RMSEA$=0.085$ GFI$=0.956$　AGFI$=0.865$　CFI$=0.973$　NFI$=0.956$						

分析表 5-3 可以看出，$\chi^2(23)=56.251$，$p<0.01$，p 值在 0.01 水平上显著，说明测量模型与样本数据之间存在显著差异。很多学者在其研究中指出，χ^2 受样本数量的影响非常明显，特别是大模式小样本的情形，这种影响更为突出。如果样本量不超过 5 000，那么卡方值存在正向偏差，容易拒绝模型。通用做法是对剩余指标进行检验，以做综合判断。分析绝对拟合指标发现，GFI 值为 0.956，高于 0.9 这一可接受值；AGFI 值为 0.865，非常接近 0.9 这一可接受值；RMSEA 值为 0.085，在可接受范围内。通过分析这些指标得到结果，模型总体上是可被接受的。CFI 和 NFI 这两个相对拟合指标普遍高于 0.9 这一可接受值，可认为模型与数据的拟合较好，建构效度良好，处于可接受水平。

4. 个别指标评估

对个别指标进行评估其实就是检验指标的效度,查看变项基于反映因子上的标准化负荷量。如果该系数显著,则意味着可用指标来解释因子。分析表 5-3 可知,各指标对应的标准化负荷系数大于 0.7,或者接近 0.7,项目信度大于或接近 0.5,标准化系数均显著。综合分析,我们可以利用这 9 个测量指标来测量三个潜在的因子。

5. 因子信度评估

采用建构信度来判断因子的信度,分析表 5-3 可知,潜在因子的建构信度分别为 0.955、0.739、0.925,均高于 0.5 这一可接受值。由此可见,测量结果显示潜变量内部呈现高度一致性,信度指标完全可被接受。

6. 因子效度评估

分析表 5-3 可知,潜变量所属因素负荷系数全部都高于 0.7 这一可接受值,由此可推断潜变量有聚合效度。潜变量平均方差值为 0.876、0.489、0.806,超过或接近 0.5 这一可解释水平。由此可见,指标解释力高于其误差方差,也就意味着构建变量的测量表现出良好的聚合效度。

(三) 参照群体

1. 因子模型设定

参照群体由三个潜变量组成,分别是组织、院系领导、同事、榜样。其验证性因子分析模型如图 5-10 所示。

2. 因子模型识别

根据 t 规则,本模型包括 12 个测量指标,对应的因子数是 $q(q+1)/2=78$。需要估计的参数一共有 30 个,其中因子负荷、测量指标对应的误差方差和因子间相关系数个数分别为 12 个、12 个和 6 个。t 值为 30,小于 78,因此满足模型识别的必要条件。

由三指标法可知,本模型的潜变量(组织、领导、同事和榜样)均有三个测量变量;残差协方差组成的矩阵属于对角矩阵;因子负荷矩阵中,任意一行只有一个非零值。因此,模型满足上述提出的三个条件,所以可推断模型满足识别的充分条件。

综上所述,模型识别的必要条件和充分条件皆满足,故模型可识别。

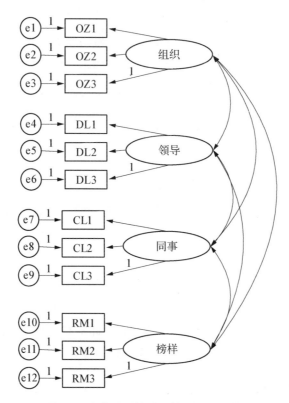

图 5 - 10　参照群体验证性因子分析模型

3. 模型的整体评估

运用 AMOS21.0 软件, 选择固定负荷法, 分析模型, 结果如表 5 - 4 所示。

表 5 - 4　参照群体验证性因子分析结果

潜变量及测量指标	非标准化因子负荷	t 值	标准化因子负荷	项目信度	建构信度	AVE
组织					0.853	0.661
OZ1	1.000		0.748	0.560		
OZ2	1.295***	9.105	0.872	0.760		
OZ3	1.111***	9.551	0.814	0.663		
院系领导					0.813	0.594

潜变量及测量指标	非标准化因子负荷	t 值	标准化因子负荷	项目信度	建构信度	AVE
DL1	1.000		0.726	0.527		
DL2	0.838***	9.947	0.714	0.510		
DL3	1.078***	14.406	0.863	0.745		
同事					0.812	0.594
CL1	1.000		0.645	0.416		
CL2	1.119***	7.992	0.799	0.638		
CL3	1.149***	8.126	0.853	0.728		
榜样					0.852	0.660
RM1	1.000		0.663	0.440		
RM2	1.297***	9.258	0.901	0.812		
RM3	1.243***	9.138	0.854	0.729		
拟合优度指标：$\chi^2=119.060$　$df=44$　$\chi^2/df=2.706$　$p=0.000$　RMSEA$=0.089$ GFI$=0.889$　AGFI$=0.876$　CFI$=0.936$　NFI$=0.905$						

分析表 5-4 可以看出，$\chi^2(44)=119.060$，$p<0.01$，p 值在 0.01 水平上显著，说明测量模型与样本数据之间存在显著差异。分析绝对拟合指标发现，GFI 值为 0.889，AGFI 值为 0.876，非常接近 0.9 这一可接受值；RMSEA 值为 0.089，在可接受范围内。通过分析这些指标得到结果，模型总体上是可被接受的。CFI 和 NFI 这两个相对拟合指标值分别为 0.936 和 0.905，均高于 0.9 这一可接受值，可认为模型与数据的拟合较好，建构效度良好，处于可接受水平。

4. 个别指标评估

分析表 5-4 可知，各指标对应的标准化负荷系数大于 0.7，或者接近 0.7，信度大于或接近 0.5，标准化系数均显著。综合分析，我们可以利用这 12 个测量指标来测量四个潜在的因子。

5. 因子信度评估

采用构建信度来判断因子的信度，分析表 5-4 可知，潜在因子的建构信度分别为 0.853、0.813、0.812、0.852,均高于 0.5 这一可接受值。由此可见,测量结果显示潜变量内部呈现高度一致性,信度指标完全可被接受。

6. 因子效度评估

分析表 5-4 可知,潜变量所属因素负荷全部都高于 0.7 这一可接受值,由此可推断潜变量有聚合效度。潜变量平均方差值为 0.661、0.594、0.594、0.660,均超过 0.5 这一可解释水平,由此可见,指标解释力远高于其误差方差,也就意味着构建变量的测量表现出良好的聚合效度。

(四) 人力资本

1. 因子模型设定

人力资本由三个潜变量组成,分别是学术研究水平、学术创业能力、先前经验。其验证性因子分析模型如图 5-11 所示。

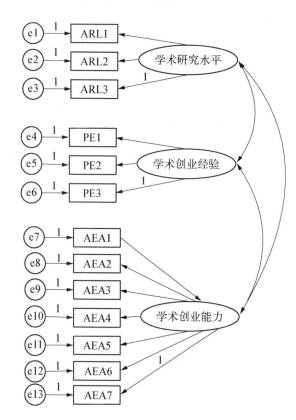

图 5-11　人力资本验证性因子分析模型

2. 因子模型识别

根据 t 规则,本模型包括 13 个测量指标,对应的因子数是 $q(q+1)/2=91$。需要估计的参数一共有 29 个,其中因子负荷、测量指标对应的误差方差和因子间相关系数个数分别为 13 个、13 个和 3 个。t 值为 29,小于 91,因此满足模型识别的必要条件。

由三指标法可知,本模型的潜变量(学术研究水平、学术创业经验和学术创业能力)均有三个或三个以上测量变量;残差协方差组成的矩阵属于对角矩阵;因子负荷矩阵中,任意一行只有一个非零值。因此,模型满足上述提出的三个条件,所以可推断模型满足识别的充分条件。

综上所述,模型识别的必要条件和充分条件皆满足,故模型可识别。

3. 模型的整体评估

运用 AMOS21.0 软件,选择固定负荷法,分析模型,结果如表 5-5 所示。

表 5-5　人力资本验证性因子分析结果

潜变量及测量指标	非标准化因子负荷	t 值	标准化因子负荷	项目信度	建构信度	AVE
学术研究水平					0.785	0.551
ARL1	1.000		0.761	0.421		
ARL3	0.628***	7.003	0.640	0.590		
ARL4	0.915***	7.313	0.815	0.336		
先前经验					0.821	0.539
PE1	1.000		0.669	0.552		
PE2	0.868***	8.921	0.659	0.566		
PE3	1.108***	9.375	0.892	0.204		
PE4	1.065***	9.369	0.691	0.523		
学术创业能力					0.902	0.609
AEA1	1.000		0.716	0.487		

续　表

潜变量及测量指标	非标准化因子负荷	t 值	标准化因子负荷	项目信度	建构信度	AVE
AEA2	0.938***	8.061	0.824	0.321		
AEA3	1.122***	9.232	0.848	0.281		
AEA4	1.198***	9.630	0.708	0.499		
AEA5	1.012***	8.000	0.670	0.551		
AEA6	0.984***	9.369	0.889	0.210		
拟合优度指标：$\chi^2=132.058$　　$df=61$　　$\chi^2/df=2.165$　　$p=0.000$　　RMSEA$=0.086$ GFI$=0.891$　　AGFI$=0.837$　　CFI$=0.929$　　NFI$=0.878$						

分析表 5-5 可以看出，$\chi^2(61)=132.058$，$p<0.01$，p 值在 0.01 水平上显著，说明测量模型与样本数据之间存在显著差异。分析绝对拟合指标发现，GFI 值为 0.891，AGFI 的值为 0.837，接近 0.9 这一可接受值；AGFI 值为 0.865，非常接近 0.9 这一可接受值；RMSEA 值为 0.086，在可接受范围内。通过分析这些指标得到结果，模型总体上是可被接受的。CFI 和 NFI 值分别为 0.929、0.878，这两个相对拟合指标接近或大于 0.9 这一可接受值，可认为模型与数据的拟合较好，建构效度良好，处于可接受水平。

4. 个别指标评估

分析表 5-5 可知，各指标对应的标准化负荷系数大于 0.7，或者接近 0.7，项目信度大于或接近 0.5，标准化系数均显著。综合分析，我们可以利用这 13 个测量指标来测量三个潜在的因子。

5. 因子信度评估

采用构建信度描述因子的信度，分析表 5-5 可发现，潜在因子的建构信度分别为 0.785、0.821、0.902，均高于 0.5 这一可接受值。由此可见，测量结果显示潜变量内部呈现高度一致，信度指标完全可被接受。

6. 因子效度评估

分析表 5-5 可知，潜变量所属因素负荷大于或接近 0.7 这一可接受值，由此可推断潜变量有聚合效度。潜变量平均方差值为 0.551、0.539、0.609，均超过

0.5 这一可解释水平,由此可见,指标解释力远高于其误差方差,也就意味着构建变量的测量表现出良好的聚合效度。

(五) 社会网络

1. 因子模型设定

社会网络由三个潜变量组成,分别是个人网络、产学合作网络、支持性网络。其验证性因子分析模型如图 5 - 12 所示。

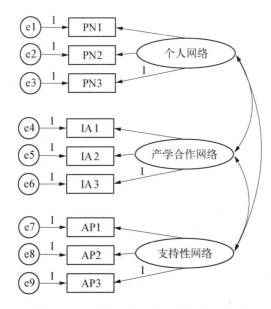

图 5 - 12　社会网络验证性因子分析模型

2. 因子模型识别

根据 t 规则,本模型包括 9 个测量指标,对应的因子数是 $q(q+1)/2=45$。需要估计的参数一共有 21 个,其中因子负荷、测量指标对应的误差方差和因子间相关系数个数分别为 9 个、9 个和 3 个。t 值为 21,小于 45,因此满足模型识别的必要条件。

由三指标法可知,本模型的潜变量(个人网络、产学合作网络和支持性网络)均有三个测量变量;残差协方差组成的矩阵属于对角矩阵;因子负荷矩阵中,任意一行只有一个非零值。因此,模型满足上述提出的三个条件,所以可推断模型满足识别的充分条件。

综上所述,模型识别的必要条件和充分条件皆满足,故模型可识别。

3. 模型的整体评估

运用 AMOS21.0 软件,选择固定负荷法,分析模型,结果如表 5-6 所示。

表 5-6　社会网络验证性因子分析结果

潜变量及测量指标	非标准化因子负荷	t 值	标准化因子负荷	项目信度	建构信度	AVE
个人网络					0.896	0.742
PN1	1.000		0.838	0.702		
PN2	1.004***	12.883	0.854	0.729		
PN3	1.050***	13.544	0.891	0.794		
产学合作网络					0.861	0.679
IA1	1.000		0.868	0.753		
IA2	0.802***	8.877	0.633	0.401		
IA3	1.107***	14.576	0.939	0.882		
支持性网络					0.935	0.827
AP1	1.000		0.886	0.785		
AP2	1.037***	16.719	0.900	0.810		
AP3	1.063***	18.166	0.941	0.885		
拟合优度指标:$\chi^2=44.503$　$df=24$　$\chi^2/df=1.854$　$p=0.000$　RMSEA=0.073　GFI=0.945　AGFI=0.897　CFI=0.981　NFI=0.961						

分析表 5-6 可以看出,$\chi^2(24)=44.503$,$p<0.01$,p 值在 0.01 水平上显著,说明测量模型与样本数据之间存在显著差异。分析绝对拟合指标发现,GFI 值为 0.946,远高于 0.9 这一可接受值;AGFI 值为 0.897,非常靠近 0.9 这一可接受值;RMSEA 值为 0.073,在可接受范围内。通过分析这些指标得到结果,模型总体上是可被接受的。CFI 和 NFI 这两个相对拟合指标分别为 0.945、0.961,普

遍高于 0.9 这一可接受值,可认为模型与数据的拟合较好,建构效度良好,处于可接受水平。

4. 个别指标评估

分析表 5-6 可知,各指标对应的标准化负荷系数大于 0.7,或者接近 0.7,项目信度大于或接近 0.5,标准化系数均显著。综合分析,我们可以利用这 9 个测量指标来测量三个潜在的因子。

5. 因子信度评估

采用构建信度描述因子的信度,分析表 5-6 可发现,潜在因子的建构信度分别为 0.896、0.861、0.935,均高于 0.5 这一可接受值。由此可见,测量结果显示潜变量内部呈现高度一致,信度指标完全可被接受。

6. 因子效度评估

分析表 5-6 可知,潜变量所属因素负荷大于或接近 0.7 这一可接受值,由此可推断潜变量有聚合效度。潜变量平均方差值为 0.742、0.679、0.827,均超过 0.5 这一可解释水平,由此可见,指标解释力远高于其误差方差,也就意味着构建变量的测量表现出良好的聚合效度。

(六) 角色冲突

1. 因子模型设定

角色冲突由单一维度构成,其验证性因子分析模型如图 5-13 所示。

2. 因子模型识别

根据 t 规则,本模型包括 3 个测量指标,对应的因子数是 $q(q+1)/2=6$。需要估计的参数一共 6 个,其中因子负荷、测量指标对应的误差方差个数均为 3 个,t 值为 6,等于对应的因子数,满足模型识别的必要条件。

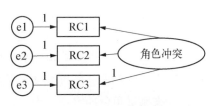

图 5-13　角色冲突验证性因子分析模型

由三指标法可知,本模型的角色冲突变量有三个测量变量;残差协方差组成的矩阵属于对角矩阵;因子负荷矩阵中,任意一行只有一个非零值。因此,模型满足上述提出的三个条件,所以可推断模型满足识别的充分条件。

综上所述,模型识别的必要条件和充分条件皆满足,故模型可识别。

3. 模型的整体评估

运用 AMOS21.0 软件,选择固定负荷法,分析模型,结果如表 5-7 所示。

表 5-7 社会网络验证性因子分析结果

潜变量及测量指标	非标准化因子负荷	t 值	标准化因子负荷	项目信度	建构信度	AVE
角色冲突					0.896	0.683
RC1	1.000		0.738	0.545		
RC2	0.959***	10.558	0.875	0.766		
RC3	1.040***	13.734	0.891	0.794		
拟合优度指标:$\chi^2=24.603$ $df=16.3$ $\chi^2/df=1.472$ $p=0.000$ RMSEA=0.079 GFI=0.921 AGFI=0.853 CFI=0.932 NFI=0.915						

分析表 5-7 可以看出,$\chi^2(24)=24.603$,$p<0.01$,p 值在 0.01 水平上显著,说明测量模型与样本数据之间存在显著差异。分析绝对拟合指标发现,GFI 值为 0.921,高于 0.9 这一可接受值;AGFI 值为 0.853,非常靠近 0.9 这一可接受值;RMSEA 值为 0.079,在可接受范围内。通过分析这些指标得到结果,模型总体上是可被接受的。CFI 和 NFI 这两个相对拟合指标分别为 0.932、0.915,普遍高于 0.9 这一可接受值,可认为模型与数据的拟合较好,建构效度良好,处于可接受水平。

4. 个别指标评估

分析表 5-7 可知,各指标对应的标准化负荷系数大于 0.7,或者接近 0.7,项目信度大于或接近 0.5,标准化系数均显著。综合分析,我们可以利用这 3 个测量指标来测量角色冲突这一变量。

5. 因子信度评估

采用建构信度描述因子的信度,分析表 5-7 可发现,建构信度为 0.896,高于 0.5 这一可接受值。由此可见,测量结果显示潜变量内部呈现高度一致,信度指标完全可被接受。

6. 因子效度评估

分析表 5-7 可知,潜变量所属因素负荷全部都高于 0.7 这一可接受值,由此可推断潜变量有聚合效度。潜变量平均方差值为 0.683，超出 0.5 这一可解释水平，由此可见，指标解释力远高于其误差方差，也就意味着构建变量的测量表现出良好的聚合效度。

（七）学术创业意愿及其影响因素变量

1. 因子模型设定

将学术创业意愿及其影响因素（学术创业态度、主观规范、知觉行为控制）放在一起进行验证性因子分析。学术创业态度、知觉行为控制和学术创业意愿由四个指标来测量，主观规范由三个指标来测量，其验证性因子分析模型如图 5 - 14 所示。

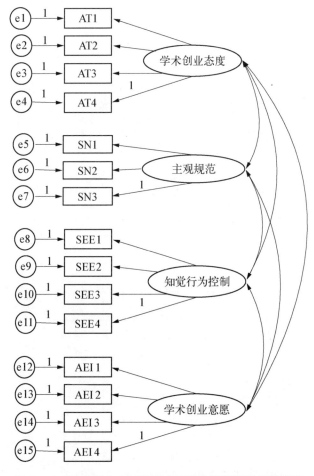

图 5 - 14　学术创业意愿及影响因素验证性因子分析模型

2. 因子模型识别

根据 t 规则,本模型包括 15 个测量指标,对应的因子数是 $q(q+1)/2=$ 129。需要估计的参数一共有 36 个,其中因子负荷、测量指标对应的误差方差和因子间相关系数个数分别为 15 个、15 个和 6 个。t 值为 36,小于 125,因此满足模型识别的必要条件。

由三指标法可知,本模型的潜变量(学术创业态度、主观规范、知觉行为控制和学术创业意愿)均有三个或三个以上的测量变量;残差协方差组成的矩阵属于对角矩阵;因子负荷矩阵中,任意一行只有一个非零值。因此,模型满足上述提出的三个条件,所以可推断模型满足识别的充分条件。

综上所述,模型识别的必要条件和充分条件皆满足,故模型可识别。

3. 模型的整体评估

运用 AMOS21.0 软件,选择固定负荷法,分析模型,结果如表 5-8 所示。

表 5-8 学术创业意愿及其影响因素验证性因子分析结果

潜变量及测量指标	非标准化因子负荷	t 值	标准化因子负荷	项目信度	建构信度	AVE
学术创业态度					0.940	0.797
AT1	1.000		0.859	0.738		
AT2	1.065***	16.021	0.922	0.850		
AT3	1.052***	24.448	0.876	0.767		
AT4	0.981***	15.767	0.912	0.832		
主观规范					0.879	0.710
SN1	1.000		0.902	0.814		
SN2	0.818***	8.329	0.703	0.494		
SN3	0.985***	12.477	0.906	0.821		
知觉行为控制					0.935	0.827
SEE1	1.000		0.734	0.539		
SEE2	1.154***	8.014	0.814	0.663		

潜变量及测量指标	非标准化因子负荷	t 值	标准化因子负荷	项目信度	建构信度	AVE
CT1	1.220***	8.515	0.865	0.748		
CT2	1.271***	8.723	0.888	0.789		
学术创业意愿					0.883	0.653
AEI1	1.000		0.829	0.687		
AEI2	1.012***	40.489	0.825	0.681		
AEI3	1.217***	8.433	0.794	0.630		
AEI4	1.141***	8.316	0.783	0.613		
拟合优度指标：$\chi^2=146.879$ $df=82$ $\chi^2/df=1.791$ $p=0.000$ RMSEA=0.067 GFI=0.838 AGFI=0.877 CFI=0.962 NFI=0.919						

分析表 5-8 可以看出，$\chi^2(82)=146.879$，$p<0.01$，p 值在 0.01 水平上显著，说明测量模型与样本数据之间存在显著差异。分析绝对拟合指标发现，GFI 值为 0.838，AGFI 值为 0.877，非常接近 0.9 这一可接受值；RMSEA 值为 0.067，在可接受范围内。通过分析这些指标得到结果，模型总体上是可被接受的。CFI 和 NFI 这两个相对拟合指标值分别为 0.962 和 0.905，均高于 0.9 这一可接受值，可认为模型与数据的拟合较好，建构效度良好，处于可接受水平。

4. 个别指标评估

分析表 5-7 可知，各指标对应的标准化负荷系数大于 0.7，或者接近 0.7，项目信度大于或接近 0.5，标准化系数均显著。综合分析，我们可以利用这 15 个测量指标来测量四个潜在的因子。

5. 因子信度评估

采用构建信度描述因子的信度，分析表 5-8 可发现，潜在因子的建构信度分别为 0.940、0.879、0.935、0.883，全部高于 0.5 这一可接受值。由此可见，测量结果显示潜变量内部呈现高度一致，信度指标完全可被接受。

6. 因子效度评估

分析表 5-7 可知，潜变量所属因素负荷全部都高于 0.7 这一可接受值，由此可推断潜变量有聚合效度。潜变量平均方差值分别为 0.797、0.710、0.827、0.653，均超过 0.5 这一可解释水平。由此可见，指标解释力高于误差方差，也就意味着构建变量的测量表现出良好的聚合效度。

三、理论模型的结构方程分析

（一）结构方程结构模型概述

结构方程结构模型是利用一定的统计手段，根据模式与数据关系的一致性程度，对理论模型进行适当评价，从而达到证实或证伪研究者事先理论假设的目的。

结构方程结构模型的建模，一般包括以下五个步骤：

1) 模型界定（Model Specification）

模型界定是指依据坚实的理论，设定模型的假设以及变量之间的关系，然后假设以 SEM 的形式表达出来，可以用数学方程来表达，也可以用路径图来表示。

2) 模型识别（Model Identification）

模型识别主要是检验所建构的模型是否存在唯一解，结构方程的识别方法如表 5－9 所示。

表 5－9　结构方程模型识别方法

识别法则	识　别　条　件	充分或必要条件
t 规则	$t \leqslant (p+q)(p+q+1)/2$	充分非必要条件
零 B 规则	$B=0$	充分非必要条件
递归规则	B 矩阵是三角矩阵，ψ 是对角矩阵	充分非必要条件
阶条件	第 i 个方程为包括的内生变量和外生变量数之和大于或等于 $p-1$	必要条件
秩条件	将矩阵 C 中第 i 行的非零元素所在的列划掉，剩余矩阵 C_i 的秩为 $p-1$	充要条件

3) 模型估计（Model Estimation）

模型参数可以采用极大似然估计法（ML）、广义加权最小平方法（WLS）、工具变量法(IV)等方法。最常用的模型估计方法是最大似然法,也采用这种方法。

4) 模型评价(Model Evaluation)

关于模型的总体拟合程度有许多衡量标准,拟合指数分为绝对拟合指数和相对拟合指数。测量绝对的模型拟合,常用的绝对拟合指数有拟合优度卡方检验(χ^2)、拟合优度指数(GFI)、调整的拟合优秀度指数(AGFI)和近似误差均方根(RMSEA)。测量相对拟合指数(relative index),常用的指数有相对拟合指数(CFI)、标准拟合指数(NFI)。具体各拟合指数的参考标准与验证性因子分析模型拟合指数参考标准一样。

5) 模型修正(Model Modification)

若模型不能很好地拟合数据,就需要对模型进行修正和重新设定。也就是需要决定如何删除,增加或修改模型的参数,通过模型的再设定可以增进模型的拟合程度。

(二) 模型设定

温忠麟等(2004)将结构方程划分为三种类型:纯粹验证、选择模型和产生模型①。纯粹验证指用构建好的模型去拟合样本数据,其分析目的在于通过验证模型是否拟合样本数据,从而决定接受还是拒绝该模型;选择模型指提前构建多个不同的可能模型,依据多个模型拟合样本数据的优劣情况进行模型的选择;产生模型指的是提前构建一个或者多个理论模型,检查这些模型是否拟合数据,对拟合效果不好的模型进行修正,修正后的模型再次与样本数据进行拟合,判断其拟合度,主要是为了实时调整与修正,进而产生出一个最理想的模型。

基于我国研究型大学教师学术创业影响因素模型和研究假设,构建初始结构方程模型。本模型包括 19 个变量,分别是物质预期、社会化预期、自我评价预期、组织、院系领导、同事、榜样、学术研究水平、先前经验、学术创业能力、个人网络、产学合作网络、支持性网络、角色冲突、学术创业态度、主观规范、知觉行为控制、学术创业意愿、学术创业行为。我国研究型大学教师学术创业影响机理结构模型设定如图 5 - 15 所示。

---

① 温忠麟,张雷,侯杰泰,中介效应检验程序及其应用[J].心理学报,2004(05):614 - 620.

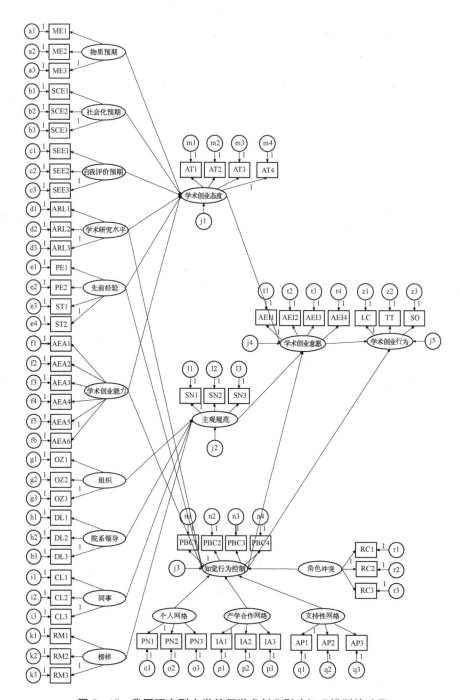

图 5‑15 我国研究型大学教师学术创业影响机理模型检验图

（三）模型识别

在本模型中，共计有 65 个观测指标，因此总的自由度为 $q(q+1)/2=2\,145$，而要估计的参数包括：65 个负荷系数、65 个测量指标的误差方差、22 个回归系数、5 个变量的回归残差，共计 157 个估计参数，$t=157<2\,145$，满足模型被识别的必要条件，即 t 规则。

根据三指标法则（three-indicator rule），本模型所有潜变量由三个或以上的测量变量来测量；因子负荷矩阵每一行有且只有一个非零值。即一个测量变量只测量一个特质量；残差的协方差矩阵为对角矩阵，即特殊因子之间相互独立，因此整个模型满足三条指标条件，可以识别。

对于结构模型，模型是递归模型，不存在双向因果关系，所以矩阵 B 为严格下三角矩阵，假设所有的残差彼此不相关，也就是矩阵 ψ 是对角矩阵，所有结果模型可以识别。

综上所述，整个模型识别的必要和充分条件皆满足，故整个模型可识别。

（四）模型评价

将正式调查问卷样本数据导入图 5-15 模型，采用最大似然估计法对结构方程模型进行参数估计。选取 χ^2/df、RMSEA、GFI、AGFI、CFI、NFI 作为评价模型的拟合指数。如表 5-10 所示，模型各拟合指数均在可接受范围内，表明构建的我国研究型大学教师学术创业影响机理模型拟合效果良好，是可接受的。

表 5-10　结构方程模型拟合指数

整体适配指数		χ^2/df	RMSEA	GFI	AGFI	CFI	NFI
测量模型		2.933	0.072	0.801	0.829	0.875	0.840
评价标准	可接受	(0,3)	<0.08	(0.7, 0.9)	(0.7, 0.9)	(0.7, 0.9)	(0.7, 0.9)
	良好	<2	<0.05	>0.9	>0.9	>0.9	>0.9

（五）假设检验

假设"社会化预期、自我评价预期、学术研究能力对学术创业态度的正向影响"得到验证,标准化路径系数分别为 0.172、0.133、0.223,均在 $p<0.001$ 水平上达到显著;假设"先前经验、学术创业能力、个人网络、产学合作网络对知觉行为控制的正向影响"得到验证,标准化路径系数分别为 0.199、0.329、0.109、0.379,均在 $p<0.001$ 水平上达到显著;假设"角色冲突对知觉行为的负向影响"得到验证,标准化路径系数为 -0.179,在 $p<0.001$ 水平上达到显著;假设"组织、院系领导、同事、榜样对主观规范的正向影响"得到验证,标准化路径系数分别为 0.255、0.211、0.227、0.179,均在 $p<0.001$ 水平上达到显著;假设"学术创业态度、主观规范、知觉行为控制对学术创业意愿的正向影响"得到验证,标准化路径系数分别为 0.396、0.182、0.212,均在 $p<0.001$ 水平上达到显著;假设"知觉行为控制、学术创业意愿对学术创业行为的正向影响"得到验证,标准化路径系数分别为 0.271、0.247,均在 $p<0.001$ 水平上达到显著;假设"物质预期、学术研究水平、先前经验对学术创业态度的正向影响""学术研究水平、支持性网络对知觉行为的正向影响"未通过检验。

表 5‑11　假设结果检验

假 设 与 路 径	标准化回归系数	t 值	p 值	是否支持假设
H1a:物质预期→学术创业态度	0.003	0.51	0.959	否
H1b:社会化预期→学术创业态度	0.172	2.722	***	是
H1c:自我评价预期→学术创业态度	0.133	2.247	***	是
H2a:学术研究水平→学术创业态度	0.101	1.545	0.122	否
H2b:先前经验→学术创业态度	0.014	0.225	0.822	否
H2c:学术创业能力→学术创业态度	0.223	3.474	***	是
H3a:学术研究水平→知觉行为控制	-0.004	-0.065	0.948	否
H3b:先前经验→知觉行为控制	0.199	2.726	***	是
H3c:学术创业能力→知觉行为控制	0.329	3.844	***	是
H4a:组织→主观规范	0.215	3.438	***	是
H4b:院系领导→主观规范	0.211	3.340	***	是

假 设 与 路 径	标准化回归系数	t 值	p 值	是否支持假设
H4c：同事→主观规范	0.227	3.191	***	是
H4d：榜样→主观规范	0.179	2.619	***	是
H5a：个人网络→知觉行为控制	0.109	1.764	***	是
H5b：产学合作网络→知觉行为控制	0.379	4.487	***	是
H5c：支持性网络→知觉行为控制	−0.04	−0.652	0.514	否
H6：角色冲突→知觉行为控制	−0.179	−2.725	***	是
H7：学术创业态度→学术创业意愿	0.396	5.392	***	是
H8：主观规范→学术创业意愿	0.182	2.497	***	是
H9：知觉行为控制→学术创业意愿	0.212	3.084	***	是
H10：学术创业意愿→学术创业行为	0.247	3.291	***	是
H11：知觉行为控制→学术创业行为	0.271	3.180	***	是

注：*** 表示 $p<0.001$，** 表示 $p<0.01$，* 表示 $p<0.05$。

四、情境因素的调节效应分析

调节作用，在数理统计中也被称为交互作用。交互作用 A×B 是指某一因素水平（A）下各水平对观测结果的影响将随着另一因素水平（B）的改变而改变。基于我国研究型大学教师学术创业影响因素模型，学术创业意愿对学术创业行为的影响受到情境因素的调节作用，即学术创业意愿对学术创业行为产生的影响随着情境因素的改变而改变（如图 5 - 16 所示）。学术创业意愿和情景因素二者的乘积即为交互作用变量，如果对该变量进行的多元回归统计分析具有显著意义，则表明情境因素在学术创业意愿对学术创业行为的影响中产生了调节作用。本节运用 SPSS18.0 软件进行多元回归分析来验证这一假设。

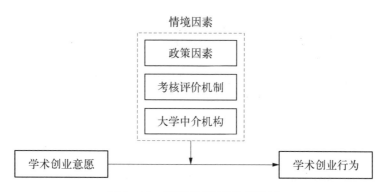

图 5 - 16　情境因素调节作用模型

（一）相关分析

研究的变量存在一定程度的相关是回归分析的前提。模型中被解释变量、解释变量、调节变量的相关系数如表 5 - 12 所示。学术创业行为与学术创业意愿、大学中介机构、考核评价机制、政策因素相关性均显著，为进一步探索各变量间的关系提供了初步依据。

表 5 - 12　相 关 性 分 析

变　　量	学术创业意愿	大学中介机构	考核评价机制	政策因素	学术创业行为
学术创业意愿	1				
大学中介构建	0.090*	1			
考核评价机制	0.023	0.129	1		
政策因素	0.111	−0.044*	0.122	1	
学术创业行为	0.445**	0.652**	0.185**	0.48***	1

注：*** 表示 $p<0.001$，** 表示 $p<0.01$，* 表示 $p<0.05$。

由于研究的变量都是不可观测的潜变量，通常对潜变量的赋值主要有两种方法：一种是选用均值赋值的方法，直接计算潜变量的值；另一种是选用因子分析法，通过计算潜变量因子的值来作为相对应潜变量的值。在常规的相关分析中,通常采用前者[①]。因此,有关变量的方差分析和多元回归分析中,对潜变量的赋值选用均值赋值法。

(二) 多元回归三大问题检验

为保证所得结论的科学性和有效性,需要检验回归模型是否存在多重共线性、序列相关和异方差等三大问题[②]。以下对这三大问题分别进行检验:

1. 多重共线性问题检验

多重共线性指解释变量(包括控制变量)之间存在严重的线性相关,即多个变量有共同的变化趋势,通常可用容差(Tolerance)方差膨胀因子(Variance Inflation Factor,VIF)指数来衡量。容差的取值范围介于0—1之间,其值越接近1,共线性越弱。容差的倒数即为方差膨胀因子(VIF),一般来说,当$0 < VIF < 10$,不存在多重共线性;当$10 < VIF < 100$,存在较强的多重共线性;当$VIF > 100$,存在严重多重共线性。如表5-13所示,回归模型中解释变量之间不存在多重共线性问题。

表 5-13　多重共线性检验

变　　量	共线性统计量	
	容　差	VIF
受教育程度	0.917	1.091
职　　称	0.906	1.104
学　　科	0.853	1.173
工作类型	0.853	1.173
学术创业意愿	0.872	1.146
大学中介机构	0.558	1.793
考核评价机制	0.920	1.087
政策因素	0.584	1.712

---

① 谢荷锋.企业员工知识分享中的信任问题实证研究[D].浙江大学,2007.
② 黄扬杰.大学学科组织的学术创业力研究[D].浙江大学,2014.

2. 序列相关问题检验

序列相关是指不同期样本值之间的相关关系,由于样本数据是截面数据,因此出现序列相关问题的可能性比较小。一般主要依靠 Durbin-Watson(DW)值对序列相关问题进行检验,DW 取值范围介于 0—4 之间,其值越接近于 2,表明存在序列相关的可能性越小。本模型的 DW 值为 2.409,说明几乎不存在序列相关。

3. 异方差问题检验

异方差问题指的是被解释变量方差随解释变量变化而发生变化。以标准化预计值和标准化残差分别为横轴和纵轴进行散点图分析,发现散点图分布无序,证明模型无异方差问题。

通过上述多重共线性、异方差、序列相关分析结果可知,回归模式不存在多重共线性、异方差、序列相关问题,因此可以进一步进行回归分析。

(三) 调节效应假设检验

在检验情境因素变量的调节效应上,操作分为四步:第一步,以被解释变量"学术创业行为"作为因变量,控制变量"受教育程度、职称、学科和研究类型"作为自变量进行回归分析;第二步,以被解释变量"学术创业行为"作为因变量,控制变量"受教育程度、职称、学科和研究类型"和解释变量"学术创业意愿"作为自变量进行回归分析;第三步,以被解释变量"学术创业行为"作为因变量,以控制变量"受教育程度、职称、学科和研究类型"、解释变量"学术创业意愿"、调节变量"大学中介机构、考核评价机制、政策因素"作为自变量进行回归分析;第四步,以被解释变量"学术创业行为"作为因变量,以控制变量、解释变量、调节变量、调节变量与解释变量的交互项"学术创业意愿 * 大学中介机构、学术创业意愿 * 考核评价机制、学术创业意愿 * 政策因素"为自变量,进行回归分析。通过对这四个步骤所得结果进行比较,可以看出调节效应是否显著。情境因素调节效应检验结果如表 5-14 所示。

表 5-14 情境因素的调节效应检验结果

变 量	模型 1	模型 2	模型 3	模型 4
控制变量				
受教育程度	−0.013	−0.014	−0.240	0.004

续　表

变　量	模型 1	模型 2	模型 3	模型 4
职称	0.130***	0.126***	0.131***	0.108***
学科	−0.220	−0.240	−0.270	−0.230
研究类型	0.102**	0.050	0.053	0.066**
自变量				
学术创业意愿		0.150***	0.150***	0.283***
调节变量				
大学中介机构			0.041	−0.040
考核评价机制			−0.790	0.759
政策因素			−0.650	0.044
交互作用				
学术创业意愿 * 大学中介机构				0.350*
学术创业意愿 * 考核评价机制				−0.172*
学术创业意愿 * 政策因素				−0.340*
模型统计量				
R^2	0.168	0.352	0.395	0.445
调整后的 R^2	0.136	0.322	0.348	0.384
ΔR^2	0.168	0.185	0.043	0.050
F	5.384***	11.524***	8.414***	7.287***

注：*** 表示显著性水平 $p < 0.001$，** 表示显著性水平 $p < 0.01$，* 表示显著性水平 $p < 0.05$。

如表 5-14 所示，模型 1 反映了控制变量对学术创业行为的影响。结果显示 $R^2 = 0.168$，F 值为 5.384（$p < 0.001$），回归方程显著。在基准模型 1 的基础上增加自变量学术创业意愿，解释增量为 $\Delta R^2 = 0.185$，F 值为 11.524（$p < 0.001$），模型 2 的解释力较模型 1 增强，其中自变量学术创业意愿对学术创业行为影响显著（$\beta = 0.150$，$p < 0.001$）。模型 3 是在模型 2 的基础上增加调节变量大学中介机构、考核评价机制、政策因素，模型 3 的 $R^2 = 0.395$，解释增量 $\Delta R^2 = 0.043$，F 值为 8.414（$p < 0.001$），回归方程显著，政策因素、大学中介机构、考核

评价机制对学术创业行为的影响不显著。为了检验调节变量的交互效应,模型4将交互项大学中介机构 * 学术创业意愿、考核评价机制 * 学术创业意愿与政策因素 * 学术创业意愿同时加入回归方程,回归结果显示,$R^2 = 0.445$,解释增量为 $\Delta R^2 = 0.050$,F 值为 $7.287(p < 0.001)$,模型4总体达到显著水平。大学中介机构对学术创业意愿与学术创业行为之间的关系起到了显著的正向调节作用($\beta = 0.350$,$p < 0.05$),考核评价机制和政策因素对学术创业意愿与学术创业行为的关系之间起到了显著的负向调节作用($\beta_1 = -0.172$,$p < 0.05$;$\beta_2 = -0.340$,$p < 0.05$),假设均获得支持,如表 5-15 所示。

表 5-15 情境因素的调节作用假设检验结果

假 设 与 路 径	是否支持假设
H12a:政策因素对学术创业意愿与学术创业行为的关系起到调节作用。	是
H12b:考核评价机制对学术创业意愿与学术创业行为的关系起到调节作用。	是
H12c:大学中介机构对学术创业意愿与学术创业行为的关系起到调节作用。	是

五、不同变量下教师学术创业行为的差异分析

上述研究已经构建并验证了我国研究型大学教师学术创业影响机理模型,本节运用 SPSS18.0 软件,结合独立样本 t 检验、单因素方差分析,探讨教师学术创业行为在性别、年龄、职称、学科门类、研究类型的具体差异。

(一)不同性别教师学术创业行为差异分析

采用独立样本 t 检验探讨性别在学术创业行为上的差异,分析结果如表 5-16 所示。从学术创业行为 F 统计量的 Sig 值为 $0.001 < 0.01$,即否认方差相等的假设,认同方差不相等的假设,Sig(双侧)< 0.05,即在 0.05 显著性水平下,性别在学术行为上存在着显著差异。从组间均值比较来看,男性均值高于女性,两者均值差为 0.175。

表 5 - 16　独立样本 t 检验结果(分组变量—性别)

性　别		Levene 方差齐性检验		平均值等同性 t 检验					差值 95% 置信区间	
		F	Sig	t	自由度	Sig（双侧）	平均值差值	标准误差差值	下限	上限
学术创业行为	假定等方差	12.329	0.001	2.400	192	0.017	0.175 1	0.072 9	0.031 2	0.318 9
	不假定等方差			3.128	48.926	0.003	0.175 1	0.056 0	0.062 6	0.287 6

实证结果表明,男性比女性更偏好学术创业行为。这与 Goel et al.(2000)、Siegel et al.(2007)等研究结论相一致[1][2]。Bozeman(2013)认为在男女比例不协调的学术研究领域,性别的差异更为明显[3]。工程学科的教师更积极参与学术创业,而女性在工程学科中的比重较其他学科相对较低,所以整体上女性教师参与学术创业的比例较低。

(二) 不同年龄教师学术创业行为差异分析

采用单因素方差探讨性别在学术创业行为上的差异,分析结果如表 5 - 17 所示。学术创业行为均值差异检验的显著性水平 $Sig=0<0.05$, F 值为 7.318, 说明在 5% 的显著性水平下,教师年龄在学术创业行为上存在着显著差异。

为了进一步确定不同年龄对学术创业行为影响程度,采用 SLD 方法进行两两检验,结果如表 5 - 18 所示。结果显示:在 5% 的显著性水平下,年龄在 41—50 岁分别与 21—30 岁、31—40 的教师在学术创业行为上存在显著差异,年龄在 41—50 岁均值高于年龄在 21—30 岁、31—40 岁。年龄在 50 岁以上的分别与

①　Goel R K, Göktepe-Hultén D, Ram R. Academics' entrepreneurship propensities and gender differences[J]. The Journal of Technology Transfer, 2015, 40(1): 161 - 177.

②　Siegel D S, Wright M, Lockett A. The rise of entrepreneurial activity at universities: organizational and societal implications[J]. Industrial and Corporate Change, 2007, 16(4): 489 - 504.

③　Bozeman B, Fay D, Slade C P. Research collaboration in universities and academic entrepreneurship: the-state-of-the-art[J]. The Journal of Technology Transfer, 2013, 38(1): 1 - 67.

21—30 岁、31—40 的教师在学术创业行为上存在显著差异,年龄在 50 岁以上的均值高于年龄在 21—30 岁、31—40 岁。年龄在 21—30 岁与年龄在 31—40 岁、年龄在 41—50 岁与 50 岁以上的,在 5%的显著性水平下不存在显著差异。

表 5-17　单因素方差分析结果(因子变量—年龄)

	平方和	自由度	均　方	F	显著性
组　间	2.609	3	0.870	7.318	0.000
组　内	24.957	210	0.119		
总　计	27.566	213			

表 5-18　LSD 多重比较(因子变量—年龄)

(I)年龄	(J)年龄	平均值差值 (I-J)	标准误差	显著性	95%置信区间	
					下限	上限
21—30	31—40	0.013	0.124	0.920	−0.23	0.26
	41—50	−0.299*	0.125	0.017	−0.54	−0.05
	50 岁以上	−0.408*	0.133	0.002	−0.67	−0.15
31—40	21—30	−0.013	0.124	0.920	−0.26	0.23
	41—50	−0.312*	0.073	0.000	−0.45	−0.17
	50 岁以上	−0.420*	0.086	0.000	−0.59	−0.25
41—50	21—30	0.299*	0.125	0.017	0.05	0.54
	31—40	0.312*	0.073	0.000	0.17	0.45
	50 岁以上	−0.108	0.087	0.215	−0.28	0.06
50 岁以上	21—30	0.408*	0.133	0.002	0.15	0.67
	31—40	0.420*	0.086	0.000	0.25	0.59
	41—50	0.108	0.087	0.215	−0.06	0.28

注: *表示平均值差值的显著性水平为 0.05。

实证结果表明,年龄在 40 岁以上的教师与年轻教师相比,参与学术创业更积极。Lee & Bozeman(2005)认为年龄大或资历较深的教师一般已经获得了终身教职,建立了自己的学术声誉,并且比年轻教师有更多的社会资本,因而更容易参与学术创业[①]。Haeussle & Colyvas(2011)对德国和英国的教师实证研究也表明,教师年龄与申请专利和建立公司之间存在显著的正向关系[②]。

(三) 不同职称教师学术创业行为差异分析

采用单因素方差探讨性别在学术创业行为上的差异,分析结果如表 5 - 19 所示。学术创业行为均值差异检验的显著性水平 $Sig = 0 < 0.05$,F 值为 14.489,说明在 5% 的显著性水平下,职称在教师学术创业行为上存在着显著差异。

表 5 - 19　单因素方差分析结果(因子变量—职称)

	平方和	自由度	均　方	F	显著性
组　间	3.369	2	1.684	14.689	0.000
组　内	24.197	211	0.115		
总　计	27.566	213			

为了进一步确定不同职称对学术创业行为影响程度,采用 SLD 方法进行两两检验,结果如表 5 - 20 所示。结果显示:在 5% 的显著性水平下,正高级分别与为副高级、中级及以下在教师学术创业行为上存在显著差异,正高级均值高于副高级和中级及以下。副高级与中级及以下在教师学术创业行为上不存在显著差异。

实证结果表明,拥有正高级职称的教师与副高级、中级及以下教师相比,更多地参与到学术创业活动。这与 Boardman & Ponomariov(2009)[③]、Link et al.

①　Lee S, Bozeman B. The impact of research collaboration on scientific productivity[J]. Social studies of science, 2005, 35(5): 673 - 702.

②　Haeussler C, Colyvas J A. Breaking the ivory tower: Academic entrepreneurship in the life sciences in UK and Germany[J]. Research Policy, 2011, 40(1): 41 - 54.

③　Boardman P C, Ponomariov B L. University researchers working with private companies[J]. Technovation, 2009, 29(2): 142 - 153.

(2009)①等研究结论一致。一方面,现在大学的考核评价机制仍然尊崇传统的学术标准,关注论文发表而不是学术创业产生的实际贡献在教师职称晋升中的作用。所以,那些未获得正高级职称的教师由于时间和精力的关系,更专注于文章的发表。另一方面,拥有正高级职称的教师积累了更多的社会资本和声誉,因而更有可能参与学术创业来获得商业收入。

表 5 - 20　LSD 多重比较(因子变量—职称)

(I)职称	(J)职称	平均值差值 (I-J)	标准误差	显著性	95%置信区间	
					下限	上限
正高级	副高级	0.203 1*	0.050 3	0.000	0.104	0.302
	中级及以下	0.333 0*	0.068 8	0.000	0.197	0.469
副高级	正高级	−0.203 1*	0.050 3	0.000	−0.302	−0.104
	中级及以下	0.129 9	0.068 9	0.061	−0.006	0.266
中级及以下	正高级	−0.333 0*	0.068 8	0.000	−0.469	−0.197
	副高级	−0.129 9	0.068 9	0.061	−0.266	0.006

注:＊表示平均值差值的显著性水平为 0.05。

(四) 不同学科门类教师学术创业行为差异性分析

采用单因素方差探讨性别在学术创业行为上的差异,考虑到管理类学科样本量小,为统计方便,与人文社科合并处理,总共学科门类分四类——人文学科与管理、理学、工科、医学来进行差异分析,结果如表 5 - 21 所示。学术创业行为均值差异检验的显著性水平 $Sig=0.001<0.05$,F 值为 5.798,说明在 5% 的显著性水平下,学科在教师学术创业行为上存在着显著差异。

为了进一步确定不同学科门类对学术创业行为影响程度,采用 SLD 方法进行两两检验,结果如表 5 - 22 所示。结果显示,在 5% 的显著性水平下,工科分别

---

① Link A N, Scott J T. Private Investor Participation and Commercialization Rates for Government-sponsored Research and Development: Would a Prediction Market Improve the Performance of the SBIR Programme? [J]. Economica, 2009, 76(302): 264 - 281.

与学科为人文社科、理学、医学在教师学术创业行为上存在显著差异,工科均值高于人文、理学和医学。其他学科之间在学术创业行为上不存在显著性差异。

表 5 - 21　单因素方差分析结果(因子变量—学科)

	平方和	自由度	均　方	F	显著性
组　间	2.109	3	0.703	5.798	0.001
组　内	25.457	210	0.121		
总　计	27.566	213			

表 5 - 22　LSD 多重比较(因子变量—学科)

(I)学科门类	(J)学科门类	平均值差值(I－J)	标准误差	显著性	95%置信区间 下限	95%置信区间 上限
人文社科	理　学	−0.083 9	0.094 0	0.373	−0.269	0.101
	工　学	−0.271 2*	0.081 5	0.001	−0.432	−0.110
	医　学	0.100 0	0.107 2	0.352	−0.311	0.111
理　学	人文社科	0.083 9	0.094 0	0.373	−0.101	0.269
	工　学	−0.187 3*	0.063 2	0.003	−0.312	−0.063
	医　学	−0.016 1	0.094 0	0.864	−0.201	0.169
工　学	人文社科	0.271 2*	0.081 5	0.001	0.110	0.432
	理　学	0.187 3*	0.063 2	0.003	0.063	0.312
	医　学	0.171 2*	0.081 5	0.037	0.010	0.332
医　学	人文社科	0.100 0	0.107 2	0.352	−0.111	0.311
	理　学	0.016 1	0.094 0	0.864	−0.169	0.201
	工　学	−0.171 2*	0.081 5	0.037	−0.332	−0.010

注:*表示平均值差值的显著性水平为 0.05。

实证结果表明,工科教师与人文学科、理学和医学教师相比,更多参与了学术创业。不同的学科有不同的学科特质,对教师学术创业有重要的影响。Owen & Powell(2001a)以生命科学学科为研究对象,发现生命学科领域比其他领域更具有市场价值①。Lee(1996)研究发现工程和应用学科(电子工程、计算机科学等)的教师最支持大学的技术转移政策,其中83.4%的工程和应用科学的教师愿意开展以用户需求为导向的研究②。相比之下,由于物理、数学等基础学科性质,学术创业活动明显较少,专利的市场价值也相对较低。

(五)不同研究类型教师学术创业行为差异分析

由于研究类型为技术开发的样本数较少,不符合正态分布,亦无代表性,此处分析时只选择研究类型为基础研究、应用基础研究和应用研究三个类型。采用单因素方差探讨性别在学术创业行为上的差异,结果如表 5 - 23 所示。学术创业行为为均值差异检验的显著性水平 $Sig=0<0.05$,F 值为 10.270,说明在 5% 的显著性水平下,研究类型在教师学术创业行为上存在着显著差异。

表 5 - 23　单因素方差分析结果(因子变量—研究类型)

	平方和	自由度	均　方	F	显著性
组　间	2.419	2	1.209	10.270	0.000
组　内	24.377	207	0.118		
总　计	26.796	209			

为了进一步确定不同研究类型对学术创业行为影响程度,采用 SLD 方法进行两两检验,结果如表 5 - 24 所示。结果显示,在 5% 的显著性水平下,应用研究与基础研究、应用基础研究存在显著性差异,且应用研究均值高于基础研究和应用基础研究。应用基础研究与基础研究存在显著性差异,应用研究均值高。实证结果表明,教师研究类型越偏向应用,越容易产生学术创业行为。

---

① Owen-Smith J, Powell W W. To patent or not: Faculty decisions and institutional success at technology transfer[J]. The Journal of Technology Transfer, 2001, 26(1 - 2): 99 - 114.

② Lee Y S. 'Technology transfer' and the research university: a search for the boundaries of university-industry collaboration[J]. Research policy, 1996, 25(6): 843 - 863.

表 5 - 24　LSD 多重比较(因子变量—研究类型)

(I)研究类型	(J)研究类型	平均值差值(I-J)	标准误差	显著性	95%置信区间	
					下限	上限
基础研究	应用基础研究	−0.188 4*	0.059 6	0.002	−0.306	−0.071
	应用研究	−0.336 6*	0.075 1	0.000	−0.485	−0.189
应用基础研究	基础研究	0.188 4*	0.059 6	0.002	0.071	0.306
	应用研究	−0.148 2*	0.062 9	0.019	−0.272	−0.024
应用研究	基础研究	0.336 6*	0.075 1	0.000	0.189	0.485
	应用基础研究	0.148 2*	0.062 9	0.019	0.024	0.272

注: *表示平均值差值的显著性水平为 0.05。

六、研究结论及讨论分析

(一) 结果预期与学术创业态度

数据分析结果表明,物质预期对教师学术创业态度没有产生显著影响,社会化预期和自我评价预期对教师学术创业态度产生显著的正向影响。

也就是说,如果教师认为通过学术创业可以获得较好的精神收益(社会化预期和自我评价预期),那么这种预期则会对教师积极学术创业态度的形成起到促进作用,而是否能从学术创业中获得物质收益(物质预期)与教师学术创业态度的形成没有直接的相关关系。可能原因包括以下两点:一是教师无论是否参与学术创业,都遵循默顿规范,追求的依然是同行的认可和社会的尊重。默顿提出:"科学机构设计出了一套'奖励系统',对那些出色地实现了其角色要求,以及为公共知识的积累做出开创性贡献的人给予奖励,这种奖励多指声誉性的。[1]"

———————————

[1]　罗伯特·默顿著,鲁旭东,林聚任译.科学社会学[M].北京:商务印书馆,2003:53.

Göktepe-Hulten & Mahangaonkar(2010)认为学术创业活动一般被认为是以追求利益为目的的活动,但无法确定教师是否仅仅把学术创业活动作为潜在收益来源,还是将传统的追求科学、获得同行认可的角色也加入进来[①]。Owen-Smith & Powell(2001)认为学术创业活动可以提高声誉,通过再次确认研究的创新性和有用性来增加科学家的科学生产力[②]。一些教师或把学术创业作为一种标志研究成果质量的信号,借此提高自己的声誉,获得同行和社会的认可;二是我国学术创业收益分配机制还不合理,或者现行的分配激励政策尚未落到实处,导致教师对学术创业所带来的物质收益结果预期往往是不乐观的。此外,学术创业收益具有滞后性和不确定性,教师学术创业风险高、失败率高。学术创业物质结果预期可能无法平衡其放弃传统"科学规范"角色损失的成本。因此,与物质预期相比,社会化预期和自我评价预期,即教师对学术创业所带来的声誉性荣誉、对学术创业本身的兴趣,这种内在的预期是影响教师学术创业态度形成的主要因素。

(二) 参照群体与主观规范

数据分析结果表明,组织、领导、同事及榜样都会对教师学术创业主观规范产生显著的正向影响。

教师感知到的主观规范主要表现在重要参照群体(组织、领导、同事及榜样)对其参与学术创业行为的期望压力。一方面,中国文化以集体主义和高权利距离为典型特征,强调等级观念。当组织或领导大力倡导"学术创业行为"时,教师出于对组织和领导的服从,而接受组织及领导期望,从而产生学术创业压力。组织或领导对教师参与学术创业支持度越高,教师感知的主观规范也越强。另一方面,如果参照群体(领导、同事及榜样)积极参与了学术创业,并且取得了成功,会对群体中的相关个体产生"群体压力"和"示范效应"。Bandura(1986)指出,当个体面对不确定情形需要作出行为决策时,根据社会学习理论,个体会模仿与自己相似的人,并采取相似的行动。领导、同事及榜样的示范作用越强,教师感知的主观规范也越强[③]。

---

① Göktepe-Hulten D, Mahagaonkar P. Inventing and patenting activities of scientists: in the expectation of money or reputation? [J]. The Journal of Technology Transfer, 2010, 35(4): 401 - 423.

② Owen-Smith J, Powell W W. To patent or not: Faculty decisions and institutional success at technology transfer[J]. The Journal of Technology Transfer, 2001, 26(1 - 2): 99 - 114.

③ Bandura A. Social Foundations of Thought and Action: A Social Cognitive Theory[J]. Journal of Applied Psychology, 1986, 12(1): 169.

已有研究中,学者往往聚焦探讨参照群体与学术创业行为的直接影响关系。本书通过实证研究表明,参照群体通过教师学术创业主观规范,进而影响教师学术创业意愿,最终影响教师学术创业行为。

(三) 人力资本与学术创业态度、知觉行为控制

数据分析结果表明,学术研究水平对教师学术创业态度、知觉行为控制没有产生显著影响。先前经验对学术创业态度产生显著影响,对知觉行为控制产生显著的正向影响。学术创业能力对教师学术创业态度、知觉行为控制均产生显著的正向影响。

目前学者对教师学术研究水平与教师学术创业相关性的讨论主要集中在参与学术创业的教师对其科研产出的影响上,如 Louis et al.(1989)[1]、Agrawal & Henderson(2002)[2]、Landry et al.(2006)[3]等研究表明参与学术创业活跃的教师,其学术表现也越优秀。而鲜有研究关注教师学术研究水平对教师参与学术创业的影响。通过探讨教师学术研究水平与教师学术创业态度、知觉行为控制的关系,来进一步研究与教师学术创业的关系。实证研究结果表明,教师学术研究水平与教师学术创业态度、知觉行为控制正相关这一假设没有通过检验,即教师科研成果质量高的教师不一定就有积极的学术创业态度,教师知觉行为控制也不一定会增强。可能的原因是:一方面我国一部分教师可能还存在着思维定式,对学术创业活动带有偏见。视"科学研究成果"为"公共智力区"是我国研究者普遍持有的观点,教师参与学术创业的阻力或许来自这种认知惯性。另一方面是科研产出未与产业对接,高质量的科研成果与市场需求不匹配,导致部分成果被束之高阁,因此未对教师学术创业态度和知觉行为控制产生影响。

"先前经验和学术创业能力与知觉行为控制正相关"这一假设被证实,说明知觉行为控制可以通过教师先前经验的积累和学术创业能力的获得而发生改变。先前经验来自教师个体亲自参与或者对学术创业行为进行观察的经历(包

① Louis K S, Blumenthal D, Gluck M E, et al. Entrepreneurs in academe: An exploration of behaviors among life scientists[J]. Administrative Science Quarterly, 1989: 110 - 131.

② Agrawal A, Henderson R. Putting patents in context: Exploring knowledge transfer from MIT [J]. Management science, 2002, 48(1): 44 - 60.

③ Landry R, Amara N, Rherrad I. Why are some university researchers more likely to create spin-offs than others? Evidence from Canadian universities[J]. Research Policy, 2006, 35(10): 1599 - 1615.

括学术创业经验、企业工作经验和学生时代接受的创业教育），是静态的存量。教师实施学术创业行为之前，会将先前静态的经验激活，并从经验中提取有用的知识和信息，从而帮助其行为决策。Mueller（2006）[①]、Azoulay et al.（2006）[②]、Shane & Khurana（2003）[③]等研究指出学术创业经验使教师更具有学术创业的视角，会促使教师关注那些更具有商业价值的研究问题，对学术创业机会的识别更加警觉，对学术创业机会可行性的判断更为准确。张秀娥等（2017）认为企业工作经验提供了教师在"教师角色"中难以获得的隐性知识（市场、技术、网络关系等），这些知识帮助教师更好的理解产品和服务的价值[④]。Souitaris（2007）认为创业教育带来的收益主要体现在知识、鼓舞和资源三方面，通过知识传授、实践项目等形式培养教师学术创业意识、企业家精神[⑤]。学术创业能力反映的是教师成功参与学术创业行为的综合能力，如机会识别能力、融资能力、学术研究和学术创业平衡能力等。以往研究集中讨论的是创业能力与新创企业创业绩效的关系，本书关注的是学术创业能力与学术创业态度和知觉行为控制的相关性，进而研究与学术创业行为的关系。Man（2000）指出具有较高学术创业能力的个体往往能识别出有价值的商业机会[⑥]。

（四）社会网络与知觉行为控制

数据分析表明，社会网络对教师学术创业知觉行为控制的影响主要表现在教师的个人网络和产学合作网络，支持性网络对教师知觉行为控制没有显著影响。

社会资源理论认为，资源不但可以被个体占有，也可以嵌于社会网络中，网络成员通过社会关系对其加以获取和利用。Simon（1976）认为人的信息加工能

① Mueller, P. Entrepreneurship in the region: breeding ground for nascent entrepreneurs? Small Business Economics. 2006, 27 (1), 41 - 58.

② Azoulay P, Ding W, Stuart T. The determinants of faculty patenting behavior: Demographics or opportunities? [J]. Journal of Economic Behavior & Organization, 2007, 63(4): 599 - 623.

③ Shane S, Khurana R. Bringing individuals back in: the effects of career experience on new firm founding[J]. Industrial and corporate Change, 2003, 12(3): 519 - 543.

④ 张秀娥, 祁伟宏, 李泽卉. 创业者经验对创业机会识别的影响机制研究[J]. 科学学研究, 2017, 35(03): 419 - 427.

⑤ Souitaris V, Zerbinati S, Al-Laham A. Do entrepreneurship programmes raise entrepreneurial intention of science and engineering students? The effect of learning, inspiration and resources[J]. Journal of Business venturing, 2007, 22(4): 566 - 591.

⑥ Man T W Y, Lau T. Entrepreneurial competencies of SME owner/managers in the Hong Kong services sector: A qualitative analysis[J]. Journal of Enterprising Culture, 2000, 8(03): 235 - 254.

力是有限的,没有人能拥有做出行为决策所需的全部信息,有限理性在某种程度上不可避免①。社会网络通过提供个体所不具备的信息、知识、资金等外部资源,扩大其理性边界。

教师的个人网络是与教师联系最密切的一类群体,彼此之间往往存在较高的信任,具有相似的背景或共同经历。个人网络可以提供教师学术创业所需的情感支持、资金支持等资源的重要获取通道,这些能够帮助教师增强其参与学术创业成功的信心及对资源的控制度。

与 Hills(2003)②、Landry & Amara(2006)③、Krabel & Mueller(2009)④等研究结论部分一致,教师与产业部门建立的关系网络,可以增加其将科技成果市场化的意识、弥补教师学术研究和市场需求之间信息不对称而产生的成果转化障碍、帮助教师识别研究中潜在的商业价值和商业机会,从而增强教师参与学术创业的信心。与以往关注产学合作网络与学术创业行为之间研究不同的是,本书引入知觉行为控制,通过研究产学合作网络对教师心理特征——知觉行为控制的影响,即对学术创业的信心和对学术创业知识、技能的控制力的影响,进而研究对教师学术创业行为。

教师支持性网络与教师学术创业知觉行为控制正相关这一假设没有被证实。主要原因可能是我国政府部门(如工商、税务、法律部门)以及行业协会、商会、风险投资机构等对教师学术创业还未有实质的支撑,或者与教师学术创业所需要的辅助资源无法匹配,因此未能对教师学术创业知觉行为控制产生影响。

(五) 角色冲突与知觉行为控制

数据分析结果表明,角色冲突对教师学术创业知觉行为控制产生显著的负向影响。

知觉行为控制是个体感知到参与学术创业行为容易或困难的程度,反映的

①　Simon H A. From substantive to procedural rationality[M]. 25 years of economic theory. Springer, Boston, MA, 1976: 65 – 86.

②　Hills G, Tedford D. The education of engineers: the uneasy relationship between engineering, science and technology[J]. Global J. of Engng. Educ, 2003, 7(1): 17 – 28.

③　Landry R, Amara N, Rherrad I. Why are some university researchers more likely to create spin-offs than others? Evidence from Canadian universities[J]. Research Policy, 2006, 35(10): 1599 – 1615.

④　Krabel S, Mueller P. What drives scientists to start their own company?: An empirical investigation of Max Planck Society scientists[J]. Research policy, 2009, 38(6): 947 – 956.

是教师对促进或阻碍参与学术创业行为因素的知觉。实证研究表明,教师参与学术创业产生的角色冲突越强烈,知觉行为控制越低,感知到的不可控因素越多,对教师参与学术创业的阻力越大。

本书所探讨的角色冲突指的是教师同时扮演"学者"(Academic)和"学术创业者"(Academic Entrepreneur)这两种角色时所产生的"角色间冲突"。严慈顺(2006)研究表明社会对扮演的某一角色都有其特定的社会期待,由于缺乏充分的时间和精力,无法满足这些角色所提出的期望,个体在其扮演的角色中会顾此失彼,特别是这些角色期待彼此之间相互矛盾时,就会产生角色间冲突[1]。教师扮演"学者"角色时,遵从的是"默顿规范",包括普遍性、公有性、非谋利性和怀疑主义。"学者"角色的实现过程往往需要通过大量的实验研究、长期的努力,追求的是高水平科研成果的发表及同行的认可;Jain & George(2009)指出教师扮演"学术创业者"角色时,遵从的规范是唯一性、私有性、功利性和乐观主义,角色的实现过程是以产品为导向,在短期内实现技术或产品从实验室到市场的转变,以追求产品利润为最终目标[2]。可以看出,"学者"和"学术创业者"这两种角色对教师提出了两种相反的角色行为要求。此外,这两种角色的实现都需要投入大量的时间和精力,因此角色冲突的产生不可避免。殷朝晖(2017)认为面对角色冲突,如果不能顺利调适,将使角色行为实现受阻,导致角色错位、角色失败,直至角色退出[3]。

(六)学术创业态度、主观规范、知觉行为控制与学术创业意愿和学术创业行为

数据分析结果表明,学术创业态度、主观规范和知觉行为控制均正向影响学术创业意愿。其中,学术创业态度对学术创业意愿的解释力最强。教师学术创业态度是教师对学术创业行为正向或负向的评价。教师学术创业正向影响学术创业意愿,即教师对学术创业的态度越积极,教师参与学术创业的意愿则越强烈。

---

① 严慈顺.中小学校长角色冲突研究[D].华中师范大学,2006.

② Jain S, George G, Maltarich M. Academics or entrepreneurs? Investigating role identity modification of university scientists involved in commercialization activity[J]. Research policy, 2009, 38(6): 922 - 935.

③ 殷朝晖,李瑞君.研究型大学学术创业者的角色冲突研究[J].教育发展研究,2017,37(Z1):49 - 55.

Armitage & Conner(2001)认为主观规范对意愿预测力是计划行为理论中最有争议的,并没有得到一致的验证①。与之不同的是,本书研究表明教师主观对教师学术创业意愿有显著的正向影响。最可能的原因是,在我国"集体主体"文化的背景下,主观规范强化了对批评的回避和通过融入社会来获得承认的渴望。教师学术创业意愿的形成更倾向于在集体内部保持一致,因此会受到生活中重要他人期望和评价的影响。

知觉行为控制不仅可以通过影响学术创业意愿进而影响学术创业行为,还可以直接对学术创业行为产生影响。知觉行为控制指的是教师对参与学术创业所需的能力、资源、条件和机遇的感知和控制程度,而不是教师实际拥有的学术创业能力和资源。知觉行为控制体现了教师对参与学术创业感知到的促进因素和障碍因素。教师感知到的促进因素越多,对参与学术创业自信心和控制力越强,则教师越有可能参与学术创业。

"教师学术创业意愿正向影响学术创业行为"这一假设得到支持。学术创业意愿是教师从事学术创业行为的一种想法,是实际行为的准备状态。与 Bagozzi(1999)结论一致,相对于学术创业意愿低的教师,具有高学术创业意愿的教师更有可能实施创业行为②。学术创业意愿是学术创业行为的概念化,当教师有较强的学术创业意愿时,其实施学术创业行为的可能性就越大。

(七) 情境因素的调节作用

国家为鼓励教师学术创业出台了一系列的激励政策,但实证结果表明,这些激励政策效力甚微,不具有激励作用,甚至阻碍了教师学术创业行为的产生。国家激励政策对教师学术创业意向——学术创业行为的关系起到负向调节作用,主要原因可能是当前国家制定的学术创业激励政策没有从教师实际需求出发,或者政策落实不到位。例如离岗创业政策如何实现教师"回岗"工作,教师在学术创业过程中获得的合法收益如何保障,科研成果从实验室到中试、产业化各阶段所需要的配套资金如何落实,学术创业所面临的风险由谁来承担等等问题,亟

---

① Armitage CJ, Conner M. Efficacy of the theory of planned behaviour: A meta-analytic review[J]. British Journal of Social Psychology, 2001, 40: 471-499.

② Bagozzi R P, Gopinath M, Nyer P U. The role of emotions in marketing[J]. Journal of the academy of marketing science, 1999, 27(2): 184-206.

需政府出台相应的配套政策。

　　"考核评价机制负向调节教师学术创业意愿和学术创业行为的关系"这一假设得到验证。一方面,朱军文、刘念才(2014)指出我国目前的科研评价机制重视"定量评价",强化了科研人员在创新形式选择上的优先方向,科研人选择将更多的时间和精力投入到容易被认可的论文、著作、授权专利等工作上。学术创业的实际贡献难以量化,难以获得与容易定量评价科研成果的同等对待而被削弱①。另一方面,姚思宇、何海燕(2017)认为我国许多高校科技创新活动主要围绕项目申报—开展研究—通过鉴定—申报奖励展开,其评价指标往往以成果鉴定数、各级成果获奖数、申报专利数为依据,忽视了学术创业所产生的"经济价值"②。在现行的考评机制指挥棒下,教师即使有强烈的创业意愿,受到考核评价机制制约,往往顾及职称评定及晋升,进而抑制了实际学术创业行为的产生。

　　"大学中介机构正向调节教师学术创业意愿和学术创业行为的关系"这一假设得到验证,也印证了 Lockeet & Wright(2004)③、Powers & Mcdougall(2005)④的研究,即大学中介机构的规模、经验、管理水平与学术创业活动正相关。我国研究型大学设立的科技中介机构形式多样,主要有技术转移中心、产业研究院、先进技术研究院、资产经营公司、大学孵化器等。大学科技中介机构作为科技成果发源地与产业界之间的桥梁和纽带,帮助教师将其成果通过专利许可和技术转让的方式转移到企业,同时搭建公共服务平台、公共技术开发平台和中试平台促进教师创办衍生企业。学术创业意愿较强的教师更愿意主动披露发明,寻求大学中介机构的帮助,从而有利于学术创业行为的产生。

---

　　① 朱军文,刘念才.高校科研评价定量方法与质量导向的偏离及治理[J].教育研究,2014,35(08):52-59.
　　② 姚思宇,何海燕.高校科技成果转化影响因素研究——基于 Ordered Logit 模型实证分析[J].教育发展研究,2017,37(09):45-52.
　　③ Vohora A, Wright M, Lockett A. Critical junctures in the development of university high-tech spinout companies[J]. Research policy, 2004, 33(1):147-175.
　　④ Powers J B, McDougall P P. University start-up formation and technology licensing with firms that go public: a resource-based view of academic entrepreneurship[J]. Journal of Business Venturing, 2005, 20(3):291-311.

第 *6* 章

我国研究型大学教师学术
创业案例研究

一、案例研究方法

（一）研究方法概述

Yin(1994)指出,案例研究是在现象和社会背景情境没有明显边界的情况下,将当前现象置于现实世界情境中所做的实证探究。案例研究的意义在于回答"为什么"和"怎么样"的问题,而不是回答"是什么"的问题。所有的案例研究都始于相同的显然目的:渴求接近或深入理解他们真实世界中某一或某组"案例"①。余菁(2004)认为案例研究不仅适用于提出并分析新的研究问题,产生新的理论,拓展现有理论体系的解释范围,而且适用于验证(replication)已有理论,通过证实或证伪已有的理论假设,来强化或修正已有理论中的相关范畴、概念之间的结构关系②。

根据研究目的不同,案例研究可划分为探索性案例研究、描述性案例研究和解释性案例研究三种类型。探索性案例研究是超越已有的理论体系,尝试运用新的视角、假设、观点和方法来解释社会经济现象,为新理论的形成作铺垫,侧重于提出假设,寻找新理论;描述性案例研究是在已有理论框架下,对实践活动做出准确详尽的描述,侧重描述事例,即讲故事;解释性案例研究是运用已有的理论假设来理解和解释现实中的实践活动,并对相关性和或因果性的问题进行考察,做出最终结论,侧重于理论检验。

---

① 罗伯特·殷.案例研究:设计与方法[M].周海涛,等译.重庆:重庆大学出版社,2009:29.
② 余菁.案例研究与案例研究方法[J].经济管理,2004(20):24-29.

根据实际研究中运用案例数量的不同,案例研究可以分为单案例研究(Single Case)和多案例研究(Multiple Case)。单案例研究主要用于证实或证伪已有理论假设的某一方面的问题,它也可以用作分析一个极端的、独特的或者罕见的管理情境。而 Eisenhardt(1989)认为多案例研究则遵从复制法则,对每个案例进行比较分析和相互检验,其研究效度通常比较高,研究结论往往更具有说服力①。

本书第 4 章、第 5 章基于问卷调查法,从统计学意义上对我国研究型大学教师学术创业影响机理模型进行了验证。但是,教师是如何做出学术创业行为决策,不同学术创业形式下教师学术创业影响机理是否存在差异,这些问题还需要通过案例研究来进一步分析。考虑到学术创业形式的多样性,采用多案例研究,选取三种不同形式学术创业:许可、技术作价入股和创办衍生企业的案例,对前文提出的我国研究型大学教师学术创业影响机理模型进行进一步验证,从而弥补问卷调查研究数据的局限性。

(二) 案例研究设计

在案例选择过程中综合考虑了以下三大主要因素:第一,由于研究主题是"研究型大学教师学术创业",因此案例必须是本领域具有突出实践的代表。在研究型大学教师学术创业方面,作为首批双创示范基地之一,Z 大学的探索被称为"Z 大学模式"。Z 大学采用学校与企业共有专利的方式,助推培训某公司,其已成为超过 20 亿元市值的科技公司。同时,"企业捐赠＋技术转让"模式得以实践,学校获得了数亿元的捐赠。自 2015 年《促进科技成果转化法》颁布后,Z 大学出台多项激励政策,鼓励教师参与学术创业。Z 大学知识产权共交易两百余项,知识产权交易额近 6 千万元,在全国高校成果转化技术收入中名列前茅。因此,选取上 Z 大学教师学术创业为研究对象,旨在探索在学术创业实践中的成功经验与障碍因素;第二,聚焦研究问题,选取三种不同形式的教师学术创业案例,包括许可、技术作价入股和创办衍生企业。"生物科技 A"项目是按照"里程碑式"知识产权许可的典型案例,即随产品和技术开发工程进度方案,由合作企业支付许可费用;"环境科技 B"项目探索出了"先奖后投"的技术作价入股新模式,

---

① Eisenhardt K M. Building theories from case study research[J]. Academy of management review, 1989, 14(4): 532 - 550.

并产生了较大的经济效益；"数控科技 C"项目是创办衍生企业的典型案例，该衍生企业符合创新型企业的认定标准；第三，案例选取过程中还充分考虑信息数据的可获取性，确保案例素材充分、可靠。

案例资料收集的途径包括：通过百度、谷歌等搜索引擎以及中国知网数据库对相关主题新闻报道进行检索，对案例素材进行初步整理；对 Z 大学官网、宣传资料、文本资料中涉及教师学术创业的举措、政策、报道进行梳理；以半结构化访谈的方式，对 Z 大学学术创业中介机构的教师、三种不同形式学术创业案例（"生物科技 A"许可案例、"环境科技 B"技术作价入股案例、"数控科技 C"创办衍生企业案例）的团队负责人进行访谈，在深度访谈过程中获取有关案例的非公开信息和内部文档材料。

本案例研究分为两个部分，第一部分是案例内分析，具体分析每个案例中教师学术创业行为的形成机理，包括前因变量"结果预期、参照群体、人力资本、社会网络、角色冲突"对教师学术创业态度、主观规范和知觉行为控制的影响过程，以及调节变量"政策因素、大学中介机构、考核评价机制"对教师从学术创业意愿的形成到实际学术创业发生产生的影响，进一步验证前文提出的我国研究型大学教师学术创业影响机理模型。第二部分是跨案例分析，主要分析不同学术创业形式下，影响教师学术创业机理的异同。

二、"生物科技 A"项目——许可案例

（一）案例背景

Z 大学 M 教授团队在生物科技领域实现重大突破，通过研发出一种常规的化学合成方法，首次实现了治疗某重大疾病高效药物的人工合成。该项成果有望解决困扰世界医药产业界三十多年的该药物高效人工合成重大难题，使此药物更加便宜、易得。此高效人工合成技术项目经学校同意，与医药龙头公司签订协议，将相关技术授权给该公司独家使用，由其进行中间试验和批量生产试验。在技术成熟之后，学校将技术转让给该医药公司。此项目学术创业形式为授权许可（独占许可），项目团队负责人及成员均不涉及公司化、商业化事宜，仍专注于学术研究。

"生物科技 A"项目是按照"里程碑式支付"的许可模式,即随产品和技术开发工程进度方案,由合作医药企业向 Z 大学分阶段支付授权许可费用。按照协议,合作医药企业将分三期向 Z 大学支付合作费(授权许可费):第一期为现金支付合作费数千万元;第二期合作费用为扶持资金配套费用;第三期为销售收入提成,目标技术最终成功实现产业化并开始销售,合作医药企业应向 Z 大学支付第三期合作费。

(二)学术创业形成机理分析

1. 结果预期

结果预期维度中的社会化预期和自我评价预期在 M 教授团队"生物科技 A"项目学术创业(许可)过程中起到源动力的作用。该重大疾病一直以来是一种危害严重的流行病,但由于前期合成技术受限,该药价格昂贵,供不应求,如何高效人工合成并实现工业化生产一直是世界性难题。作为一名研究型大学的教授,M 教授认为自己有责任去解决国家发展中面临的一系列社会问题。因此,他带领科研团队,长期对人工合成技术进行研究,经过长达近 10 年的探索后,研究有了重大突破。他们发现一种特定的催化剂,可以获得接近 60% 的高收率,大幅提升合成效率。因为不需要光照等特殊化学反应条件,适合大规模的工业化生产。M 教授谈道:"虽然纯理论研究很重要,但就目前国家发展而言,解决当前面临的重大社会需求问题更加重要。如果能将我的这项研究成果应用到实际,将造福全球数亿患者。"M 教授在决定参与学术创业之前,对此行为产生的结果进行评估。他认为通过参与学术创业可以为患者带来福音,为人类的健康做出贡献。与此同时,还能够获得社会的认可和尊重,自我价值得以实现。这种积极的结果预期(社会化预期和自我评价预期)促进了其积极学术创业态度的形成,而是否能从学术创业(许可)中获得物质收益,并不是其积极学术创业态度形成的主要因素。M 教授谈道:"将科学问题应用到社会实践中去一直是我思考的重心,学术创业的初衷与对结果的物质回报关系不大,我学术创业初衷是社会责任心。"因此,M 教授参与学术创业不是受"物质预期"驱动的,而是受到积极的"社会化预期"和"自我评价预期"所驱动。授权许可可以作为一种标志其研究成果质量的信号,可以通过学术成果的商业化来再次确认其成果的有用性,提升学术声誉,获得同行和社会的认可。

2. 参照群体

M 教授表示自己在做出行为决策前会考虑他人的看法,参与学术创业(许可)的主观规范主要来自组织的认同,他谈道:"在专利许可的过程中,得到了 Z 大学科技成果转化办公室大量的帮助和支持。"组织的认同增加了其参与学术创业的可能性。Z 大学发布的关于完善知识产权管理体系、落实科技成果转化法的实施意见中强调,发挥知识产权对 Z 大学自主创新能力提升的支撑作用,加强学校科技成果及知识产权的管理,鼓励师生员工开展科技成果转化、实施和运用工作,并明确提出强化以授权许可方式开展科技成果转化。Z 对学术创业(许可)的认同对 M 教授团队参与学术创业行为产生作用的方式包含三个方面:信息性作用、价值表达性作用和功利性作用。信息性作用是指组织的观念、导向被 M 教授团队作为有用的信息予以参考,既包含从大学组织发布的政策,也包括通过观察该组织中其他团队参与学术创业(许可)来做参考;价值表达性作用反映出 M 教授团队自觉遵循或内化组织所具有的信念和价值观,从而在行为上与组织保持一致[①]。功利性作用指的是 M 教授团队遵从组织的期望,以获得赞赏和避免惩罚的意图。

3. 人力资本

高水平的学术研究成果是 M 教授参与学术创业的基础。M 教授在包括 *Angew. Chem. Int. Ed.*《德国应用化学》、*J. Am. Chem. Soc.*《美国化学会志》等国际化学顶级期刊在内的 SCI 期刊上发表论文 100 余篇。"生物科技 A"成果入选年度国内十大科技新闻和年度省级十大科技成果。M 教授团队参与学术创业是基于其高水平的研究成果,高水平研究成果增强了其对参与学术创业行为的知觉行为控制,即增强了参与学术创业的信心。此外,研究问题来自社会实践,也为该项目与市场对接奠定了基础。M 教授谈道:"我倾向做应用基础研究,并且思考怎么样把理论研究应用到社会实践中和重大社会需求中去。我做的理论课题也是来源于实践中的一些没有解决的重大需求问题,凝练成科学问题,通过解决科学问题,再把科学问题应用到社会实践中去。"

影响 M 教授对参与学术创业知觉行为控制程度的另一重要因素是 M 教授先前经验(工作经验、学术创业经验)的积累。M 教授谈道:"海外留学、工作经

验奠定了我创新的理论基础,在国外某大学博士毕业后,我去了国外某化学综合研究所工作,在这多年的工作中,彻底掌握了工业化的研究方法,大大开拓了我的视野,了解了国外化学和医药行业的发展状况。"在"生物科技 A"项目授权许可前,M 教授团队还有多次参与学术创业的实践经验。M 教授谈道:"工作之初,我需要对课题组负责任。为了促进课题组的发展,我主动到工厂进行调研交流,询问他们的需求,向他们要课题,然后潜心研发。随着我的科研体会越来越深入,我慢慢地对科研也越来越感兴趣了,成功地完成了好几个项目,其中'生物科技 X 技术'以及'生物科技 Y 技术'均获得了工业化应用。"

4. 社会网络

社会网络维度中对 M 教授参与学术创业产生重要作用的是产学合作关系网络。他谈道:"我刚刚回国时,国内科研条件较差,学校还不能提供足够的支持。对于有机合成这样一个需要大量经费支撑的学科来讲,当时能够生存下来是第一要务。我参与了国内外多家企业的产学研合作项目,与企业的多次接触也让我了解到一些实践中没有解决的问题。"M 教授与产业界的联系促进了他在后来的研究中更关注那些具有商业价值的研究问题,对研究前景、价值及产业化应用的判断也会更为准确。此外,产学合作网络分布范围的广度,增加了信息和资源的获取渠道,从而增强了学术创业的信心和对学术创业所需资源的控制程度。

5. 角色冲突

对 M 教授而言,在同时扮演"学者"和"学术创业者"两个角色时,他感知到的冲突较小。角色的成功扮演建立在对自身角色的清晰认识和对角色规范把握的基础上。作为"学者",他注重理论研究,用近 10 年的时间攻克技术难题,对待科学持怀疑的态度,遵循默顿规范,追求同行的认可和社会的尊重。作为"学术创业者",从企业的需求中提炼科学问题,以授权许可的方式参与学术创业,不涉及创业团队的管理和公司的运营,并不以追求利润为最终目标。当 M 教授面临角色冲突时,选择在两种角色之间进行折中,同时扮演两个角色的时间和精力都有限,通过让别人来分担自己扮演的其中一个角色的职责,如委托团队中的其他成员或者大学的中介机构——科技成果转化办公室负责技术评估、谈判、法律等事务,从而减轻角色冲突。M 教授谈道:"我现在的团队正在搞一项重大研究,可能比之前的更加有突破性,之前主要以许可方式操作,有考虑过创办企业,但遇到的问题是我的精力不够,人手不够。我可能会让我团队的人具体负责这个事情,或者请产研院帮助,我自己还是专注于顶尖的科学问题。"

6. 大学中介机构

大学中介机构的使命是鼓励教师披露具有商业前景的发明,确保知识产权得到保护,促进科技成果以多种形式向社会转移。大学中介机构被认为是商业化活动的中枢,在学术创业的过程中扮演核心的角色。从 M 教授产生学术创业意愿到实际学术创业行为的产生,Z 大学先进技术产业研究院作为大学中介机构起到了"桥梁"作用,通过加强教师和企业之间的信任、互动和资源整合,促进 M 教授学术创业行为的产生。M 教授谈道:"在授权许可的过程中,Z 大学学术创业中介机构对我帮助很大,有很多家企业想跟我们合作,学术创业中介机构做了大量的工作,包括筛选企业,对潜在企业的运营、中试及扩大再生产的能力、技术吸收能力等进行评估,谈判价格,以及提供法律咨询服务。"

2002 年《科技部、教育部关于充分发挥高等学校科技创新作用的若干意见》的实施,催生了一批科技成果转化办公室的建立。随后 Z 大学成立学术创业中介机构,负责知识产权转让、授权许可、作价投资等学术创业工作及相关合同的审批。科技中介服务的性质决定其从业人员应该是既懂技术又懂管理、法律的复合型人才。2016 年《国务院关于印发实施〈中华人民共和国促进科技成果转化法〉若干规定的通知》中对中介机构建立人员的编制进行了限制,指出高等院校应在不增加编制的前提下建设专业化技术转移机构。由于编制的限制,目前学校从事科技中介的人员大部分是从科技处等管理部门抽调而来,专业化程度与教师创业需要的服务不匹配。科技中介从业人员的定位、权益保障仍是中介机构发展面临的最大障碍因素之一。Z 大学学术创业中介机构负责人谈道:"目前的一套体系里缺少对从事科技成果转化人员的奖励。科技成果转化法是有依据的,要给从事转化的人员一部分奖励,但是我们制定学校内部文件的时候,不敢这样想,原因是学校本身奖励教师还不够,我们是操作人员。如果对科技中介人员奖励缺失,会造成人员的大量流失。所以,应该有对科技中介人员的奖励激励机制。例如,如果科技中介人员成功转化了一个项目,对应应该给予一定的奖励,调动这类人员的积极性,吸引专业的人才加入进来,这是我认为未来的一个重点。"

7. 考核评价机制

考核评价机制会直接影响到教师职位和职称的晋升,对教师,尤其是青年教师的学术创业行为会产生负面的影响。M教授参与学术创业的过程中受到考评机制的制约。他谈道:"现有的考评机制并不鼓励教师参与学术创业。青年教师如果参与了学术创业,职称晋升肯定是会受到影响。"在有限的时间里,在科学研究众多产出类型中,科研人员选择将更多的时间和精力投入到容易被认可的论文、著作等工作上,实际上削弱了科研人员推动创新驱动经济社会发展的动力和能力。M教授谈道:"我在国外也没有发SCI,Nature和Science这种水平的论文,在评价上大多会以同行专家评议,而不是以数量的多少。在评价教师时,如果能去评判成果本身的创新性以及未来可能产生的产业化价值,可能对教授参与的学术创业有很好的激励作用。"

科学合理的考评机制是激励教师参与学术创业的前提,"定量评价"风向标下,必然导致教师在研究中追求"数量取向"和"短期利益取向"。Z大学在国内较早开始推行分类管理、分类评价,陆续出台了包含教学科研型、科研为主型、教学型、教学为主型、成果转化及推广人员、专职工程人员等不同类型教师的专业技术聘任实施办法。以理工科成果转化及推广研究员任职条件为例(如表6-1所示),可以发现,考评指标中对SCI论文发表数量相对教学科研型、科研为主型教师偏低,偏重对学术成果产生的经济价值的评估。但是,到目前为止,还没有任何教师通过此类型进行评聘。

表6-1 Z大学(理工科)拟定成果转化及推广研究员任职条件

类　别	要　求
学习工作经历	长时间在海外从事相关专业的学习或者工作经历,或者担任该项职务后总计有1年海外学习工作经历,或者担任现在职务后,从事成果转化与推广践习超过2年的经历。
学术论文	在本学科领域发表SCI论文至少1篇或EI论文不低于3篇。
项　目	主要负责国家级项目或省部级项目1项以上。
成果及获奖	研究成果获得国家级奖项或省部级奖二等奖及以上1项,且获得发明授权专利3项以上。

续　表

类　别	要　　　求
成果转化	(1) 基于该技术所形成的产业化应用累计总销售额不低 5 000 万元； (2) 通过学校控股或参股的项目公司所带动校外社会资本参与规模超过 3 500 万元，原始投资回收率不低于 50%； (3) 技术转让费或专利授权费为 500 万元以上。
社会公益	有参与社会公益性活动的经历，并在活动中产生巨大影响力的，例如在抗震救灾、救死扶伤等有突出表现者，优先考虑。

8. 政策因素

激励政策对 M 教授参与学术创业激励效用不明显，甚至在某些方面阻碍了 M 教授实际学术创业行为的发生，但不是决定性因素。

近年来，国家加大了对教师创业完成人和做出重要贡献成员的激励力度，2015 年《中华人民共和国促进科技成果转化法（2015 修正）》明确规定："以转让、许可和作价投资的方式转化的科技成果，重要贡献人从转让净收入、许可净收入或作价出资获得的股份提取比例由原先的不低于 20% 提高到 50%"。收益分配比例的提高并不影响 M 教授决定是否参与学术创业。他谈道："国家政策对教授学术创业还是有一定的扶持力度的，但是收益分配比例不管是 20% 还是 50%，都不是影响我去做这件事的主要因素。"可见，收益分配激励政策并没有调动 M 教授参与学术创业的积极性，不具有激励作用。

此外，现金奖励的收税政策，在一定程度上影响 M 教授参与学术创业教师实际行为的发生。2015 年修订后的《促进科技成果转化法》新增："加强科技、财政、投资、税收等政策协同，加大对转化职务科技成果做出重要贡献科研人员的现金奖励比例"，但对这部分现金收益的税收政策，没有明确的规定。按《个人所得税法》（2011）规定，这部分奖励会按照"工资薪金"所得进行纳税，最高为 45%。个税比例过高，在实践中会导致一部分教师更愿意通过技术咨询、合同研究等方式与企业合作，而选择放弃参与学术创业。Z 大学学术创业中介机构负责人表示："我们去年转让许可了 5 000 多万，实际上老师认领的不到 100 万，经费认领低的原因是个税太高了，20%—45% 之间，成果转化的体制是有问题的，老师的积极性依然不高。"

2018年最新出台的《关于科技人员取得职务科技成果转化现金奖励有关个人所得税的通知》对科技人员取得职务科技成果转化现金奖励的个人所得税的减免作出了明确规定："依法批准设立的非营利性研究开发机构和高等学校（以下简称非营利性科研机构和高校）根据《中华人民共和国促进科技成果转化法》规定，从职务科技成果转化收入中给予科技人员的现金奖励，可减按50％计入科技人员当月'工资、薪金所得'，依法缴纳个人所得税。"此项政策的实施，或将破除以许可形式参与学术创业税收过高的障碍因素。

三、"环境科技 B"项目——技术作价入股案例

（一）案例背景

居民饮用水面临着从水源地输入到用户过程的"三次污染"，安全问题不容忽视。如何保障居民饮用水安全成为目前面临的重大民生问题之一。N 教授团队提出了一个系统的城市饮用水解决技术，即管道直饮水。基于此技术，Z 大学与某环境公司达成协议，共同推进"环境科技 B"项目的产业化。

"环境科技 B"项目是以技术作价入股形式参与学术创业的典型案例。Z 大学与某环境公司合作成立 S 环境科技有限公司。该公司注册资本上亿元，以现金资本投资占公司 70％的股份，Z 大学知识产权公司以专利技术入股占公司 20％的股份。根据 Z 大学知识产权分配协议，将学术成果按照学校 40％、团队 60％的比例进行分配。对应 Z 大学知识产权管理有限公司代表学校持有 S 环境科技有限公司 8％的股份，研究团队对应获得 12％的股份奖励。

（二）学术创业形成机理分析

1. 结果预期

随着我国工业化进程的加速，工业废水、生活污水大量排放，流入湖泊、河流等饮用水源地，带来大量生物生长所必需的营养物质，导致水体富营养化。水体富营养化一旦形成，会严重影响居民饮用水的安全。如何获得充足且安全的水资源已经成为目前面临的重大社会和环境问题之一。N 教授带领的团队一直十分关心"水的研究"，投身于国家重点流域治理工作 30 余年，其团队的研究成果

已成为我国流域水环境治理的标杆。他谈道："研究型大学应该承担国家在经济发展过程中面临的重大问题，我想解决的是社会发展中人类面临的共同问题，解决居民饮用水安全问题是其中之一。"N 教授在参与学术创业前，对行为结果进行预估。他判定"环境科技 B"项目可以解决居民饮用安全问题，改善民生问题；同时自我价值得到实现，在社会中获得尊重。这种积极的结果预期（社会化预期和自我评价预期）对其积极学术创业态度形成起到了促进作用。

N 教授带领团队参与学术创业出发点是为了解决社会发展中的生态环境问题，而是否能从学术创业（许可）中获得物质收益，并不是其积极学术创业态度形成的主要因素。他谈道："我做的课题是国家重大专项，旨在为水体污染控制与治理提供技术支撑。由于国家下拨的科研经费数目巨大，拨款程序又比较复杂。前三年我是利用自己的个人存款和工资，才让项目继续做下去。'环境科技 B'这个项目我是把它当作一个社会公益项目来做，有多少收益，我是不在乎的。"

2. 参照群体

对 N 教授参与学术创业（技术作价入股）的主观规范产生重要影响的群体是组织。《国家中长期科学和技术发展规划纲要（2006—2020 年）》提出设立"水体污染控制与治理"科技重大专项，希望借此集中攻克一批节能减排迫切需要解决的水污染防治关键技术，构建我国流域水污染治理技术体系和水环境管理技术体系，为重点流域污染物减排、水质改善和饮用水安全保障提供强有力科技支撑。Z 大学一直关注与环境相关的产业技术和工程项目的发展，并将"水的研究"列为学校产业技术战略研究的一个主要方向。管道直饮水模式在我国重点流域试点成功后，N 教授提出了一个系统的城市饮用水解决方案的建议。由学校将此项目上报国务院后，获得国家领导人直接批示。N 教授谈道："5 年前，国家领导人提出来寻找一批重大项目，项目需满足三个特点：一是项目规模大，能推动国家经济的发展；二是技术成熟，相关设备全部是国产，不会受到国外的制约；三是符合民生工程。我们团队做的就是民生改善的重大课题，而且技术是成熟的，解决老百姓饮用水的问题。将这个项目上报给学校后，学校的科技成果转化办公室推荐了我们。"可以说，N 教授以技术入股形式参与学术创业的行为是在学校的支持下直接推动实施的。Z 大学关于完善知识产权管理体系落实、促进科技成果转化法的实施意见提出，学校鼓励采取技术转让或其他方式开展科技成果转化工作,有条件采取作价投资方式转化。Z 大学对教师以技术入股形式参与学术创业的态度是鼓励的,组织的认同对教师参与学术创业起到了关键作用。

3. 人力资本

先前经验(学生时代训练、学术创业经验、工作经验)的积累对 N 教授参与学术创业知觉行为控制,包括自我效能感的提升和对技术、资源把控能力产生了积极的影响。N 教授于 30 多年前作为国家环保总局选派的学者,在国外某环境研究所交流学习,期间师从国际著名水污染治理专家。在国外留学、工作的 10 余年间,他主攻湖泊水库流域综合治理,参与了国外第二大湖泊的水生态环境综合治理与示范研究项目。在这个过程中,他深入了解国外湖泊富营养化问题发生的根源、危害,以及如何进行治理和生态修复,积累了丰富的湖泊水污染治理经验。随后,N 教授意识到国内环境治理问题越来越严峻,所以决定回国进行湖泊河流研究工作。N 教授谈道:"我国目前出现的环境问题,并非中国独有,实际上国外早在几十年前就已经出现,并得到了有效治理。国家派我们去就是学习哪些是我们能够借鉴来解决我国发展过程中出现的问题。"因此,海外留学经历、工作经验为 N 教授参与学术创业奠定了基础。

回国后,N 教授应用在 J 国研发的技术和积累的经验,先后参与水污染"重灾区"太湖、西湖、滇池、长江三峡等河湖、水库的治理研究项目。E 湖作为大型淡水湖,是重要的饮用水源地。由于长期污染导致湖水富营养化,E 湖两次大规模暴发蓝藻,水域水质下降。"十一五"国家水专项设置了湖水污染综合防治技术及工程示范项目,N 教授成为负责人。他将在国外工作期间研发的专项技术应用于湖水的治理,并带领团队研发了多项关键技术,实现了富营养化初期湖泊流域治理与生态修复的成套技术。N 教授及其团队对某湖泊流域的治理成效显著,让某湖泊流域重新水清岸绿。

由于路径有依赖作用,有过学术创业经验的教师在继续开展类似活动上处于相对积极的地位,他们更愿意重复先前行为。"环境科技 B"项目是其他项目的衍生成果。为了解决当地居民饮用水存在的问题,N 教授在做其他污染治理项目期间,研究发现,只要在上游找到一个 2 000 多米高度的天然水,这个水不用任何治理,因为它符合饮用水所有的标准。通过修建水库将水汇聚,然后接一根符合饮用水标准的管道到试点区域所有家庭,每一个家庭有两个自来水管,一根是饮用自来水,一根是非饮用自来水。这项技术要求从源头开始找到优质的水源,所有的管道都是要没有污染的管道,自来水处理工艺不能加药。传统的自来水是用虚凝剂、消毒剂处理之后再送到各个家庭。但是 N 教授这项技术,是用膜分离的办法,用物理的办法紫外线来消毒。先前的产学合作经验对其后续参与学术创业有积极的影响。

4. 社会网络

N 教授从社会网络中,主要从产学合作网络中获取的信息与技术是其参与学术创业的关键影响因素之一。更为准确地说,这个案例中的产学合作网络具体指"政产学合作网络"。他谈道:"在国外做交流学者期间,湖泊富营养化这种国家级的大课题采取的是大学、企业和政府产学研合作的形式。国家、企业、地方各自出三分之一的经费,共同来研究这个课题。在这个过程中,我学习了解到湖泊富营养化问题根源以及如何解决的技术。"因此,与政府、企业合作研究中所获取的信息对其后续参与学术创业的知觉行为控制增强有很大的促进作用。

5. 角色冲突

对 N 教授而言,以技术作价入股形式参与学术创业,同时扮演"学者"和"学术创业者",在时间、精力上,感知的角色冲突较小。N 教授委托 Z 大学知识产权中介机构与企业达成协议,合作成立"S 环境有限公司",共同推进"环境科技 B"项目的产业化。新成立的公司由合作企业方负责具体运营,N 教授团队不涉及公司的管理,只承担技术咨询。因此,他感知到的角色冲突较小。N 教授谈道:"与企业合作的谈判、签署协议均由 Z 大学知识产权中介机构运作,在公司的具体运营中,我只负责提供总体方案的设计。例如用何种技术可以保障水源不受污染,如何在小区进行管道置换等这些顶层方案的设计,但这不影响我带学生和做研究。"参与学术创业(技术作价入股)与教学科研之间的冲突是可以调适的,一方面 N 教授通过确定角色间优先权,偏重"学者"角色,从而达到平衡状态;另一方面,采取委托机制,即委托大学中介服务机构,由大学中介机构提供法律、咨询、金融、协议谈判等服务。与教师相比,大学中介机构具备商业技能和经验,使得教师能够更好地维护其学者角色。

6. 大学中介机构

2015 年《促进科技成果转化法》规定:"国家设立的研究开发机构、高等院校对其持有的科技成果,可以自主决定转让、许可或作价投资,但应当通过协议定价、在技术交易市场挂牌交易、拍卖等方式确定价格。"这一政策的出台,扫清了研究型大学教师以作价入股方式参与学术创业的一些障碍因素。一方面,赋予了高校对科技成果的处置权,即不需要政府部门的审批或备案;另一方面,确定了市场化定价原则,也就是说可以不进行评估,即使对科技成果进行评估,评估值也不能作为定价的依据,只能作为定价的参考。2016 年国务院印发了《实施〈中华人民共和国促进科技成果转化法〉若干规定》明确规定:"单位领导在履行勤勉尽责义务、没有牟取非法利益的前提下,免除其在科技成果定价中因科技成果转化后续价值变化产生的决策责任。"这一规定解除了国有无形资产保值增值施加给高校学术创业服务中介机构的压力。

在此背景下,Z 大学经教育部持批成立了知识产权管理中介机构,作为对接市场的技术作价入股通道,对"环境科技 B"项目完成了技术持股协议。Z 大学知识产权中介机构探索出"先奖励后投资"的作价入股新模式,把股权的一部分先奖励给科研团队,再进行市场投资。依据《Z 大学关于完善知识产权管理体系落实〈促进科技成果转化法〉的实施意见》,先将科技成果按照学校 20%、学院 20%、科技成果完成团队获得奖励 60% 进行分配,然后再由知识产权公司代表学校,团队负责人代表团队和投资方一起合作成立公司。

7. 考核评价机制

考核评价机制是阻碍 N 教授团队参与学术创业(技术作价入股)的障碍因素。他谈道:"现有的体制机制对教师做国家重大专项、对教师参与学术创业是不适应的。"由于 N 教授承担的是国家重大专项课题,涉及经费金额巨大,拨款程序很长。项目经费拨款到学校需要三年甚至更长的时间,但是学校的考核是按年度来考核的。由于拨款经费的滞后,他未能完成所在学院某年度"横向创收经费"的指标。此外,他还谈道对其团队成员带来的负面影响。"我从国外回国后,一进校就是教授,因此在职称上没有困扰,但我的团队成员晋升是有问题的,我们做研究项目的是为了解决社会面临的实际问题,由于涉及保密性,论文是不允许发表的,团队成员在绩效考核上会出问题。"考核评价机制不会直接改变 N 教授积极参与学术的态度,也不会影响其学术创业的知觉行为控制,但会在其学术创业意愿和实际行为之间起到负向调节作用。

8. 政策因素

N 教授认为政策因素并不是他参与学术创业(技术作价入股)的主要影响因素,目前出台的学术创业激励政策的作用甚微。

一方面,由于国家重大专项项目的特殊性,即使Z大学规定将60％的收益归发明人N教授及团队所有,权属分配依然不明晰。N教授对参与学术创业产生物质收入处于不敢有期待的尴尬局面,他谈道:"如果我和我的团队可以获得60％的收益,这其中有一部分要交到科技部、住建部、环保部等执行机构,其余的收益属于职务发明,承担国家重大专项产生的发明归属权目前还没有明确规定,所有目前还是不能动的状态。"

另一方面,高校资产公司在利用无形资产向其他企业入股时,会被征收25％的企业所得税。换句话说,高校资产公司的股权投资在尚未取得现金收入的情况下,提前缴纳企业所得税。以技术入股方式参与学术创业的教师,一方面承担了预期收益的不确定性风险,另一方面要承担预付税收的成本,这削弱了其以技术入股形式参与学术创业的积极性。2016年《中共中央办公厅、国务院办公厅印发〈关于实行以增加知识价值为导向分配政策的若干意见〉》明确规定:"对符合条件的股权奖励以及科技成果投资入股等实施递延纳税优惠政策。"暂不缴税,并递延至技术股权退出时再根据实际收益计缴所得税是最有效的作价投资所得税优惠政策,这在英国衍生企业的发展经验中已经得到验证。但是,《国家税务总局关于促进科技成果转化有关个人所得税问题的通知》(国税发〔1999〕125号)规定:"实施科技成果转化股权奖励的主体必须为国家设立的科研机构和高等学校,享受股权奖励递延纳税优惠政策的科技人员必须是国家设立的科研机构和高等学校的在编职工。"由高校授权其资产管理公司作价投资不享受暂不缴税的优惠政策。因此,以技术入股形式参与学术创业的教师所面临的税收障碍依然没有消除。

四、"数控科技C"项目——创办衍生企业案例

(一) 案例背景

Z大学K教授团队基于"数控科技C"项目与行业资深企业家和工程技术人员联合创立L科技公司(以下简称L公司)。K教授的创业团队由六人组成,其中两人分别是商科和法律的博士,其余四人均为机械工程专业的博士,覆盖了装备研发的四大关键环节:机械、控制软件、工艺、工具,在研究领域上形成互补。

L公司聚焦于国际领先的数控装备的研究开发,致力于现代制造装备业自动化、智能化和一体化应用系统技术的提升,不仅拥有领先的产品,而且对客户提供完整的技术服务支持,切实提升中国装备的生产竞争力。相关产品已广泛应用于航空航天、船舶设计、发电、阀门制造、电气等行业。

L公司被认定为省级高新技术企业,并获批成立特种数控装备及工艺工程技术研究中心。L公司不仅注重高端装备的制造,更关注基础理论的研究和积累,坚持科技创新作为发展动力。研发的新项目获多项国家荣誉,包括国家国防科学进步奖、国家科技进步奖等。L公司在高端装备的研发上不仅突破了国外的技术垄断,填补了多项国内空白,更为我国装备制造业水平的整体提升做出了重大贡献。

(二)学术创业形成机理分析

1. 结果预期

结果预期维度中的社会化预期和自我评价预期在"数控科技C"项目学术创业(衍生企业)中,对K教授积极学术创业态度的形成起到了重要作用。我国汽车涡轮增压式发动的核心部件一直依赖进口,因为相关高端数控机床在国内一直是"工业空白"。为了打破发达国家对此项技术的垄断,K教授带领团队经过潜心研发与生产,基于"数控科技C"项目,创办了衍生企业。K教授谈道:"我是工科的教师,学科是应用学科,学术研究与产业应该结合起来,对社会、经济、创新、产业结构调整有所贡献。最初,我希望自己团队的研究成果能得到应用,能有产业化价值,同时也可以体现自己的价值。刚开始,公司其实是属于一个附属的工作室。后来与其他企业合作,有了订单、产品。最后引入社会资本,才以公司的战略、定义去发展。"让科学技术得到应用、解决实际问题获得的满足感,自我价值得到体现是促进其积极参与学术创业(创办衍生企业)的态度形成的主要因素,对学术创业所产生的预期物质报酬对学术创业态度的形成没有产生影响。K教授谈道:"如果把钱当成目标的话,最开始就失败了。因为创业最开始几年,根本就没钱。我不支持教授亲自去创办企业,这失败率很高,承担风险很大。创业基金研究表明,教授自己创办企业成功率并不比普通人高。在创办企业初期,由于研发投入过大,市场销售没跟上,一直在亏损,公司险些资金链断裂。所以最初成立公司,不是为了赚钱。"

2. 参照群体

对 K 教授参与学术创业(创办企业)的主观规范产生影响的群体包括:组织和院系领导。组织和院系领导对教师创办衍生企业态度不明确对 K 教授主观规范产生了负面影响。他谈道:"现在对教授的政策一直不明朗,大家不放心去做创业这件事。没有明确鼓励还是反对教师创业,虽然现在社会上各种报道是鼓励教师创业的,但是这或许仅仅观念上的。"

3. 人力资本

学术研究水平和学术创业经验的累积是增强学术创业行为控制力的又一重要因素。K 教授谈道:"创业需要魄力,需要机会,更需要积累,其实,想创业的,怎么都要创业,所以创业和政策无关,和积累有关。教师搞了这么多年学术,是否具有学术创业的学术积累,问题的研究是不是深到了可以拿到市场上考核的阶段。其次是工作经验的积累,我到 Z 大学做教授之前,有 10 年在企业做工程师的工作经历,很多东西触类旁通。"工作经验促使 K 教授了解企业生产过程管理、熟悉生产工艺流程,也了解企业需要什么样的技术。他谈道:"我选的研究课题是从实践中发现问题,再解决问题,再升华到一个理论高度,理论问题和工程问题不能割裂开。美国、日本、德国等制造业先进国家 20 世纪 80 年代已经拥有高端技术,我国一直很难找到一台完全自主研发的这项高端技术,我们所做的研究就是基于解决这个实际问题。"

4. 社会网络

社会网络维度中对 K 教授参与学术创业产生重要作用的是个人网络。学术创业主体并非孤立存在的,而是嵌入社会网络中,从个人网络中获取足够的物质、信息甚至情感方面的创业支持的判断,从而在一定程度上决定了个体选择学术创业(创办衍生企业)的意愿。K 教授谈道:"对我创办企业帮助比较大的一个是我的团队,学者创办企业是九死一生,由于不懂企业管理、资本运作和相关法律,失败率很高。所以多元化的创业团队至关重要。我的团队中除了技术人员外,还有律师、企业管理和投资专家。另一个,我也接触到一些其他创业成功的教师,从他们那里了解社会规则,可以避免一些风险。"个人网络规模越大,越有可能接触到有价值的信息,有利于消除对创办企业风险的紧张和担忧。与其他创业成功教师的接触,由于在背景、经历方面有一定的相似性,使其更好的判断创业的可行性和是否具有创业的条件,有利于提高学术创业知觉行为控制程度,从而增加参与学术创业的意愿。

5. 角色冲突

对 K 教授而言,同时扮演"学者"和"学术创业者"两种角色时,他感知到的冲突较大。他谈道:"刚开始创业,时间、精力都不够,要做企业,就要全身心投入。目前,我是偏重企业这一块,因为公司是以创新技术为支撑的,所以我学术研究的选题以公司发展实际需要解决的问题入手,团队也一直在做研究,但学术和教学上肯定会受到很大影响。"学术创业给 K 教授团队带来心理上、时间上的矛盾和冲击较大。当 K 教授面临角色冲突时,通过减少学校科研、教学的工作量,偏重"学术创业者"来达到相对平衡的状态。其团队成员通过放弃教师"学者"角色,从而消除角色冲突。

6. 大学中介机构

Z 大学通过建立科技企业孵化器、大学科技园等中介服务机构,为教师创办的科技企业的成长提供创业共享设施、种子基金、企业管理咨询以及其他企业发展必需的各种支持性创业服务,提高创业成功率。从 K 教授学术创业意愿的产生到实际创业行为发生,大学中介机构起到了一定的辅助作用,但是还存在一些问题。K 教授谈道:"大学科技园入住门槛很高,一般初创企业很难进去,入驻科技园的目的还是为了国家的补贴。一些创新创业基金给予了我一定的帮助,但是一般只有几十万元,这一点资金只能起到辅助作用,肯定不是决定性因素。"大学中介机构在融资机制、风险资本的投入上还存在不足,资金短缺成为发展瓶颈。国家设立的专项基金,对孵化企业而言如同杯水车薪。K 教授谈道:"硅谷与其说是创新创业的天堂,不如说是一个融资的天堂。社会融资模式,使硅谷是可复制的。如果是靠政府支持,那就是不可复制的。目前的问题一个是我们社会基金的水平比较弱,另一个(问题是),我们教授和社会黏度比较少,没有对接。如果大学中介服务机构有一个部门专门对交大成果进行投资,我相信有风险资本会进来,目前是基金到处找项目找不到。"

7. 考核评价机制

考核评价机制已成为教师参与学术创业(创办衍生企业)的最大障碍因素,学术创业作为评价指标的重要作用并没有凸显出来。K 教授整个研发团队受到学校体制的约束,学校体制是有编制的,对发展企业团队不利。他谈道:"教师如果要保留编制、升职称,必须要发论文,这样就没法专心于产品。现有的考评机制对教师创业肯定有影响,我是升了教授才去创业的。教师创业不是容易量化的东西,没有一个统一的标准。不像做科研,发多少篇文章,这都没有歧义。"学术创业难以量化,风险大、失败率高,单纯以产值、经济贡献衡量会削弱教师学术创业的积极性,会使一部分有创业想法的教师,因受到考核评价机制的制约而放弃。K 教授谈道:"如果用产值评价,这肯定不对。还是应该评估教授的纯学术贡献,教授在学术创业的过程中,如果贡献了水平很高的成果,确实应该给他考核奖励。学术评价只能是专家评价,没有量化的方式,SCI 论文多少篇是不合理的。判断是否带动国家的科技进步,只能是专家评价。例如国外,如果在公司做出高水平专利,仍然可以被学校聘请去做教授。"

8. 政策因素

政策因素不是 K 教授参与学术创业的直接影响因素,但在学术创业意愿和实际行为产生之间产生影响,起到负向调节作用。

一方面,缺少创业过渡期扶持政策。K 教授谈道:"股权激励不是激励我们教师创业的基本条件,对创办企业的教师而言,最重要的是过渡期的政策扶持。"创办企业是一项系统的工程,科研成果从实验室到工厂再到市场,是一个很长的链条。中试生产是最重要也是最难的一个环节,不仅仅是实验室成果的简单放大,更为重要的是对原创技术的完善和提升,这对科技成果实现产业化具有至关重要的作用。"在这个过程中,国家给予我们一些支持,如税收减免、经费支持等,但是这些帮助对创办衍生企业而言不是决定性的",K 教授谈道。中试环节投资基金不足、风险防范机制缺失等都一定程度上负向影响其学术创业行为的发生。

另一方面,教师离岗创业和人才双向流动机制没有落地。早在 1999 年《国务院办公厅转发科技部等部门关于促进科技成果转化若干规定的通知》中就明确提出:"国有科研机构、高等学校及其科技人员可以离岗(一般为两年)创办高新技术企业或到其他高新技术企业转化科技成果。"自 2015 年《国务院关于大力推进大众创业万众创新若干政策措施的意见》发布后,离岗创业时间由 2 年增加到 3 年。2015 年《中共中央、国务院关于深化体制机制改革加快实施创新驱动发展战略的若干意见》明确提出:"消除人才流动的体制机制障碍,改变科研人员薪酬和岗位管理制度,促使科研人员在企业和事业单位之间实现合理流动。"满足要求的科研院所的科研人员经所在单位批准,可带着科研项目和成果、保留基本待遇到企业开展工作或创办企业。目前 Z 大学还未出台《兼职从事科技成果转化管理办法》。离岗创业政策的落地还面临一系列的困难,任何一项政策绝不是孤立的,而是要与其他政策配合,形成体系。要想"落地",还需政府出台配套支持,如离岗期满后返聘制度、科研评价制度、职称评定制度。K 教授谈道:"对创业的教师而言,最有力度的一个办法,或是离职 3 年,不影响职称评定,并且可以拿企业成果评职称。但现实是,有一些教师申请了,但学校没有审批通过,可能是因为学校没多余的岗位资源。如果某教师离岗,学校相当于少了一个人。因此,政策配套细则还是应完善。"

五、多案例比较与总结

选取"生物科技 A"许可项目、"环境科技 B"技术作价入股项目、"数控科技 C"创办衍生企业项目这三种不同形式的学术创业作为典型案例,对教师学术创业过程机理进行详细阐述,分析不同学术创业形式下,结果预期、参照群体、人力资本、社会网络和角色冲突分别对教师学术创业态度、主观规范和知觉行为控制的影响;情境因素(考核评价机制、大学中介机构和政策因素)对教师学术创业意愿和学术创业实际行为之间产生的影响。通过对三种不同形式学术创业案例进行综合分析(如表 6-2 所示),发现:

第一,三个案例中,教师对学术创业的态度都是积极的。他们认为,作为研究型大学的教师,尤其是工科教师,有责任参与学术创业,以促进产业结构升级和经济发展。结果预期中,以许可形式参与学术创业的教师,认为获得社会认可和尊重、解决当前发展中面临的重大问题是其参与学术创业的主要动力;以技术作价入股参与学术创业的教师,认为改善民生问题、获得社会认可是其参与学术创业的主要动力;以创办衍生企业参与学术创业的教师,认为科学技术得到应用、解决实际问题获得的满足感、自我价值得到体现是其参与学术创业的主要动力。可以看出,这三个案例中,教师无论以何种方式参与学术创业,积极学术创业态度的形式是由精神层面的结果预期(社会化预期和自我评价预期)所驱动的,物质结果预期没有起到促进作用。

第二,在教师主观规范的形成上,参照群体产生重要影响。这种影响表现在三个方面:信息影响、功利影响和价值表达影响。这三个案例中,对教师学术创业行为产生最重要心理作用的群体是组织,即教师所在的大学组织是否支持教师参与学术创业。教师倾向按照与组织标准保持一致来调整自己的行为,按照组织的期待调整自己的行为标准,从而使自己的行为能够符合组织的认可。从上述案例分析可以看出,组织对以许可和作价入股参与学术创业的教师认同度较高,以这两种形式参与学术创业的教师可以获得组织肯定的反馈,因而其主观规范较高,参与学术创业意愿也越强;而组织对以创办衍生企业参与学术创业的教师态度模糊,导致以创办企业参与学术创业的教师无法判断这种实际行为发生后产生的后果,因而为了避免惩罚,其主观规范也会较低。创办衍生企业案例中,教师学术创业主观规范不高,但依然有强烈的学术创业意愿,可能是因为学术创业态度和主观规范,或者感知行为控制和主观规范对学术创业意愿产生交互效应。主观规范低的教师,如果有积极的学术创业态度和较强的知觉行为控制,也可能会产生积极的学术创业意愿。反过来,即使教师感知到组织期望他参与学术创业,而自己本身对学术创业持消极态度,且知觉行为控制力偏弱,那么他也不会形成强烈的学术创业意愿。

第三,这三个案例中人力资本维度中的学术研究水平有一个共同点,即教师学术研究不但聚焦于科技前沿重大理论创新问题,而且还以企业、社会中实际问题为导向,产出的学术成果往往本身的实用性、可行性、成熟度都较高。因此,教师研究水平与教师学术创业态度和知觉行为控制存在相关性是有前提条件的。在学术成果符合产业需求的前提下,教师研究水平越高,教师学术创业态度越积极,知觉行为控制也越强。教师学术研究水平高是必要条件,而非充分必要条件。先前经验与教师知觉行为控制存在正相关关系,并且在不同的形式上差异性不大。有过学术创业经验的教师,无论是企业工作经验、学术创业经验,都使得教师更具有市场意识,研究问题更聚焦有应用前景的问题。

第四,由于个体彼此间存在资源互补的现象,通过网络内部的互动过程,可获得所需资源[①]。在这三个案例中,以许可和技术作价入股形式参与学术创业的教师,主要通过社会网络维度中的产学合作网络,了解企业需求、共享设备或资源、了解技术的隐性知识。同时将企业需求转换为科学问题,后续研究更倾向定位为解决社会实践中的问题,因而产出的学术成果更具有市场化潜力,更符合企业的需求,增强了其对知觉行为的控制力。以创办企业参与学术创业的教师,

---

① 蒋海燕.基于个人社会网络的女性创业意向影响因素研究[D].吉林大学,2013.

主要通过社会网络维度中的个人网络,获取创业所需资源,包括财务、人力、知识等,弥补创业初期自身信息、技术、资源的不足,进而增强对知觉行为的控制程度。

第五,因"学者"和"学术创业者"这两个角色规范的要求不同,无法同时满足不同的角色期待,使得教师在参与学术创业的过程中存在角色冲突。在这三个案例中,以许可和技术作价入股参与学术创业的教师产生的角色冲突较小,以创办衍生企业参与学术创业的教师产生的角色冲突较大。教师在承担"学者"和"学术创业者"双重角色任务时,以许可和作价入股参与学术创业的教师通过委托的方式缓解角色冲突。通过将一部分学术创业角色委托给大学技术转移机构,从而专注于自身学术角色;以创办衍生企业参与学术创业的教师,同时保留了两种角色认同,并建立角色间的联系。通过将创办企业中事务性的工作交由他人处理,自身仍从事技术创新的研究,将现实中的技术问题转变为科学问题,将学术研究和学术创业协同起来,从而通过整合这两种角色减少角色冲突。角色冲突越小,对学术创业所需时间、资源等控制力也越强,因而学术创业意愿也越强烈。

第六,政策因素不会对教师学术创业态度、主观规范和知觉行为控制的形成产生直接影响,但会在教师学术创业意愿和实际行为的实施之间产生作用。这三个案例再次验证了这一假设。对以创办企业行为参与学术创业的教师而言,创业扶持政策缺失,教师离岗创业政策未落地等政策因素实际上对教师学术创业意愿转化为实际的行为产生负向影响。

表 6-2　多案例比较

变　量	"生物科技 A"项目许可	"环境科技 B"项目技术作价入股	"数控科技 C"项目创办衍生企业
结果预期	1. 获得社会认可预期 2. 让科学技术为患者带来福音,为人类的健康做出贡献所带产生的自我满足感	1. 改善生态环境,解决民生问题 2. 提高社会认可度	1. 让科学技术得到应用 2. 解决实际问题获得的满足感 3. 自我价值得到体现
参照群体	组织认同	组织认同	1. 组织态度模糊 2. 院系领导对此存在争议

续　表

变　　量	"生物科技 A" 项目许可	"环境科技 B"项目 技术作价入股	"数控科技 C"项目 创办衍生企业
人力资本	1. 学术研究水平高 2. 研究问题来源于实践问题 3. 海外留学、工作经历 4. 多次学术创业经验	1. 海外求学、工作经历 2. 多次学术创业经验	1. 学术研究水平高 2. 选的研究课题是从实践中发现问题 3. 企业做工程师的 10 年工作经历
社会网络	参与了国内外多家企业的产学研合作项目,与企业的多次接触	在留学期间,参与政产学研合作项目	1. 多元化的创业团队 2. 成功的创业者 3. 投资朋友的影响
角色冲突	1. 感知的角色冲突较小 2. 角色冲突调适策略:通过让别人来分担自己扮演的其中一个角色的职责	1. 感知的角色冲突较小 2. 角色冲突调适策略:确定角色间优先权,偏重"学者"角色;采取委托机制	1. 感知的角色冲突较大 2. 角色调适策略;确定角色间优先权,偏重"学术创业者"角色
政策因素	税收政策	1. 税收政策 2. 收益分配政策	1. 收益分配政策 2. 创业过渡期扶持政策 3. 离岗创业政策
考核评价机制	1. 职称为正教授 2. 评为正教授才参与学术创业 3. 团队成员受到考评机制制约	1. 职称为正教授 2. 受考评机制制约 3. 团队成员受考评机制制约	1. 职称为正教授 2. 团队成员受考评机制制约,无法专心于产品
大学中介机构	学术创业意愿到实际学术创业行为的产生,大学中介机构——科技成果转化办公室起到了"桥梁"作用	学术创业意愿到实际学术创业行为的产生,大学中介机构——知识产权管理有限公司,作为对接市场的技术作价入股通道,起到了推动作用	1. 学术创业意愿到实际学术创业行为的产生,大学中介机构——孵化器、大学科技园等,为教师创办的科技企业的成长提供种子基金、企业管理咨询起到了一定的辅助作用 2. 融资机制、风险资本的投入存在不足

在这三个案例中,大学中介机构强化了学术创业意愿对学术创业行为的正向效应,对许可和技术作价入股形式参与学术创业的教师起到的正向调节作用似乎更大。大学科技中介机构加强了教师和企业的联系,为教师学术创业提供所需的知识和技能,降低了转化中存在的风险。对以创办企业形式参与学术创业的教师而言,大学中介机构(如孵化器、大学科技园)支撑能力相对较弱,融资渠道不健全,发挥作用较小。

目前,高校在教师评价上,依然重视基础研究、学术论文和科技成果奖励,轻视应用研究项目、科技专利和学术创业。在这三个案例中,无论以何种形式参与学术创业,考核评价机制都被教师认为是参与学术创业的最大障碍因素。考评机制具有导向和激励作用,2014年《教育部办公厅关于开展高等学校科技评价试点的通知》提到,主要从事创新性研究的科技活动人员,实行以原创性代表性成果为重点的评价;主要从事技术转移、科技服务和科学普及的科技活动人员,实行以经济社会效益和实际贡献为重点的评价;从事技术支撑和服务的科技活动人员,实行以服务质量与实际效果为重点的评价。2015年《中共中央、国务院关于深化体制机制改革加快实施创新驱动发展战略的若干意见》提出,评价重点从研究成果数量转向研究质量、原创价值和实际贡献。而在具体实践中,即使像上海交通大学通过设置"成果转化及推广教授",来承认学术创业的学术价值,但几乎没有教师申报。教师学术创业对社会经济发展的贡献与职务晋升、职称评审、绩效考核等依然没有挂钩。教师,尤其是年轻教师,在没有获得高级职称之前,即使有强烈的学术创业意愿,但受到考核评价机制的影响,也可能会放弃学术创业。

第7章

我国研究型大学教师学术创业激励政策

一、我国研究型大学教师学术创业激励政策文本分析

（一）政策样本选择

选择的我国学术创业政策文本均为公开的数据资料，主要包括中央政府相关部委网站、北大法律信息网等，以"创新""创业""科技成果""科技成果转化""技术转移"为关键词进行全文检索。为保证政策分析具有代表性，按以下标准进行遴选：一是仅采用中央层级发布的政策文本，即发文机构是全国人大、国务院及其直属机构，地方部门的政策法规不予采用；二是直接与学术创业活动密切相关；三是政策类型主要选取法律法规、规划、意见、办法等，不计入复函和批复。由于我国第一部科技成果转化法于1996年颁布，因此最终选取了1996—2018年我国学术创业政策共43份（如表7-1所示）。

表7-1 我国国家层面学术创业政策文本

编号	政 策 名 称	发布单位	发布时间
1	《中华人民共和国促进科技成果转化法》	全国人大常委会	1996
2	《国务院办公厅转发科技部等部门关于促进科技成果转化若干规定的通知》	国务院办公厅	1999
3	《国家税务总局关于促进科技成果转化有关个人所得税问题的通知》	国家税务总局	1999

编号	政　策　名　称	发布单位	发布时间
4	《财政部、国家税务总局关于促进科技成果转化有关税收政策的通知》	财政部、国家税务总局	1999
5	《高等学校知识产权保护管理规定》	教育部	1999
6	《教育部关于贯彻落实中共中央、国务院〈关于加强技术创新，发展高科技，实现产业化的决定〉的若干意见》	教育部	2000
7	《科技部、教育部关于充分发挥高等学校科技创新作用的若干意见》	科学技术部、教育部	2002
8	《国务院办公厅转发科技部、财政部关于国家科研计划项目研究成果知识产权管理若干规定的通知》	国务院办公厅	2002
……			
42	《国务院关于推动创新创业高质量发展打造"双创"升级版的意见》	国务院	2018
43	《财政部、税务总局、科技部关于科技人员取得职务科技成果转化现金奖励有关个人所得税政策的通知》	财政部、国家税务总局	2018

从政策文本的发布机构来看，41 份政策文本涉及 9 个发布机构（如表 7-2 所示）。其中发布政策文本最多的是教育部和国务院，其次是国务院办公厅和科学技术部。财政部近年来越来越参与政策制定，侧面反映出政府注重利用财政、税收等经济调控政策干预学术创业。

表 7-2　政策文本发文机构分布

发　文　机　构	发　文　数
教育部	11
国务院	11
国务院办公厅	9

续　表

发 文 机 构	发 文 数
科学技术部	8
财政部	6
国家税务总局	3
全国人大常委会	2
国家知识产权局	1
国家发展和改革委员会	1

（二）政策分析框架

公共政策是由政府通对各种政策工具的设计、组织及运用而形成的，建立公共政策的分析框架应着眼于政策工具。不同的学者对政策工具有不同的分类。依据政府的强制性程度，Michael & Ramesh（1995）将政策工具分为自愿性工具、强制性工具和混合性工具三类[①]。根据政策工具对技术创新产生影响的层面不同，Rothwell & Zegveld（1985）将政策工具分为供给面、环境面和需求面三大类。此种分类具备较强的目标针对性和操作性，在政策研究中运用最为广泛[②]。

以我国研究型大学教师学术创业影响因素模型为基础，将政策工具分为：奖励政策、宣传政策、环境型政策、消除角色冲突政策、中介服务政策、科研评价政策六种类型（如表 7 - 3 所示）。

计划行为理论不仅可以用来解释和预测行为，还能用来干预行为。该理论能够提供形成行为态度、主观规范和知觉行为控制的前因变量，通过干预前因变量，达到改善或者改变行为的目的。因此，前因变量和调节变量是构成学术创业激励政策选择的依据。

[①]　Michael H，M. Ramesh，Studing public policy：Policy cycles and policy subsystems[M]. Oxford：Oxford University Press，2003：87.

[②]　Rothwell，Zegveld. Reindustrialization and technology：Towards a national policy framework[J]. science & Public Policy，1985，12(3)：113 - 130.

表7-3 政策工具维度划分及定义

政策工具	定义
奖励政策	对学术创业教师的各种奖励政策,如现金奖励、股权奖励、精神奖励等
创业教育政策	与创新创业培训、课程、师资等相关政策
宣传政策	通过运用报纸、电视等媒体宣传教师学术创业、引导鼓励建立学术创业氛围的相关政策
产学合作政策	加强大学与企业互动的相关政策,包括人才互动、资源互动等
消除角色冲突政策	为缓解教师参与学术创业而产生角色冲突而制定的政策
环境型政策	表现为政府介入调控的外部因素,间接影响教师参与学术创业,包含金融政策、税收优惠政策和知识产权保护政策
中介服务政策	相关条款中涉及高校中介服务机构的建立、高校中介服务机构的专业人才队伍建设
科研评价政策	对高校教师科研评价所指定的政策,主要包括由谁来评价教师科研质量、如何评价以及评价结果导向等政策

(三) 政策文本编码

依据上述政策分析框架,将政策条款作为分析单元,对遴选出的 43 份政策样本进行编码。编码的规则按照"政策编号—具体条款",形成基于政策工具的我国学术创业政策文本内容分析单元编码表(如表 7-4 所示)。

表7-4 学术创业政策文本编码举例

政策工具	举例
奖励政策	在利用财政资金设立的高等学校和科研院所中,将职务发明成果转让收益在重要贡献人员、所属单位之间合理分配,对用于奖励科研负责人、骨干技术人员等重要贡献人员和团队的收益比例,可以从现行不低于 20% 提高到不低于 50%。(29-5-1)
宣传政策	加强政策宣传,展示创业成果,促进投资对接和互动交流,为创业创新提供展示平台。继续办好中国创新创业大赛。发掘典型案例,推广成功经验,培育尊重知识、崇尚创造、追求卓越的创新文化。(26-10-5)

政策工具	举　　例
消除角色冲突政策	支持科研人员创业。加快落实高校、科研院所等专业技术人员离岗创业政策,对经同意离岗的可在 3 年内保留人事关系,建立健全科研人员双向流动机制。(27-9-1)
环境型政策	做好国家自主创新示范区税收试点政策向全国推广工作。积极研究探索支持单位和个人科技成果转化的税收政策。(32-3-13)
中介服务政策	鼓励高校、科研院所在不增加编制的前提下建设专业化技术转移机构,引导专业人员从事技术转移服务。(39-2-7)
科研评价政策	推动高校、科研院所完善科研人员分类评价制度,建立以科技创新质量、贡献、绩效为导向的分类评价体系,扭转唯论文、唯学历的评价导向。(39-4-1)

(四) 学术创业政策文本内容分析

1. 奖励政策

教师对学术创业所带来的声誉性荣誉、对学术创业本身的兴趣,这种内在激励是影响教师学术创业的关键影响因素。现有的学术创业奖励激励政策主要关注的是外在的物质激励,内在精神激励政策不足。奖励政策工具使用次数为 24 次(占 15%),其中文本内容包含精神奖励政策只有 2 条。例如,2015 年的《中共中央国务院关于深化体制机制改革加快实施创新驱动发展战略的若干意见》提到要给予科技人员更多的精神鼓励,2016 年《中共中央办公厅、国务院办公厅印发〈关于实行以增加知识价值为导向分配政策的若干意见〉》提出在加大物质收入激励的同时,注重发挥精神激励的作用。

近年来,物质奖励政策加大了对学术创业完成人和做出重要贡献成员的激励力度,2015 年《中华人民共和国促进科技成果转化法(2015 修正)》明确规定以转让、许可和作价投资的方式转化的科技成果,重要贡献人从转让净收入、许可净收入或作价出资获得的股份提取比例由原先的不低于 20% 提高到 50%。对比美国学术创业奖励政策,《联邦技术转移法》规定发明人的个人所得占技术转让总收入的比例约为 15%。显然我国对科技人员的物质激励力度更大。学术创业所得收益涉及学术创业成果的产权归属问题。在 2017《国务院关于印发国家技术转移体系建设方案的通知》提出："探索赋予科研人员横向委托项目科技成果所有权或长期使用权,在法律授权前提下开展高校、科研院所等单位与完成人或团队共同拥有职务发明科技成果产权的改革试点。"可以看出,我国科技成果产权归属政策正逐步放权,由"国家所属"下放至"高校所属",并进一步探索教师和高校共同所属的可行性方案。

2. 宣传政策

宣传政策工具使用中,不足及缺失的现象较为严重,所占频数仅为 3.75%。从政策文本分析来看,直到 2015 年《国务院关于加快构建大众创业万众创新支撑平台的指导意见》才首次提到"加强政策宣传,展示创业成果"。之后,政策的关注点主要集中在"树立创新创业的典型人物和案例,营造创新的良好氛围"。但从实践来看,参与学术创业的教师还处在灰色地带。"鼓励创新、宽容失败"的创新创业氛围还没有形成,宣传政策还没有落地。

3. 消除冲突政策

消除冲突政策工具运用不足,仅占 5.63%,且形式单一,侧重"离岗创业"。早在 1999 年《国务院办公厅转发科技部等部门关于促进科技成果转化若干规定的通知》中就明确提出:"国有科研机构、高等学校及其科技人员可以离岗(一般为两年)创办高新技术企业或到其他高新技术企业转化科技成果"。自 2015 年《国务院关于大力推进大众创业万众创新若干政策措施的意见》发布后,将离岗创业时间由 2 年增加到 3 年。任何一项政策绝不是孤立的,而是要与其他政策配合,形成体系。离岗创业政策也不例外,要想"落地",还需政府出台配套支持。从对政策的文本分析来看,目前缺少相应的配套细则,如离岗期满后返聘制度、科研评价制度、职称评定制度。

4. 环境型政策

环境型工具的使用次数最多,占 52.5%。在该政策工具中,具体包含税收政策、金融政策和知识产权政策,其中金融政策占比最高,占环境型政策总数的一半以上,说明政府主要通过财政资金支持、引导风险资本投入等经济调控政策干预学术创业。例如 2016 年《中共中央办公厅、国务院办公厅印发〈关于实行以增加知识价值为导向分配政策的若干意见〉》(简称《若干意见》)出台之前,高校资产公司在利用无形资产向其他企业入股时,会被征收 25% 的企业所得税。也就是说,高校资产公司的股权投资在尚未取得现金收入的情况下,提前缴纳企业所得税。以技术入股方式参与学术创业的教师，一方面承担预期收益的不确定性风险，另一方面要承担预付税收的成本，削弱了其参与学术创业的积极性。最新出台的《若干意见》中明确提出："对符合条件的股票期权、股权期权、限制性股票、股权奖励以及科技成果投资入股等实施递延纳税优惠政策。"张胜等（2017）指出，暂不缴税，并递延至技术股权退出时在根据实际收益计缴所得税是最有效的作价投资所得税优惠政策，这在英国衍生企业的发展经验中已经得到验证①。此外，2018年最新出台的《关于科技人员取得职务科技成果转化现金奖励有关个人所得税的通知》对科技人员取得职务科技成果转化现金奖励的个人所得税的减免作出了明确规定："给予科技人员的现金奖励，可减按50%计入科技人员当月'工资、薪金所得'，依法缴纳个人所得税。"此项政策的实施，或将破参与学术创业税收过高的障碍因素。

5. 中介服务政策

由频数统计可知，中介服务政策工具占13.75%，2011年后此政策工具运用频繁，反映出中介组织在教师学术创业中发挥越来越重要的作用。从政策文本内容来看，自2002年《科技部、教育部关于充分发挥高等学校科技创新作用的若干意见》提出"推动高校成立技术转移机构"后，我国大学科技中介服务组织从无到有，有了一定的发展。但大学中介组织在建设上依然滞后，管理水平和效能较低，专业化程度不高。科技中介服务的性质决定其从业人员应该是既懂技术，又懂管理、法律的复合型人才。2016年《国务院关于印发实施〈中华人民共和国促进科技成果转化法〉若干规定的通知》中对中介机构建立人员的编制进行了限制，指出高等院校应在不增加编制的前提下建设专业化技术转移机构。由于编制的限制，目前高校从事科技中介的人员，大部分是从科技处等管理部门抽调过来，专业化程度与教师学术创业需要的服务不匹配，成为制约教师学术创业的重要因素之一。高校中介服务人员的定位、权益保障、准入标准，以及科技中介专业人才培养等相关政策仍然缺乏。

6. 科研评价政策

由频数统计可知，科研评价政策工具使用次数为15次（占9.38%），在2011—2015和2016—2018这两个时间段运用最为频繁。虽使用频次不多，但

---

① 张胜，宓洪乐，郭英远.不确定性、知识距离和科技成果转化方式的选择[J].中国科技论坛，2016，(11)：110-114+133.

结合政策文本内容,科研评价出现了新的特点:一是分类评价成为评价政策改革试点的主要任务。如 2014 年《教育部办公厅关于开展高等学校科技评价试点的通知》提到,主要从事创新性研究的科技活动人员,实行原创性代表性成果为重点的评价。主要从事技术转移、科技服务和科学普及的科技活动人员,实行经济社会效益和实际贡献为重点的评价。从事技术支撑和服务的科技活动人员,实行以服务质量与实际效果为重点的评价;二是更加强调学术成果的原创价值和实际贡献。如 2015 年《中共中央、国务院关于深化体制机制改革加快实施创新驱动发展战略的若干意见》提出,评价重点从研究成果数量转向研究质量、原创价值和实际贡献。2016《国务院关于印发"十三五"国家科技创新规划的通知》指出,改革科技评价制度,建立以科技创新质量、贡献、绩效为导向的分类评价体系,正确评价科技创新成果的科学价值、技术价值、经济价值、社会价值、文化价值;三是引入开放评价机制。"同行评议""第三方评价"成为新出现的高频关键词。从行政评价主导转向基础研究以同行评议为主,应用研究和学术创业由用户、市场和专家等第三方参与评价。此外,为了激发教师学术创业的动力,明确提出把学术创业对社会经济发展的贡献与高校教师职务晋升、职称评审、绩效考核等挂钩。

二、我国研究型大学教师学术创业激励政策的优化建议

(一) 国家层面:加强顶层设计,构建学术创业生态系统

1. 物质激励与精神激励并重,建立多元化奖励体系

实证研究表明,教师对学术创业所带来的声誉性荣誉、对学术创业本身的兴趣,这种精神层面的结果预期是影响教师学术创业态度形成的主要因素。一方面,我国政府出台的物质激励政策对研究型大学教师学术创业活动并没有显著的促进作用。上述案例分析也表明,教师从学术创业意愿的产生到实际参与学术创业,并没有受到物质激励政策的调节作用。因此,政府在制定激励政策时不应只关注外在物质激励,还应重视精神激励。通过一系列金钱以外的非物质因素作用于教师,如情感激励、晋升激励、荣誉激励、制度保障激励、宽松的学术创业氛围激励等,使教师参与学术创业富有成就感、得到社会认可、获得学术共同

体的尊重、学术创业本身体现出重要性,在职业上能得到发展。教师的高级层面的需要——精神需要主要通过这些精神激励得到满足,这种高级需要的满足感是从内心深处体会到的,是一种以自我激励为主导的、更持久的激励因素。另一方面,过于强调提高参与学术创业教师的物质奖励,实际上不利于促进教师学术创业。近年来,物质奖励政策加大了对学术创业完成人的激励力度,重要贡献人从转让、许可或作价入股提取比例由原先的不低于 20% 提高到 50%。从实施效果来看,适当提高科研人员奖励比例的确起到了增加收入、激发热情的效果,但随着比例持续大幅上升,这种效应的边际效应将迅速递减,有时甚至下降为"负"[①]。物质激励与美国心理学家赫茨伯格提出的双因素理论中的保健因素相对应,即物质满足一旦达到一定程度,即使物质奖励达到最大程度,也只能防止教师不满情绪的出现,而不一定能使教师对学术创业产生积极的态度,量的增长将不再起到激励作用;此外,教师物质奖励比重越大,意味着其所在院系与高校所得的收益越小,有可能会产生来自反学术创业同行的压力,同时会挤压高校服务教师学术创业人员的收益,势必会削弱从事学术创业中介人员的积极性。

2. 发挥政府引导作用,构建产学研协同创新机制

实证研究表明,社会网络中的产学研合作网络对教师知觉行为控制产生了重要的影响。因此,搭建产学研合作网络,可以促进教师与企业的交流与沟通。教师产学研合作网络规模或数量越大,产学研合作网络关系强度越强,越有利于教师获取更为丰富的资源,从而教师参与学术创业的信心也越强。

基于三螺旋理论,政府、大学和产业三方之间相互协同配合才能实现螺旋式发展。大学是产学研活动的技术支撑方,是科技创新的源泉;企业是学术成果的接受方,以利益追求为动力;政府是通过制定协同创新政策、设计整理规划、配置资源等,起到引导作用。政府、大学和产业基于对其他主体资源的依赖性,通过广泛互动,交互发明成果、资金、市场信息和政策等,使三方优势资源集中在同一组织框架中,形成资源互补效应和协同创新效应[②]。三螺旋理论要求政府、大学和企业三方既相互独立又相互融合,三者是平等的合作关系。在这样平等的三螺旋组织中,政府应由"主导者"变为"引导者"和"保障者",平衡高校和企业的关

---

① 张铭慎.中国宏观经济研究院:谨防加速科技成果转化陷入新误区[EB/OL].(2017 - 07 - 14)[2018 - 05 - 22].http://www.sohu.com/a/157145119_379902.

② 邹波,于渤.试论三螺旋创新模式[J].黑龙江社会科学,2010(05):35 - 38.

系,实现螺旋组织之间的共赢。

近年来,我国产学研结合的模式呈现出多样化发展趋势,但总体上依托短期项目为主,局限于点对点合作。战略层面开展合作较少,缺乏稳定、深度的合作机制。基于此,应以国家重点产业和区域支柱产业的技术创新需求为导向,围绕产业发展共性问题,突破产业发展的关键技术,组建协同创新战略联盟。协同创新联盟以企业为主体,以创造知识产权和重要标准为目标,通过产学研联盟成员的优势互补和协同创新形成的一种持久、稳定的利益共同体[①]。在组织形式上,探索构建非线性化、网络化的政府—大学—企业组织结构,引导大学与多个企业建立联结,形成高密度的关系网络。政府的作用在于制定产学研创新政策、配置资源等,避免干涉联盟的实际运作。比如制定支持产学研合作的各种科技计划。美国国家科学基金会从 1971 年开始,陆续推出了包括工业—大学合作研究中心计划,先进技术计划、先进制造业伙伴计划等,将学术研究和企业发展紧密联系起来。通过制定不同类别的产学研合作计划,将科研投入重点放在符合国家战略目标、需要长期高强度投入的重大科研项目上,以政府前期投入为杠杆,汇聚社会资本,调动产学研各方的主动性。

3. 改善中试环境,健全风险投资机制

实证研究表明,政策因素在教师学术创业意愿和实际创业行为之间起到负向调节作用。从案例研究分析来看,2015 年《促进科技成果转化法》、2016 年《中共中央办公厅、国务院办公厅印发〈关于实行以增加知识价值为导向分配政策的若干意见〉》、2018 年《关于科技人员取得职务科技成果转化现金奖励有关个人所得税的通知》的出台,在一定程度上消除了以许可和技术作价入股形式参与学术创业的政策障碍(主要指税收政策)。但对以创办衍生企业形式参与学术创业的教师而言,政策激励不足,中试环节激励政策尤为缺失。

中试环节是教师产出的学术成果走出实验室到大规模正式生产前的关键性中间环节,其目的在于对实验室成果进行改善、验证以及实现产业化生产。发达国家对科学研究、中间试验、产业化生产三个阶段的资金投入比为 1：10：100,而我国为 1：0.7：100。显然,我国用于中试环节资金投入明显不足。中试阶段投入大、风险高,从银行获取贷款和从资本市场直接融资的可能性很少,依赖于

---

① 中国宏观经济研究院:谨防加速科技成果转化陷入新误区[EB/OL].(2015 - 02 - 06)[2018 - 05 - 18].http://www.360cxy.cn/content/details_63_2097.html.

风险投资的介入。然而,由于高科技产业投资回报率不高,我国风险投资资本严重不足。教师往往因无法获得足够的资金投入,而放弃创办企业。因此,政府需加大中试资金投入力度,从科技专项经费中划拨一部分专门用于高新科技风险投资,委托风险投资机构具体运作。此外,应通过政策引导,逐步形成政府投入为主,民间金融机构、个人资本、境外资本等多元参与的投资体系,拓宽中试资本的来源渠道。

(二) 大学层面: 设置学术创业行为边界,在定义的边界内为学术创业提供支撑

Louis et al(2001)认为学术创业活动可能会对大学传统的教学、科研使命产生影响[①]。大学应该进行公共性的研究,向学术团体和学生传播知识,并通过培养的学生向企业间接转移技术和知识,而不是直接参与到经济发展和具体技术创新中去。出于对大学市场化和产业化的忧虑,人们担心大学开展学术创业会使大学失掉其教育性、学术性和公共性,变得功利、商业和私有,从而沦落为"生产与管理人和物的科学技术基础的附庸"[②]。大学是公共科学利益(Public Commons of Science)的代表,其科学研究成果应该作为公共科学的一部分,向所有社会群体公布,而大学专注于研究成果的商业化会导致其推迟甚至不公开其研究成果,将其弱化作为"开放开学"机构的性质。然而,如 Van Looy et al. (2004)研究表明,目前学术界几乎没有人发现参与学术创业会限制开放科学或者导致基础研究削弱的系统性的证据。在不牺牲学术自由的同时搭建平台,促进学术创业活动[③]。

1. 采取有规则的"放手"策略,鼓励教师学术创业

从上述我国研究型大学教师学术创业的案例可以看出,教师学术创业的成功主要是源于个人的努力和希望得到社会认可的结果预期。教师学术意愿的形

①　Louis K S, Jones L M, Anderson M S, et al. Entrepreneurship, secrecy, and productivity: a comparison of clinical and non-clinical life sciences faculty[J]. The Journal of Technology Transfer, 2001, 26(3): 233 - 245.

②　黄英杰.走向创业型大学: 中国的应对与挑战[J].清华大学教育研究,2012,33(02): 37 - 41+54.

③　Van Looy B, Ranga M, Callaert J, et al. Combining entrepreneurial and scientific performance in academia: towards a compounded and reciprocal Matthew-effect? [J]. Research Policy, 2004, 33(3): 425 - 441.

成是个体驱动的,而不是大学层面自上而下政策的推动。相反,大学自上而下的政策激励反而会产生一些弊端。首先,教师学术创业活动并不适用于所有学科,通常发生在有限的学科。如 Fini et al.(2010)研究表明,生物科学的教师更倾向于基于专利创办衍生企业,而社会学的教师通常从事非商业化活动①。因此,如果由自上而下的政策推动,会让不适合参与学术创业学科的教师产生压力。其次,Mansfied(1998)发现学术研究与私营部门的相关性因行业而异②。某些学科的学术成果产出与企业几乎没有直接相关性。但并不意味着这些学科的产出是没有价值的,而是说明这样的学科本身就不具备参与学术创业的条件。对于大学管理者而言,最重要的是通过消除制度体系内对教师参与学术创业产生的障碍因素,不抑制教师"自发的"学术创业行为的产生,而不是自上而下通过制度化机制鼓励教师学术创业。

2. 深化人事制度改革,出台兼职、离岗创业细则

尽管 2015 年《教育部、科技部关于加强高等学校科技成果转移转化工作的若干意见》中指出:"高校科技人员在履行岗位职责、完成本职工作的前提下,征得学校同意,可以到企业兼职从事科技成果转化,或者离岗创业在不超过三年时间内保留人事关系。"但在"双一流"高校建设背景下,高校聚焦核心使命,把人才培养、科学研究作为首要衡量指标,较少放开落实高校教师离岗创业、兼职创业的具体规定。从目前实践情况来看,仅有武汉大学、华中科技大学等高校出台了允许和鼓励在校教师、兼职创业细则,多数高校离岗创业政策尚未落地。配套政策的不完善和高校模糊的态度会造成一部分有学术创业意愿的教师采取观望的态度,无疑会打消其学术创业的热情和积极性。为此,一是高校管理者应正确看待教师学术创业,研究型大学教师作为开发高新技术的主力军,参与学术创业对实现国家产业转型升级具有重要的推动作用。学术创业是促进科技成果转化为现实生产力的重要手段,也是高校社会服务职能的一种深化。人才培养、科学研究和研究型大学的第三使命"推动经济与社会发展"并非完全对立的,在一定的边界内可将三者进行协同。在不以牺牲教学、科研为代价的情况下,出台平衡教

---

① Fini R, Lacetera N, Shane S. Inside or outside the IP system? Business creation in academia[J]. Research Policy, 2010, 39(8): 1060-1069.

② Mansfield E. Academic research and industrial innovation: An update of empirical findings[J]. Research policy, 1997, 26(7): 773-776.

学、科研和学术创业的人事政策,如教师在兼职、离岗创业期间的指标考核和需完成的教学科研任务、学术成果知识产权的处置和收益分配政策、职称评定制度、工资和福利待遇如何配置、教师返岗政策等,解决教师学术创业的后顾之忧。二是出台兼职、离岗创业的教师的评价筛选标准,比如兼职企业是否属于"科技创新型企业","兼职、离岗创业活动是从事学术创新、创业活动还是一般化商业行为"。此外,高校应组织对学术创业项目进行筛选,聘请相关中介机构对项目学术成果的商业价值、可行性、风险性进行评估,从中选出适合的项目展开试点,鼓励一批有条件、有能力、有资源基础的教师参与学术创业,而非所有教师。

3. 破除考核评价机制障碍,激发教师学术创业活力

实证研究和案例研究表明,考核评价机制已成为目前阻碍研究型大学教师参与学术创业的重要因素之一。我国科研评价通常以论文、著作、项目的数量和级别作为衡量教师科研水平的重要指标,并与教师的职称评定、绩效考核、项目申请等挂钩。在"定量评价"风向标的作用下,必然导致教师在研究中的"成果数量取向""短期利益取向"。针对"教师创业"作为科研评价指标未落实的问题,应逐步推进评价政策由"成果数量"向"实际贡献"转变,由"单一评价"向"分类评价"转变,由"行政评价主导"向"开放评价"转变。一方面,将教师学术创业的实际贡献作为职称评聘、岗位聘用的重要依据。破除束缚教师创业的评价机制,大力促进教师参与教师创业。另一方面,出台政策鼓励学校对教师进行分类管理、分类评价。对于从事基础研究的教师,评价侧重论文发表的数量和质量,对于从事应用研究的教师,将评价的重点放在学术成果的实际贡献、经济价值和社会效益上。如江苏省建立有"校企双聘""产业教授"等制度,并对聘任的教师设立"技术推广与服务岗位",提供教师学术创业的机会①。科研评价体制的完善,能够在很大程度上激励教师,尤其是青年教师创业行为,提升教师的教师创业能动性。

4. 强化群体参照压力,营造学术创业氛围

实证研究表明,大学组织、领导、同事以及榜样等都正向影响教师学术创业主观规范,进而影响教师学术创业意愿。教师是群体的一员,其行为往往会受到参照群体的影响。由于我国集体主义文化的影响,强调教师的行为符合社会规范和角色期待,个人更依赖于他人的认可来获得尊重或避免惩罚。因此,高校可

---

① 易高峰.我国高校学术创业政策演化的过程、问题与对策——基于 1985—2016 年高校学术创业政策文本分析[J].教育发展研究,2017,37(05):70-76.

通过营造教师群体间的良性竞争和参照群体压力,树立学术创业的典型人物和案例,让教师感受到群体间的压力,内化为学术创业意愿的驱动力,进而激发其学术创业行为。

5. 打通学术成果与市场对接的通道,补齐学术创业短板

目前,高校产业集团是代表高校持股的主体,资产规模大,股权管理和处置过程非常复杂,不能适应新兴科技公司的需要。此外,高校产业集团参照国资企业承担国有资产保值增值的要求,而学术创业风险高、回收收益周期长,造成产业集团缺乏积极性。从上述案例分析可以看出,上海交通大学成立的知识产权管理有限公司,作为与市场对接的处置主体,可通过技术作价入股持股,专门对接市场,成为进行市场活动的"经济法人",促成了一批教师以技术入股的形式参与学术创业。不同于一般意义的校办企业,"公司制"的学术创业服务机构既是具有独立法人资格的企业,同时也是隶属高校的二级单位,专注于服务教师学术创业管理和运作。作为独立市场主体与有意愿参与学术创业(技术入股)的教师建立委托—代理关系,为教师学术创业提供了通道。

此外,由于高校学术研究和市场需求之间的信息不对称,学术创业服务平台在高校和企业之间建立联系,起到桥梁作用。到目前为止,我国几乎所有的研究型大学都成立了学术创业服务平台,但科技中介力量薄弱,在建设上依然滞后,无法将教师的学术成果与企业对接。大部分科研成果在初始阶段尚处于"半成品"状态,学术创业的过程需要教师的持续参与。如 Jensen & Thursby(2001)研究表明 71% 的学术成果需要教师进一步参与才能成功商业化,48% 的成果处于概念化验证阶段,29% 处于原型实验室阶段,只有 8% 进入生产可行性评估[①]。学术创业的复杂性和高风险决定了从事学术创业服务人员需要全面的知识结构,而目前我国研究型大学学术创业服务人员业务水平、专业度有所欠缺,无法提供专业的学术创业服务,会造成一部分教师陷入本该由高校学术创业服务平台处理的成果判定、许可协议、法律、会计、企业经营管理等工作中,花费大量时间精力,而无法专心科研。此外,一部分高校中介服务平台不能适应市场需求,导致学术成果与企业之间不能有效对接,使教师学术创业陷入僵局。因此,当务之急是加强高校学术创业服务平台的人才队伍建设。一方面,制定高校中介组

---

① Jensen R, Thursby M. Proofs and prototypes for sale: The licensing of university inventions[J]. American Economic Review, 2001, 91(1): 240-259.

织专业人员的准入政策、薪酬奖励政策,明确对辅助教师学术创业的中介人员的奖励激励措施,改变中介服务人员在高校被边缘化的状态。另一方面,填补高校学术创业服务专业人才学科设置的空白,形成专门人才的系统化培养机制,培养一批熟知技术、法律、金融、管理的复合型人才。同时,完善中介人员的培训制度,通过聘请科技、政策、管理等方面的专家举办讲座、培训等,提高高校中介服务人员的素质。

(三) 个人层面: 转变观念,服务创新型国家建设

1. 树立学术创业意识,提高学术创业能力

国家创新驱动发展战略的实施,对高校的发展提出了新的使命,直接服务社会已成为目前高校的主要功能之一。学术创业是研究型大学社会服务职能的一种深化,是促进科技与经济融合的重要手段。作为直接承担社会服务功能的教师而言,应该认识到国家宏观格局的变化以及学术创业对创新型国家建设的重要性,以更积极的态度面对时代对教师提出的转型要求。首先,在选题阶段,要树立"问题导向"意识。申请课题之前要了解企业需求,分析解决技术及其相关的科学问题。其次,教师要主动披露高质量发明。由于教师选择性披露发明,我国约 15.13% 的教师发明未向高校披露或备案就实施了权属转移,尤其高价值发明流失严重。再次,教师要具有学术成果商业化的意识,不以专利申请作为项目结题的终点,还需进一步思考其市场化前景。最后,教师还应充分利用大学的各种资源,获取学术创业知识,提升学术创业能力。

2. 明确个人定位,在教学、科研和学术创业之间寻求平衡

实证研究结果表明,角色冲突负向影响教师创业知觉行为规范,进而影响教师创业意愿。社会心理学家古德认为个体面临角色冲突时,可从三个方面来决定角色的取舍:一是该角色对个体的意义;二是放弃某些角色可能产生的后果;三是拒绝某种角色后周围人的反应[①]。弗拉特提出角色调适的策略,包括选择、妥协和退出。如果可能,在规范之间进行选择;如果不可能,在规范之间进行妥协;如果其他所有手段都失败,则从情景中退出。从问卷统计和案例研究可以归纳出教师面临角色冲突时所采取的调适策略包括两种:混合和退出。混合是指

---

① 时广军.高校青年教师的角色冲突: 社会风险论视角[J].江苏高教,2017(09): 54-58.

同时承担"学者"和"教师创业者"这两种角色,通过妥协偏重某一角色而达到相对平衡的状态。退出是指当角色冲突程度大到自己无法控制时,个体会权衡利弊,放弃某一角色。因此,大学教师对自己个人职业发展应有清晰的定位,明确偏向学术研究或学术创业。可通过衡量自己时间、精力,合理选择学术创业形式。以许可、转让或技术入股参与学术创业的过程中,教师应将自己定位为"学术创业—研究方",只负责技术的研发与总体方案设计,与企业对接的过程尽可能交给高校的学术创业中介服务机构,避免陷入涉及法律、会计、合同拟定、企业管理等事务性工作中。以创办衍生企业的形式参与学术创业的教师,要清楚创业是一个系统化的工程,技术只是一个方面,可通过聘请职业经理人管理企业来缓解产生的角色冲突。此外,从上述案例中,可以看出"替代"也是缓解角色冲突的策略,即由于角色扮演者希望同时扮演多种角色而无法兼顾时,可以让他人,一般是团队成员替代自己扮演其中一个角色,从而消除角色冲突。

第 *8* 章

主要结论与展望

一、主要结论

本书主要对以下三个关键问题进行了研究：① 影响我国研究型大学教师学术创业的关键因素是什么？即是什么因素促使大学教师由"学者"向"学术创业者"角色的转变？② 我国研究型大学教师学术创业的影响机理是什么？③ 促进我国研究型大学教师学术创业应制定什么政策？围绕这三个问题，本文展开了较为深入的理论分析和较为系统的实证研究，得到了以下主要结论：

1. 基于扎根理论识别出影响我国研究型大学教师学术创业的关键影响因素

以计划行为理论为指导框架，通过对 20 名研究型大学教师的深度访谈，运用扎根理论研究方法，识别出影响我国研究型大学教师学术创业的关键影响因素。结果发现，我国研究型大学教师学术创业主要受到结果预期、人力资本、社会网络、参照群体、角色冲突、学术创业态度、主观规范、知觉行为控制、情境因素等的影响。其中，结果预期由物质预期、社会化预期、自我评价预期三个维度构成；参照群体由组织、院系领导、同事、榜样四个维度构成；人力资本由学术研究水平、先前经验、学术创业能力三个维度构成；社会网络由个人网络、产学合作网络、支持性网络三个维度构成；角色冲突为单一维度；情境因素由政策因素、考核评价机制、大学中介机构三个维度构成。

2. 揭示了我国研究型大学教师学术创业的影响机理，并分析不同学术创业形式下教师学术创业影响机理的差异

通过对 214 份调查问卷的实证分析，运用 AMOS21.0 软件验证了我国研究型大学教师学术创业影响机理模型。实证结果表明，物质预期对教师学术创业态度没有产生显著影响，社会化预期和自我评价预期对教师学术创业态度产生

显著的正向影响；组织、领导、同事及榜样都会对教师学术创业主观规范产生显著的正向影响；角色冲突对教师学术创业知觉行为控制产生显著的负向影响；学术研究水平对教师学术创业态度、知觉行为控制没有产生显著影响，先前经验和学术创业能力对知觉行为控制产生显著的正向影响。学术创业态度、主观规范和知觉行为控制均正向影响学术创业意愿。其中，教师学术创业态度对教师学术创业意愿的解释力最强。教师学术创业态度是教师对学术创业行为正向或负向的评价，教师学术创业态度正向影响学术创业意愿，即教师对学术创业的态度越积极，教师参与学术创业的意愿则越强烈。

通过对情境因素的调节效应检验，结果发现：情境因素在教师学术创业意愿和实际学术创业行为之间起到调节作用。其中政策因素负向调节教师学术创业意愿和学术创业行为；考核评价机制负向调节教师学术创业意愿和学术创业行为；大学中介机构正向调节教师学术创业意愿和学术创业行为。

通过对不同变量下教师学术创业行为的分析，结果发现：不同年龄、性别、学科门类、研究类型下，教师学术创业行为均具有显著差异。其中男性教师比女性教师更偏好学术创业行为；年龄在40岁以上的教师与年轻教师相比，参与学术创业更积极；拥有正高级职称的教师与副高级、中级及以下教师相比，更多地参与到学术创业活动；拥有正高级职称的教师与副高级、中级及以下教师相比，更多地参与到学术创业活动。

运用案例研究方法，选取三种不同形式的学术创业：许可、技术作价入股和创办衍生企业的案例，对前文提出的我国研究型大学教师学术创业影响机理模型进行进一步验证。结果表明：三种不同形式的学术创业进一步验证了前文实证部分的结论，且不同学术创业形式影响机理存在一定的差异。

3. 提出了激励我国研究型大学教师参与学术创业的对策建议

基于构建的我国研究型大学教师学术创业影响机理模型，分别从国家层面、大学层面、个人层面提出了激励我国研究型大学教师学术创业的激励对策。

从国家层面而言，应加强顶层设计，构建学术创业生态系统。具体建议包括：① 物质激励与精神激励并重，建立多元化的奖励体系；② 发挥政府引导作用，构建产学研协同创新机制；③ 改善中试环境，健全风险投资机制。从大学层面而言，应设置学术创业行为的边界，在定义的边界内为学术创业提供支撑。具体建议包括：① 采取有规则的"放手"的策略，鼓励教师学术创业；② 深化人事制度改革,出台兼职、离岗创业细则;③ 破除考核评价机制障碍,激发教师学术创业活力;④ 强化群体参照压力,营造学术创业氛围;⑤ 打通学术成果与市场对接的通道,补齐学术创业短板。从教师个体层面而言,应转变观念,服务创新型国家建设。具体建议包括:① 树立学术创业意识,提高学术创业能力;② 明确个人定位,在教学、科研和学术创业之间寻求平衡。

二、研究局限和展望

由于学术创业是一个非常复杂的现象,国内外仍有相当数量的文献在探讨它的概念和特征。学术创业影响因素复杂多样,本书只是尽可能地从教师层面探讨涵盖多重因素的模型,但仍有一些局限。这些存在的局限或值得后续研究深入之处主要包括:

1. 我国研究型大学教师学术创业影响因素有待进一步识别

本书对研究型大学参与学术创业的教师进行了深度访谈,获得了第一手的相关资料,基于计划行为理论,构建了我国研究型大学教师学术创业影响机理模型,开发了其测量问卷,这对后续的相关研究者有一定的参考价值。但这些因素是否全面,维度的设置的相对重要性都有待进一步的深入研究。

2. 部分假设未通过验证,有待更多的实证

本书对我国研究型大学教师影响机理模型进行了尝试性的构建。尽管该模型在基于 214 份问卷为样本的实证研究中表现出了较好的信度和效度,然而这个构念还需要一系列大规模实证的检验和确认。虽然对理论模型进行实证研究时,部分研究假设未通过验证是普遍和正常的现象,本书中物质预期与学术创业态度,学术研究水平、支持性网络与知觉行为控制在深度访谈以及文献论述中均属于比较重要的指标,但本书并未通过验证,这有多方面的原因,亦给予了一定的讨论和分析,后续研究将持续关注。

3. 数据样本局限性

本书样本大多来源于沿海经济发达省份的大学,而教师参与学术创业会受到当地经济水平的制约。因此,在后续的研究中,本书研究结论有必要在不同的地域进行更进一步的验证,进一步完善我国研究型大学教师影响机理模型。

附录 A：访谈提纲

（1）您对研究型大学教师参与学术创业的看法是什么？您认为教师有没有必要进行学术创业？为什么？

（2）请您谈谈您参与学术创业的经历（专利许可、技术入股、衍生企业）。

（3）您参与学术创业的动机是什么？

（4）您认为影响您参与学术创业的主要因素有哪些？

（5）您参与学术创业是否受到外部激励？请谈谈是哪些？（如政策支持、薪酬以及考核评价机制等）。

（6）您是否想要参与学术创业，但是受到一些因素的影响而放弃？是受到哪些因素的影响？

（7）当学术研究和学术创业相冲突的时候，您是如何解决的？

附录 B：开放式编码举例

原　始　资　料	开放性编码（概念化）
其实像我感觉，欧美的大学，除非有特别有价值的成果他们才会进行转化，(a1)一般的 90％的教师都是在学校里面做基础研究(a2)。这个研究假如说是应用方面，主要是支撑企业或者是领域、科技往前发展，作为他们的主要目标(a3)。大学作为国家的大脑，展望国家未来的科技。但在中国，包括在美国、英国，现在的科研，应用研究往往最终目标都是投到应用上，所以现在很多的研究，都有应用的背景(a4)，教师也都希望转化(a5)。但转化呢，欧洲跟中国不一样，往往有大企业合作，成熟的运作机制(a6)，教师只需要在大学里做出有前景的成果，这是第一步，后面的程序由专人来做(a7)。这样的话，教师压力小，可以将精力全放在做研究上，做的东西效率高、成果多也好。但是在中国，有个问题是没有成熟的将成果转化的企业、团队(a8)，所以大部分时间，都是由教师一个人来做。但是人的精力有限(a9)，有时候有心无力，教师很难做好(a10)。有一些成果也是大多是办个小公司，想做大很难很难(a11)。做大，教师背后必须要有专业的团队，各方面比较强的企业与教师合作才可以(a12)。 　　参与学术创业，一方面是响应国家"大众创业、万众创新"(a13)，并且最好的是能够提高个人收入(a14)，另外一点是能够让成果得到应用，你在市场上和社会上体现个人价值(a15)。所以，动力在有两点：一是让自己的梦想能够实现(a16)；二使能够给自己带来收入的好处(a17)。应用研究最终必须要走向市场，所以创业的必要性肯定是有(a18)，但不是所有人的研究都会走向市场，因为有很多市场未必认可，或者技术成熟度没那么高，或者是做的这个领域并不是特别突出(a19)。比如像很多研究，有些研究偏基础的很难走向市场，要么你做得不够先进，也很难走向市场。 　　学术创业总体我是支持的，人总要学有所用(a20)。对于我本人而言，本身是应用性很强的行业，过去跟英国合作，包括现在跟西门子合作，他们给的研究目标很直接，就是要提高产品性能，为我下一代研发产品。所以我们针对企业给出的问题，很快就展	a1 成果转化的前提 a2 基础研究 a3 应用研究 a4 研究具有应用背景 a5 科技成果转化意愿 a6 转化机制成熟 a7 成果转化程序 a8 缺少成熟的将成果 　　转化的团队 a9 精力有限 a10 有心无力 a11 创业难度大 a12 专业团队 a13 响应号召 a14 提高个人收入 a15 体现个人价值 a16 梦想实现 a17 提高个人收入 a18 创业的必要性 a19 对创业的看法： 　　不是所有人都要 　　创业 a20 对创业的态度： 　　支持

续　表

原　始　资　料	开放性编码（概念化）
开研究,很快就成果转化,但是转化跟我们没关系,这是我们做的项目,企业负责转化的。但是我们做的研究是非常偏向应用的,所以我也有创业的想法(a21),一方面我能学有所用(a22),另一方面我能给我团队的人有一个出路(a23)。现在有很多博士生非常优秀,我如果可以创业,可以帮助我的博士生提高待遇(a24)。大家是一个团队,希望长时间共事。我跟我导师,相识13年,相处很好。学生里有很多很好的人才,他要去企业,有可能为了赚钱浪费了专长。我现在就想我通过创业,我让他们学的东西不浪费,主要解决生活问题(a25)。	a21 创业想法 a22 学有所用 a23 为团队寻求出路 a24 解决博士生经济问题 a25 解决生活问题
技术入股、许可我都参与过(a26),未来准备创办企业(a27)。我们和企业合作,在国外的话,所有的资助都来自企业,他们跟学校签订框架协议,即双方约定基础研究的论文可以自己发表,但是应用成果归公司,由公司申请专利。在过去,学校往往比较看重个人名声,在世界上或者在领域上有一席之地。国外教授对赚钱不是特别感兴趣,他们常说"想赚钱就不要来学校",不过也有人两者兼顾比较好的。像我在国外读书时的系主任,自己开了公司并且上市,还是院士(a28,a29)。我在国外技术入股都没做过,因为所有应用成果都归公司了。回国后,我想创业(a30),和政府、企业也谈过,技术入股很多。	a26 学术创业的方式 a27 创业意愿 a28 国外求学经历 a29 系主任的影响 a30 有创业意愿
教师不具体参与公司内部运营,所以教师的利益很难保证(a31)。再好的东西,归根结底还是人,人很重要,你跟他合伙的人要信赖(a32),或者是有具体的制度把它框起来(a33)。一般来讲,老师在这方面都不擅长。技术入股这方面,我们现在是有信任的人,目前来讲没问题。最好是学校来做,学校后台来支持才可以(a34),否则靠老师个人,连法律条文都读不懂。	a31 技术入股难以保证教师利益 a32 建立在信任的基础上 a33 制度规范 a34 技术入股需求学校后台支撑
应用型研究,最终目标是走向应用,推向市场(a35)。首先你工作的重要性跟应用并不矛盾。我赚钱我的工作一定落下,不是这样的。你把你的成果应用了,反过来可以推动你的工作更进一步。比如我们过去跟劳斯莱斯合作,包括现在跟西门子合作,我们在企业应用方面得到的信息,能够对我们的工作有很大的促进作用(a36)。另外一个就是创业能够体现个人价值,同时给团队好的出路。我参与学术创业的动机是促进我研究的水平(a37)、体现个人价值(a38)、提高收入(a39)。	a35 应用型研究 a36 成果转化促进科学研究 a37 促进研究水平提升 a38 体现个人价值 a39 提高收入
影响学术创业的主要因素首先是学校。学校支不支持是非常重要的(a40)。因为老师作为学校的员工,首先考虑的你在学校这一块,你要满足学校的考核要求。比如现在学校的考核机制,每年要求发多少论文,拉多少经费(a41)。这就导致老师没有多少精力去创业(a42)。其次是资金。教师没有大量资金,受到资金限制(a43)。出去找外面的钱,外面往往是需要看到技术有前景,看到实物时,才会投资(a44)。而在学校里,如果没有钱,是	a40 学校对教师学术创业的态度 a41 学校考核机制 a42 没有精力去创业 a43 资金限制 a44 投资有前提条件

原　始　资　料	开放性编码（概念化）
做不出实物的，这就会有矛盾。教师需要最初的投资，让我的成果能让投资方看得见，但投资人只有看到实物才会投资，所以就焦灼在这里，很多这种情况。说得更具体一些，有些成果，比如实验室的一个某项研究成果，需要买一个好设备，需要投入一笔钱，才能够做出原型或者样品，才能让大家看得见，投资公司或者企业才愿意投钱（a45）。我们的投资方与国外不同，我们这边的纯粹为了赚钱，看到 80％、90％的希望，才愿意投资，国外，如硅谷，你有想法，在没赚钱之前，会有很多愿意支持你的机构。国内有，如孵化器、种子基金，但这些钱太少，几百万、几十万、干不了事情（a46）。这种适合成本小的，比如成立小公司做个 IT，也许有人可以脱颖而出，大部分人这些钱远远不够。	a45 投资体制不健全 a46 目前孵化器作用不大
目前大学科技园都没有发挥作用（a47）。像很多教授最开始创业，不可能立马就能赚钱，带来就业机会或很大社会影响。所以现在这个阶段只能是少数人创业，不会是万众创业。吸引的只是少数人。比方说是院士，有名望，圈子里认可，他们欢迎这类人。也有部分教师，但很少。（和国外差别还是很大，国外就是孵化器就起到为教师提供启动资金的作用）国外是社会为主导的。国内，年轻教师，没有名望，很难申请到、被认可，或者到外面拿到资金。国内还是名望、关系的社会。	a47 目前大学科技园难以发挥孵化器作用
学校的中介机构没起到作用，支持上远远不够。学校中介机构不了解教师的需求，所以支持不了（a48）。中介机构目前只支持能跟他说得上话的人，关注大项目，为大项目服务，小的项目不会顾及。国外学校如 TTO，会有专业人员，协助科技成果转移转化（a49）。	a48 学校 TTO 支持力度不够 a49 管理机制
学术创业的激励政策肯定有，但政策支持作用不是决定性的（a50）。薪酬方面，只要给钱，肯定愿意要。评价方面，就是对自己工作的认可，你想让你的工作各方面做好。这不是最重要的，最重要的激励是，就像需求层次理论一样（a51），我能够得到认可（a52），另一个是有钱，可以把学生搞好，团队搞好。我认为最重要的激励是经费。教师离岗创业的政策作用不大，对在学术上走上坡路的老师，这个没有吸引力。对于年轻教师，想走学术这条路，从金字塔的底端爬到杰青、长江、院士。45 岁以下是一个坎，对年轻教师而言，浪费了几年，论文数量会有很大影响。对 45 岁之后的教师可能有，过去限制过死，现在宽松一些，对我是没有吸引力（a53）。	a50 政策扶持力度不够 a51 需求层次理论 a52 得到认可 a53 离岗创业政策对年轻教师作用不大
我认为阻碍因素主要是双方不信任，如 ＊＊ 市，原先说给我们几千万做研究，最后推向市场，但效率慢，条件苛刻，后来慢慢不了了之了。我现在签的合同，＊＊ 大学规定在 ＊＊ 大学拿薪资后，不能再在其他企业拿薪资。有的企业拿你的技术，并不是真正想做研究，他们可能故事比较好，在资本市场进行包装，我们不	

原　始　资　料	开放性编码(概念化)
太进行这方面合作(a54)。	a54 市场不规范
我参与学术创业,跟我国外求学、工作经历有很大关系。有的,国外我周围有很多人,在学术方面非常厉害的人,后来做企业也做得很好,并且研究保持得很好,这些人对我影响很大(a55、a56)。应用科学一定要应用的,做基础研究有人在做,应用研究你就搞应用。不是单纯为了评职称、发论文,因为这个东西过几年就会淹没在论文海中,大家也就把你忘记了。应用,能够为社会做一点点贡献还是有好处的(a57)。	a55 国外求学工作经历 a56 周围人的影响 a57 贡献社会
学术创业和学术研究还是有冲突的,主要是时间上(a58)。所以在学术创业上,我主要是找我信得过的朋友,他们有专长,比如有些对企业管理非常有经验,我只负责技术支持,个人利益通过协商,制度定下来。剩下的你来做,具体的经营交给更专业的人去做。我认为教师还是主要把自己的研究这块做好,生产方面有生产的人,管理有管理的人,对外销售有销售团队,外部资金注入有专业人员,教授只管自己做研究。跟国内目前提的创业理念、认识上有所偏差(a59)。	a58 存在冲突：时间 a59 国内对创业认识 有所偏差

附录 C：预测试问卷

研究型大学教师学术创业-调查问卷

尊敬的专家/学者：

您好！

促进大学教师学术创业是我国经济转型、建设创新型国家的有效途径。为了进一步了解我国研究型大学教师学术创业的现状，探寻影响教师学术创业的关键影响因素，探索出一套适合中国国情的教师学术创业激励机制，特邀请您参与调查，您宝贵的意见将是我们成功的关键！

烦请您于百忙中协助完成这份问卷，问卷匿名，所获得数据只用于科学统计分析，且严格保密，衷心感谢您的支持和协助！

祝您万事如意！

问卷的相关专有名词解释参考：

学术创业：学术创业是大学教师通过运用创新创业资源，基于科研成果商业化的过程。教师所参与的学术创业活动，包括许可、技术转让和创办衍生企业。

许可：教师许可他人在一定期限、一定地区、以一定方式使用其所拥有的科研成果，并向他人收取使用费用。

技术转让：教师通过一定的途径将科研成果直接出售给企业，或者通过技术入股的形式将自己的科研成果商业化。

衍生企业：教师基于自己的科研成果创办企业。

科研成果包括：知识、专利、设计、原形、硬件、软件、工艺、技能及管理技巧。

一、基本情况

1. 年龄：(1) 21—30 岁　　(2) 31—40 岁　　(3) 41—50 岁　　(5) 50 岁以上

2. 性别：(1) 男　　(2) 女

3. 受教育程度：(1) 本科　　(2) 研究生　　(3) 博士

4. 您的职称：(1) 正高级　　(2) 副高级　　(3) 中级　　(4) 初级及以下

5. 您所在的学科门类是：

(1) 人文社科(哲学、经济学、法学、教育学、文学、历史学)

(2) 理学　　(3) 工学　　(4) 农学　　(5) 医学　　(6) 管理学

(7) 艺术学

6. 您所从事的研究工作类型是：

(1) 基础研究　　(2) 应用基础研究　　(3) 应用研究　　(4) 技术开发

7. 您的职业发展定位是：

(1) 专注顶尖科学研究　　(2) 侧重学术研究,兼顾学术创业

(3) 偏向学术创业,同时也进行学术研究　　(4) 专注学术创业

8. 您的头衔：

(1) 院士　　(2) 973 首席　　(3) 长江学者

(4) 教育部新世纪优秀人才　　(5) 国家杰青科学基金得主

(6) 其他＿＿＿＿＿＿＿

二、学术创业行为

1. 在大学工作期间,您是否将自己的科研成果许可给企业?

(1) 是　　(2) 否

2. 在大学工作期间,您是否将自己的科研成果转让(包括一次性转让和技术入股) 给企业?

(1) 是　　(2) 否

3. 在大学工作期间,您是否基于自己的科研成果创办衍生企业?

(1) 是　　是否拥有自主知识产权＿＿＿＿＿＿　　研发投入占比为＿＿＿＿＿＿

(2) 否

三、学术创业影响因素

请您按实际情况对每个题项做出判断,在相应的数字上打"√"。(以下各题项为随机排序,请勿受排序先后影响。)

序号	题 项	完全不同意	不同意	有点不同意	一般	有点同意	同意	完全同意
		1	2	3	4	5	6	7
1	我愿意参与学术创业。							
2	我打算参与学术创业。							
3	我会尽一切努力参与学术创业。							
4	未来 5 年我参与学术创业的可能性很大。							
5	我认为参与学术创业是明智的选择。							
6	我喜欢参与学术创业。							
7	我认为参与学术创业是有价值的。							
8	参与学术创业会使我感到愉悦。							
9	绝大多数对我重要的人认为我应该参与学术创业。							
10	绝大多数对我重要的人希望我参与学术创业。							
11	绝大多数对我重要的人赞成我参与学术创业。							
12	对我而言,参与学术创业很容易。							
13	只要我愿意参与学术创业,我有信心成功。							
14	是否参与学术创业,完全取决于我。							
15	学术创业所需的资源、时间等完全在我的控制范围内。							

16. 近五年您发表 SCI 论文的数量总共为：_____ 篇。

   (1) ≤1   (2) 1.1—5.0   (3) 5.1—10.0

   (4) 10.1—15.0   (5) >15.0

17. 近五年您出版学术专著的数量总共为：_____ 部。

   (1) ≤1   (2) 1.1—2.0   (3) 2.1—3.0

   (4) 3.1—4.0   (5) >4.0

18. 近五年您所获得项目的实到经费总额为：_____万元。

    (1) ≤100   (2) 101—500   (3) 501—1 000

    (4) 1 001—1 500   (5) >1 500

19. 在 Web of Science 数据库中, 近五年您所发表文章的最高被引用次数为:

    ____次。

    (1) ≤1   (2) 1.1—50.0   (3) 50.1—100.0

    (4) 100.1—150.0   (5) >150.0

序号	题　项	完全不同意	不同意	有点不同意	一般	有点同意	同意	完全同意
		1	2	3	4	5	6	7
20	我认为参与学术创业可以增加个人收入。							
21	我认为参与学术创业可以为研究团队提供额外的收入来源。							
22	我认为参与学术创业可以为推动现有研究获取额外资金。							
23	我认为参与学术创业可以增强自己在学术圈的声誉。							
24	我认为参与学术创业可以提高自己在社会上的认可度。							
25	我认为参与学术创业可以拓宽自己的关系网。							
26	我认为参与学术创业可以满足个人兴趣。							
27	我认为参与学术创业可以实现个人价值。							
28	我认为参与学术创业可以获得成就感。							
29	我有丰富的企业工作经验。							
30	我有很多参与学术创业成功或失败的经验。							
31	我能识别出具有潜力的市场。							

续　表

序号	题　　项	完全不同意	不同意	有点不同意	一般	有点同意	同意	完全同意
		1	2	3	4	5	6	7
32	即使面临逆境我也会坚持下来。							
33	我能够有效地领导、激励和监督员工。							
34	我能及时调整战略目标和经营思路。							
35	我能利用各种方式进行融资。							
36	我能协调好学术和学术创业存在的矛盾。							
37	在读书期间,我接受过很多与学术创业相关的教育。							
38	在读书期间,我参加过很多与学术创业相关的实践活动。							
39	我所在大学对教师参与学术创业态度是积极的。							
40	我所在大学希望教师参与学术创业。							
41	我会遵从组织希望去参与学术创业。							
42	我所在院系领导希望我参与学术创业。							
43	我所在院系的领导参与了学术创业。							
44	我会遵从院系领导希望去参与学术创业。							
45	我周围同事希望我参与学术创业。							
46	我周围的同事有很多参与学术创业。							
47	我会遵从同事希望去参与学术创业。							
48	我的榜样希望我参与学术创业。							

续 表

序号	题 项	完全不同意	不同意	有点不同意	一般	有点同意	同意	完全同意
		1	2	3	4	5	6	7
49	我的榜样人物（例如导师、学长、父母等）参与了学术创业。							
50	我与亲人建立了良好的关系。							
51	我与朋友建立了良好的关系。							
52	我与同事建立了良好的关系。							
53	我经常与企业开展合作、合同研究。							
54	近五年我的研究经费大部分来自企业。							
55	我经常为企业提供技术咨询。							
56	我与税收、工商等政府职能部门建立了良好的关系。							
57	我与行业协会、商会等中介机构等建立了良好的联系。							
58	我与公众媒体建立了良好的联系。							
59	由于我在学术研究上投入大量时间，我只能放弃参与学术创业。							
60	追求真理的科学研究和追求利益最大化的学术创业，二者难以兼顾。							
61	参与学术创业这件事会符合某些人的要求，但未必能符合其他人的要求。							

四、情境因素

请您按实际情况对每个题项做出判断，在相应的数字上打"√"。（以下各题项为随机排序，请勿受排序先后影响。）

序号	题　项	完全不同意	不同意	有点不同意	一般	有点同意	同意	完全同意
		1	2	3	4	5	6	7
1	国家出台了一系列鼓励教师学术创业的税收减免政策。							
2	国家出台了一系列鼓励教师学术创业的金融扶持政策。							
3	在专利许可、技术转让的收益分成上，我认为分配合理。							
4	国家为参与学术创业的教师提供简化便捷的登记审批程序。							
5	参与学术创业对教师绩效考核、晋升职称有很重要的作用。							
6	参与学术创业对教师申请课题有很重要的作用。							
7	参与学术创业对教师工资、补贴、福利有很重要的作用。							
8	我校有专设机构协助教师评估学术发明的商业价值。							
9	我校有专设机构发布企业技术需求，为教师和企业的沟通牵线搭桥。							
10	我校有专设机构对许可方进行监管并向教师反馈。							
11	我校有专设机构为教师参与学术创业提供培训和咨询。							
12	我校有专设机构为教师参与学术创业提供财务、工商、税务等服务。							
13	我校有专设机构为教师参与学术创业提供种子基金，并帮助教师获得各种社会资金支持。							
14	我校有专设机构为教师参与学术创业搭建了公共技术开发平台和中式平台。							

五、开放式问题

您认为参与学术创业,最大的障碍因素与最有效的激励方式是什么?

_____

_____

_____

_____

问卷到此结束,再次衷心感谢您的支持!

附录 D：正式问卷

研究型大学教师学术创业-调查问卷

尊敬的专家/学者：

您好！

促进大学教师学术创业是我国经济转型，建设创新型国家的有效途径。为了进一步了解我国研究型大学教师学术创业的现状，探寻影响教师学术创业的关键影响因素，探索出一套适合中国国情的教师学术创业激励机制，特邀请您参与调查，您宝贵的意见将是我们成功的关键！

烦请您于百忙中协助完成这份问卷，问卷匿名，所获得数据只用于科学统计分析，且严格保密，衷心感谢您的支持和协助！

祝您万事如意！

问卷的相关专有名词解释参考：

学术创业：学术创业是大学教师通过运用创新创业资源，基于科研成果商业化的过程。教师所参与的学术创业活动，包括许可、技术转让和创办衍生企业。

许可：教师许可他人在一定期限、一定地区、以一定方式使用其所拥有的科研成果，并向他人收取使用费用。

技术转让：教师通过一定的途径将科研成果直接出售给企业，或者通过技术入股的形式将自己的科研成果商业化。

衍生企业：教师基于自己的科研成果创办企业。

科研成果包括：知识、专利、设计、原形、硬件、软件、工艺、技能及管理技巧。

一、基本情况

1. 年龄：(1) 21—30 岁　　　(2) 31—40 岁　　　(3) 41—50 岁　　　(5) 50 岁以上

2. 性别：(1) 男　　　(2) 女

3. 受教育程度：(1) 本科　　　(2) 研究生　　　(3) 博士

4. 您的职称：(1) 正高级　　　(2) 副高级　　　(3) 中级　　　(4) 初级及以下

5. 您所在的学科门类是：

　　(1) 人文社科(哲学、经济学、法学、教育学、文学、历史学)

　　(2) 理学　　　(3) 工学　　　(4) 农学　　　(5) 医学　　　(6) 管理学

　　(7) 艺术学

6. 您所从事的研究工作类型是：

　　(1) 基础研究　　　(2) 应用基础研究　　　(3) 应用研究　　　(4) 技术开发

7. 您的职业发展定位是：

　　(1) 专注顶尖科学研究　　　(2) 侧重学术研究，兼顾学术创业

　　(3) 偏向学术创业，同时也进行学术研究　　　(4) 专注学术创业

8. 您的头衔：

　　(1) 院士　　　(2) 973 首席　　　(3) 长江学者

　　(4) 教育部新世纪优秀人才　　　(5) 国家杰青科学基金得主

　　(6) 其他_____

二、学术创业行为

1. 在大学工作期间，您是否将自己的科研成果许可给企业？

　　(1) 是　　　(2) 否

2. 在大学工作期间，您是否将自己的科研成果转让(包括一次性转让和技术入股)给企业？

　　(1) 是　　　(2) 否

3. 在大学工作期间，您是否基于自己的科研成果创办衍生企业？

　　(1) 是　　　是否拥有自主知识产权_____　　　研发投入占比为_____

　　(2) 否

三、学术创业影响因素

　　请您按实际情况对每个题项做出判断，在相应的数字上打"∨"。(以下各题项为随机排序，请勿受排序先后影响。)

序号	题　　项	完全不同意	不同意	有点不同意	一般	有点同意	同意	完全同意
		1	2	3	4	5	6	7
1	我愿意参与学术创业。							
2	我打算参与学术创业。							
3	我会尽一切努力参与学术创业。							
4	未来 5 年我参与学术创业的可能性很大。							
5	我认为参与学术创业是明智的选择。							
6	我喜欢参与学术创业。							
7	我认为参与学术创业是有价值的。							
8	参与学术创业会使我感到愉悦。							
9	绝大多数对我重要的人认为我应该参与学术创业。							
10	绝大多数对我重要的人希望我参与学术创业。							
11	绝大多数对我重要的人赞成我参与学术创业。							
12	对我而言,参与学术创业很容易。							
13	只要我愿意参与学术创业,我有信心成功。							
14	是否参与学术创业,完全取决于我。							
15	学术创业所需的资源、时间等完全在我的控制范围内。							

16. 近五年您发表 SCI 论文的数量总共为：_____ 篇。

　　(1) ≤1　　　　　　(2) 2—5　　　　　　(3) 6—10

　　(4) 11—15　　　　　(5) >15

17. 近五年您所获得项目的实到经费总额为：_____ 万元。

(1) ≤100　　　　　(2) 101—500　　　　　(3) 501—1 000

(4) 1 001—1 500　　　(5) >1 500

18. 在 Web of Science 数据库中,近五年您所发表文章的最高被引用次数为:
____次。

(1) ≤1　　　　　　(2) 2—50　　　　　　(3) 51—100

(4) 101—150　　　　(5) >150

序号	题　　项	完全不同意	不同意	有点不同意	一般	有点同意	同意	完全同意
		1	2	3	4	5	6	7
19	我认为参与学术创业可以增加个人收入。							
20	我认为参与学术创业可以为研究团队提供额外的收入来源。							
21	我认为参与学术创业可以为推动现有研究获取额外资金。							
22	我认为参与学术创业可以增强自己在学术圈的声誉。							
23	我认为参与学术创业可以提高自己在社会上的认可度。							
24	我认为参与学术创业可以拓宽自己的关系网。							
25	我认为参与学术创业可以满足个人兴趣。							
26	我认为参与学术创业可以实现个人价值。							
27	我认为参与学术创业可以获得成就感。							
28	我有丰富的企业工作经验。							
29	我有很多参与学术创业成功或失败的经验。							
30	我能识别出具有潜力的市场。							

序号	题　项	完全不同意	不同意	有点不同意	一般	有点同意	同意	完全同意
		1	2	3	4	5	6	7
31	即使面临逆境我也会坚持下来。							
32	我能够有效地领导、激励和监督员工。							
33	我能及时调整战略目标和经营思路。							
34	我能利用各种方式进行融资。							
35	我能协调好学术和学术创业存在的矛盾。							
36	在读书期间，我接受过很多与学术创业相关的教育。							
37	在读书期间，我参加过很多与学术创业相关的实践活动。							
38	我所在大学对教师参与学术创业态度是积极的。							
39	我所在大学希望教师参与学术创业。							
40	我会遵从组织希望去参与学术创业。							
41	我所在院系领导希望我参与学术创业。							
42	我所在院系的领导参与了学术创业。							
43	我会遵从院系领导希望去参与学术创业。							
44	我周围同事希望我参与学术创业。							
45	我周围的同事有很多参与学术创业。							
46	我会遵从同事希望去参与学术创业。							
47	我的榜样希望我参与学术创业。							

续 表

序号	题 项	完全不同意	不同意	有点不同意	一般	有点同意	同意	完全同意
		1	2	3	4	5	6	7
48	我的榜样人物(例如导师、学长、父母等)参与了学术创业。							
49	我与亲人建立了良好的关系。							
50	我与朋友建立了良好的关系。							
51	我与同事建立了良好的关系。							
52	我经常与企业开展合作、合同研究。							
53	近五年我的研究经费大部分来自企业。							
54	我经常为企业提供技术咨询。							
55	我与税收、工商等政府职能部门建立了良好的关系。							
56	我与行业协会、商会等中介机构等建立了良好的联系。							
57	我与公众媒体建立了良好的联系。							
58	由于我在学术研究上投入大量时间,我只能放弃参与学术创业。							
59	追求真理的科学研究和追求利益最大化的学术创业,二者难以兼顾。							
60	参与学术创业这件事会符合某些人的要求,但未必能符合其他人的要求。							

四、情境因素

请您按实际情况对每个题项做出判断,在相应的数字上打"∨"。(以下各题项为随机排序,请勿受排序先后影响。)

序号	题　　项	完全不同意	不同意	有点不同意	一般	有点同意	同意	完全同意
		1	2	3	4	5	6	7
1	国家出台了一系列鼓励教师学术创业的税收减免政策。							
2	国家出台了一系列鼓励教师学术创业的金融扶持政策。							
3	在专利许可、技术转让的收益分成上，我认为分配合理。							
4	参与学术创业对教师绩效考核、晋升职称有很重要的作用。							
5	参与学术创业对教师工资、补贴、福利有很重要的作用。							
6	我校有专设机构协助教师评估学术发明的商业价值。							
7	我校有专设机构发布企业技术需求，为教师和企业的沟通牵线搭桥。							
8	我校有专设机构对许可方进行监管并向教师反馈。							
9	我校有专设机构为教师参与学术创业提供培训和咨询。							
10	我校有专设机构为教师参与学术创业提供种子基金，并帮助教师获得各种社会资金支持。							
11	我校有专设机构为教师参与学术创业搭建了公共技术开发平台和中式平台。							

五、开放式问题

您认为参与学术创业，最大的障碍因素与最有效的激励方式是什么？

问卷到此结束,再次衷心感谢您的支持!

参 考 文 献

英文专著

[1] Ajzen I. Attitudes, traits, and actions: Dispositional prediction of behavior in personality and social psychology [M]. Advances in experimental social psychology. Academic Press, 1987.

[2] Bollen M H J. Understanding power quality problems: voltage sags and interruptions [M]. New York: IEEE press, 2000.

[3] Fishbein M, Ajzen I. Belief, attitude, intention and behavior: An introduction to theory and research[M]. 1975.

[4] Fishbein M, Ajzen I. Predicting and changing behavior: The reasoned action approach [M]. Taylor and Francis, 2011.

[5] Franzoni C, Lissoni F. Academic entrepreneurship, patents and spin-offs: critical issues and lessons for Europe[M]. Università commerciale Luigi Bocconi, 2006.

[6] McGrath R G, MacMillan I C. The entrepreneurial mindset: Strategies for continuously creating opportunity in an age of uncertainty[M]. Harvard Business Press, 2000: 36.

[7] Roberts E B. Entrepreneurs in High Technology: Lessons from MIT and Beyond[M]. New York: Oxford University Press, 1991: 323.

[8] Shane S. Born entrepreneurs, born leaders: How your genes affect your work life[M]. Oxford University Press, 2010.

[9] Slaughter S, Leslie L L. Academic capitalism: Politics, policies, and the entrepreneurial university[M]. The Johns Hopkins University Press, 1997: 145.

[10] Tornatzky L G, Bauman J S. Outlaws Or Heroes?: Issues of Faculty Rewards, Organizational Culture, and University-industry Technology Transfer[M]. Southern Technology Council, 1997: 22.

英文期刊

[1] Adler P S, Kwon S W. Social capital: Prospects for a new concept[J]. Academy of management review, 2002, 27(1): 17 - 40.

[2] Agrawal A, Henderson R. Putting patents in context: Exploring knowledge transfer from MIT[J]. Management science, 2002, 48(1): 44 - 60.

[3] Ahmad N, Hoffmann A. A framework for addressing and measuring entrepreneurship

[J]. 2008: 1 - 36.

[4] Ajzen I, Sexton J. Depth of processing, belief congruence, and attitude-behavior correspondence[J]. Dual-process theories in social psychology, 1999: 117 - 138.

[5] Ajzen I. Perceived behavioral control, Self-Efficacy, locus of control, and the theory of planned Behavior1[J]. Journal of applied social psychology, 2002, 32(4): 665 - 683.

[6] Ajzen I. The theory of planned behavior [J]. Organizational Behavior and Human Decision Processes, 1991, 50: 179 - 217.

[7] Aldridge T T, Audretsch D. The Bayh-Dole act and scientist entrepreneurship [J]. Research policy, 2011, 40(8): 1058 - 1067.

[8] Allen I E, Elam A, Langowitz N, et al. Global entrepreneurship monitor[J]. 2006 Report on Women and Entreprenurship, 2007, 1 - 50.

[9] Anderson J C, Gerbing D W. Structural equation modeling in practice: A review and recommended two-step approach[J]. Psychological bulletin, 1988, 103(3): 411.

[10] Argyres N S, Liebeskind J P. Privatizing the intellectual commons: Universities and the commercialization of biotechnology [J]. Journal of Economic Behavior Organization, 1998, 35(4): 427 - 454.

[11] Armitage C J, Conner M. Efficacy of the theory of planned behaviour: A meta-analytic review[J]. British journal of social psychology, 2001, 40(4): 471 - 499.

[12] Audretsch D B, Thurik A R. Capitalism and democracy in the 21st century: from the managed to the entrepreneurial economy[J]. Journal of evolutionary economics, 2000, 10(1 - 2): 17 - 34.

[13] Azoulay P, Ding W, Stuart T. The determinants of faculty patenting behavior: Demographics or opportunities? [J]. Journal of economic behavior and organization, 2007, 63(4): 599 - 623.

[14] Bagozzi R P, Gopinath M, Nyer P U, et al. The role of emotions in marketing[J]. Journal of the academy of marketing science, 1999, 27(2): 184 - 206.

[15] Bagozzi R P, Yi Y. On the evaluation of structural equation models[J]. Journal of the academy of marketing science, 1988, 16(1): 74 - 94.

[16] Baker C, Wuest J, Stern P N. Method slurring: the grounded theory phenomenology example[J]. Journal of advanced nursing, 1992, 17(11): 1355 - 1360.

[17] Baldini N. Do royalties really foster university patenting activity? An answer from Italy [J]. Technovation, 2010, 30(2): 109 - 116.

[18] Bandura A. Self-efficacy: toward a unifying theory of behavioral change[J]. Psychological review, 1978, 1(4): 139 - 161.

[19] Bandura A. Self-regulation of motivation through anticipatory and self-reactive mechanisms [C]. Perspectives on motivation: Nebraska symposium on motivation. 1991, 38: 69 - 164.

[20] Barnes J A. Class and committees in a Norwegian island parish[J]. Human relations, 1954, 7(1): 39 - 58.

[21] BarNir A, Smith K A. Interfirm alliances in the small business: The role of social networks [J]. Journal of small Business management, 2002, 40(3): 219 - 232.

[22] Bauer M W. Diffuse anxieties, deprived entrepreneurs: Commission reform and middle management[J]. Journal of European Public Policy, 2008, 15(5): 691 – 707.

[23] Bearden W O, Etzel M J. Reference group influence on product and brand purchase decisions[J]. Journal of consumer research, 1982, 9(2): 183 – 194.

[24] Bercovitz J, Feldman M. Academic entrepreneurs: Organizational change at the individual level[J]. Organization Science, 2008, 19(1): 69 – 89.

[25] Bercovitz J, Feldman M. Entreprenerial universities and technology transfer: A conceptual framework for understanding knowledge-based economic development[J]. The Journal of Technology Transfer, 2006, 31(1): 175 – 188.

[26] Bercovitz J, Feldman M. Technology transfer and the academic department: who participates and why[C]. DRUID summer conference. 2003, 15: 12 – 14.

[27] Biglaiser G, Brown D S. The determinants of privatization in Latin America[J]. Political Research Quarterly, 2003, 56(1): 77 – 89.

[28] Boardman P C, Ponomariov B L. University researchers working with private companies [J]. Technovation, 2009, 29(2): 142 – 153.

[29] Bock G W, Zmud R W, Kim Y G, et al. Behavioral intention formation in knowledge sharing: Examining the roles of extrinsic motivators, social-psychological forces, and organizational climate[J]. MIS quarterly, 2005: 87 – 111.

[30] Bollen K A. A new incremental fit index for general structural equation models[J]. Sociological Methods and Research, 1989, 17(3): 303 – 316.

[31] Bozeman B, Fay D, Slade C P, et al. Research collaboration in universities and academic entrepreneurship [J]. The Journal of Technology Transfer, 2013, 38(1): 1 – 67.

[32] Brennan M C, McGowan P. Academic entrepreneurship: an exploratory case study[J]. International Journal of Entrepreneurial Behavior and Research, 2006, 12(3): 144 – 164.

[33] Bruno A V, Tyebjee T T. The entrepreneur's search for capital[J]. Journal of Business Venturing, 1985, 1(1): 61 – 74.

[34] Butler J E, Hansen G S. Network evolution, entrepreneurial success, and regional development[J]. Entrepreneurship and Regional Development, 1991, 3(1): 1 – 16.

[35] Cheng Y T, Rodak D E, WONG C A, et al. Effects of micro-and nano-structures on the self-cleaning behaviour of lotus leaves[J]. Nanotechnology, 2006, 17(5): 1359 – 1362.

[36] Churchill Jr G A, Surprenant C. An investigation into the determinants of customer satisfaction[J]. Journal of marketing research, 1982: 491 – 504.

[37] Clarysse B, Tartari V, Salter A. The impact of entrepreneurial capacity, experience and organizational support on academic entrepreneurship[J]. Research Policy, 2011, 40(8): 1084 – 1093.

[38] Clarysse B, Wright M, Lockett A, et al. Academic spin-offs, formal technology transfer and capital raising[J]. Industrial and Corporate Change, 2007, 16(4): 609 – 640.

[39] Clarysse B, Wright M, Lockett A, et al. Spinning out new ventures: a typology of incubation strategies from European research institutions[J]. Journal of Business venturing, 2005, 20(2): 183 – 216.

[40] Collins S, Wakoh H. Universities and technology transfer in Japan: Recent reforms in historical perspective[J]. The Journal of Technology Transfer, 2000, 25(2): 213 - 222.

[41] Compeau D, Higgins C A, Huff S, et al. Social cognitive theory and individual reactions to computing technology: A longitudinal study[J]. MIS quarterly, 1999: 145 - 158.

[42] Conner M, Armitage C J. Extending the theory of planned behavior: A review and avenues for further research[J]. Journal of applied social psychology, 1998, 28(15): 1429 - 1464.

[43] Constant D, Kiesler S, Sproull L. What's mine is ours, or is it? A study of attitudes about information sharing[J]. Information systems research, 1994, 5(4): 400 - 421.

[44] Cook K S, Whitmeyer J M. Two approaches to social structure: Exchange theory and network analysis[J]. Annual review of Sociology, 1992, 18(1): 109 - 127.

[45] Cooper A C, Woo C Y, Dunkelberg W C, et al. Entrepreneurs' perceived chances for success[J]. Journal of business venturing, 1988, 3(2): 97 - 108.

[46] Cooper A C. Technical entrepreneurship: what do we know? [J]. R&D Management, 1973, 3(2): 59 - 64.

[47] D'Este P, Perkmann M. Why do academics engage with industry? The entrepreneurial university and individual motivations[J]. The Journal of Technology Transfer, 2011, 36(3): 316 - 339.

[48] Davern M. Social networks and economic sociology[J]. American Journal of Economics and Sociology, 1997, 56(3): 287 - 302.

[49] Davidsson P, Honig B. The role of social and human capital among nascent entrepreneurs [J]. Journal of business venturing, 2003, 18(3): 301 - 331.

[50] Debackere K, Veugelers R. The role of academic technology transfer organizations in improving industry science links[J]. Research policy, 2005, 34(3): 321 - 342.

[51] Del Campo A A, Sparks A, Hill R C, et al. The transfer and commercialization of university-developed medical imaging technology: Opportunities and problems[J]. Engineering Management, 1999, 46(3): 289 - 298.

[52] Di Gregorio D, Shane S. Why do some universities generate more start-ups than others? [J]. Research policy, 2003, 32(2): 209 - 227.

[53] Dickson K, Coles A M, Smith H L, et al. Science in the market place: the role of the scientific entrepreneur[J]. New technologybased firms in the, 1990, 4: 27 - 37.

[54] DiMaggio P, Powell W W. The iron cage revisited: Collective rationality and institutional isomorphism in organizational fields[J]. American sociological review, 1983, 48(2): 147 - 160.

[55] Douglas E J, Shepherd D A. Self-employment as a career choice: Attitudes, entrepreneurial intentions, and utility maximization[J]. Entrepreneurship theory and practice, 2002, 26(3): 81 - 90.

[56] Drees M, Premaratne K, Graupner W, et al. Creation of a gradient polymer-fullerene interface in photovoltaic devices by thermally controlled interdiffusion[J]. Applied physics letters, 2002, 81(24): 4607 - 4609.

[57] Elston J A, Audretsch D B. Risk attitudes, wealth and sources of entrepreneurial start-up capital[J]. Journal of Economic Behavior and Organization, 2010, 76(1): 82 – 89.

[58] Escalas J E, Bettman J R. You are what they eat: The influence of reference groups on consumers' connections to brands[J]. Journal of consumer psychology, 2003, 13(3): 339 – 348.

[59] Etzkowitz H. Innovation in innovation: The triple helix of university-industry

[60] -government relations[J]. Social science information, 2003, 42(3): 293 – 337.

[61] Farsi J, Modarresi M, Motavaseli M, et al. Institutional factors affecting academic entrepreneurship: The case of university of Tehran[J]. 2014, 24(5): 35 – 67.

[62] Feldman M, Francis J, Bercovitz J. Creating a cluster while building a firm: Entrepreneurs and the formation of industrial clusters[J]. Regional studies, 2005, 39(1): 129 – 141.

[63] Fernández-Pérez V, Esther Alonso-Galicia P, del Mar Fuentes-Fuentes M, et al. Business social networks and academics' entrepreneurial intentions[J]. Industrial Management and Data Systems, 2014, 114(2): 292 – 320.

[64] Francis J, Eccles M P, Johnston M, et al. Constructing questionnaires based on the theory of planned behaviour: A manual for health services researchers[J]. 2004: 1 – 43.

[65] Freitas I M B, Von Tunzelmann N. Mapping public support for innovation: A comparison of policy alignment in the UK and France[J]. Research Policy, 2008, 37(9): 1446 – 1464.

[66] Gibb A, Hannon P. Towards the entrepreneurial university[J]. International Journal of Entrepreneurship Education, 2006, 4(1): 73 – 110.

[67] Glaser B, Strauss A. The discovery of grounded theory[J]. London: Weidenfeld and Nicholson, 1967, 24(25): 288 – 304.

[68] Goel R K, Göktepe-Hultén D, Ram R. Academics' entrepreneurship propensities and gender differences[J]. The Journal of Technology Transfer, 2015, 40(1): 161 – 177.

[69] Goethner M, Obschonka M, Silbereisen R K, et al. Scientists' transition to academic entrepreneurship: Economic and psychological determinants[J]. Journal of Economic Psychology, 2012, 33(3): 628 – 641.

[70] Göktepe-Hulten D, Mahagaonkar P. Inventing and patenting activities of scientists: in the expectation of money or reputation? [J]. The Journal of Technology Transfer, 2010, 35(4): 401 – 423.

[71] Goldfarb B, Henrekson M. Bottom-up versus top-down policies towards the commercialization of university intellectual property[J]. Research policy, 2003, 32(4): 639 – 658.

[72] Greenhaus J H, Beutell N J. Sources of conflict between work and family roles[J]. Academy of management review, 1985, 10(1): 76 – 88.

[73] Guagnano G A, Stern P C, Dietz T, et al. Influences on attitude-behavior relationships: A natural experiment with curbside recycling[J]. Environment and behavior, 1995, 27(5): 699 – 718.

[74] Gulbrandsen M. "But Peter's in it for the money" — the liminality of entrepreneurial scientists[J]. Journal of Science and Technology Studies, 2005, 18: 125 – 162.

[75] Haeussler C, Colyvas J A. Breaking the ivory tower: Academic entrepreneurship in the life sciences in UK and Germany[J]. Research Policy, 2011, 40(1): 41 - 54.

[76] Hair J F, Black W C, Babin B J, et al. Multivariate data analysis. Uppersaddle River[J]. Multivariate Data Analysis (5th ed) Upper Saddle River, 1998: 1 - 7.

[77] Hansen E L. Entrepreneurial networks and new organization growth[J]. Entrepreneurship: theory and practice, 1995, 19(4): 7 - 20.

[78] Harmon B, Ardishvili A, Cardozo R, et al. Mapping the university technology transfer process[J]. Journal of business venturing, 1997, 12(6): 423 - 434.

[79] Hayter C S. Harnessing university entrepreneurship for economic growth: Factors of success among university spin-offs[J]. Economic Development Quarterly, 2013, 27(1): 18 - 28.

[80] Henrekson M, Rosenberg N. Designing efficient institutions for science-based entrepreneurship: Lesson from the US and Sweden[J]. The journal of technology transfer, 2001, 26(3): 207 - 231.

[81] Henry J A. Epidemiology and relative toxicity of antidepressant drugs in overdose[J]. Drug Safety, 1997, 16(6): 374 - 390.

[82] Hill T L, Mudambi R. Far from Silicon Valley: How emerging economies are re-shaping our understanding of global entrepreneurship[J]. Journal of International Management, 2010, 16(4): 321 - 327.

[83] Hills G, Tedford D. The education of engineers: the uneasy relationship between engineering, science and technology[J]. Global J. of Engng. Educ, 2003, 7(1): 17 - 28.

[84] Hoye K, Pries F. Thehabitual entrepreneurs' of university-industry technology transfer[J]. Technovation, 2009, 29(10): 682 - 689.

[85] Hsu D, Bernstein T. Managing the university technology licensing process: Findings from case studies[J]. Journal of the Association of University Technology Managers, 1997, 9(9): 1 - 33.

[86] Jain S, George G, Maltarich M, et al. Academics or entrepreneurs? Investigating role identity modification of university scientists involved in commercialization activity[J]. Research policy, 2009, 38(6): 922 - 935.

[87] Jaskyte K. Transformational leadership, organizational culture, and innovativeness in nonprofit organizations[J]. Nonprofit Management and Leadership, 2004, 15(2): 153 - 168.

[88] Jensen R, Thursby M. Proofs and prototypes for sale: The licensing of university inventions[J]. American Economic Review, 2001, 91(1): 240 - 259.

[89] Goldfarb B, Henrekson M. Bottom-up versus top-down policies towards the commercialization of university intellectual property[J]. Research policy, 2003, 32(4): 639 - 658.

[90] Lowi J. Four systems of policy, politics and choice[J]. Public administration review, 1972, 32(4): 298 - 310.

[91] Kenney M, Goe W R. The role of social embeddedness in professorial entrepreneurship: a comparison of electrical engineering and computer science at UC Berkeley and Stanford

[J]. Research Policy, 2004, 33(5): 691 - 707.

[92] Klofsten M, Jones-Evans D. Comparing Academic Entrepreneurship in Europe-the Case of Sweden and Ireland [J]. Small Business Economics, 2000, 14(4): 299 - 309.

[93] Kolvereid L. Organizational employment versus self-employment: Reasons for career choice intentions[J]. Entrepreneurship: Theory and Practice, 1996, 20(3): 23 - 32.

[94] Krabel S, Mueller P. What drives scientists to start their own company?: An empirical investigation of Max Planck Society scientists[J]. Research Policy, 2009, 38(6): 947 - 956.

[95] Krueger N F, Carsrud A L. Entrepreneurial intentions: applying the theory of planned behaviour[J]. Entrepreneurship and Regional Development, 1993, 5(4): 315 - 330.

[96] Krueger N F, Reilly M D, Carsrud A L. Competing models of entrepreneurial intentions [J]. Journal of business venturing, 2000, 15(5): 411 - 432.

[97] Lam A. What motivates academic scientists to engage in research commercialization: 'Gold', 'ribbon' or 'puzzle'? [J]. Research policy, 2011, 40(10): 1354 - 1368.

[98] Landry R, Amara N, Ouimet M. Determinants of knowledge transfer: evidence from Canadian university researchers in natural sciences and engineering[J]. The Journal of Technology Transfer, 2007, 32(6): 561 - 592.

[99] Landry R, Amara N, Rherrad I. Why are some university researchers more likely to create spin-offs than others? Evidence from Canadian universities[J]. Research Policy, 2006, 35(10): 1599 - 1615.

[100] Lee S, Bozeman B. The impact of research collaboration on scientific productivity[J]. Social studies of science, 2005, 35(5): 673 - 702.

[101] Lee Y S. 'Technology transfer' and the research university: a search for the boundaries of university-industry collaboration[J]. Research policy, 1996, 25(6): 843 - 863.

[102] Lee-Ross D. Perceived job characteristics and internal work motivation: An exploratory cross-cultural analysis of the motivational antecedents of hotel workers in Mauritius and Australia[J]. Journal of management development, 2005, 24(3): 253 - 266.

[103] Levin S G, Stephan P E. Research productivity over the life cycle: Evidence for academic scientists[J]. The American Economic Review, 1991: 114 - 132.

[104] Link A N, Scott J T. Private Investor Participation and Commercialization Rates for Government-sponsored Research and Development: Would a Prediction Market Improve the Performance of the SBIR Programme? [J]. Economica, 2009, 76(302): 264 - 281.

[105] Link A N, Siegel D S, Bozeman B et al. An empirical analysis of the propensity of academics to engage in informal university technology transfer [J]. Industrial and corporate change, 2007, 16(4): 641 - 655.

[106] Link A N, Siegel D S. University-based technology initiatives: Quantitative and qualitative evidence[J]. Research Policy, 2005, 34(3): 253 - 257.

[107] Lockett A, Siegel D, Wright M, et al. The creation of spin-off firms at public research institutions: Managerial and policy implications[J]. Research policy, 2005, 34(7): 981 - 993.

[108] Louis K S, Blumenthal D, Gluck M E, et al. Entrepreneurs in academe: An exploration of behaviors among life scientists[J]. Administrative Science Quarterly, 1989: 110 – 131.

[109] Louis K S, Jones L M, Anderson M S, et al. Entrepreneurship, Secrecy, and Productivity: a Comparison of Clinical and Non-clinical Life Sciences Faculty[J]. The Journal of Technology Transfer, 2001, 26(3): 233 – 245.

[110] Malone C F, Roberts R W. Factors associated with the incidence of reduced audit quality behaviors[J]. Auditing, 1996, 15(2): 42 – 49.

[111] Man T W Y, Lau T, Snape E. Entrepreneurial competencies and the performance of small and medium enterprises: An investigation through a framework of competitiveness [J]. Journal of Small Business and Entrepreneurship, 2008, 21(3): 257 – 276.

[112] Man T W Y, Lau T. Entrepreneurial competencies of SME owner/managers in the Hong Kong services sector: A qualitative analysis[J]. Journal of Enterprising Culture, 2000, 8(03): 235 – 254.

[113] Manstead A S R, Eekelen S A M. Distinguishing between perceived behavioral control and self-efficacy in the domain of academic achievement intentions and behaviors[J]. Journal of Applied Social Psychology, 1998, 28(15): 1375 – 1392.

[114] Mars M. Academic Entrepreneurship(Re)defined: significance and implications for the scholarship of higher education[J]. Higher Education, 2010, 59: 441 – 460.

[115] McCole P, Ramsey E, Williams J et al. Trust considerations on attitudes towards online purchasing: The moderating effect of privacy and security concerns[J]. Journal of Business Research, 2010, 63(9): 1018 – 1024.

[116] McDonnell L M, Elmore R F. Getting the job done: Alternative policy instruments[J]. Educational evaluation and policy analysis, 1987, 9(2): 133 – 152.

[117] Meyer M. Academic inventiveness and entrepreneurship: On the importance of start-up companies in commercializing academic patents[J]. The Journal of Technology Transfer, 2006, 31(4): 501 – 510.

[118] Minniti M, Nardone C. Being in someone else's shoes: the role of gender in nascent entrepreneurship[J]. Small Business Economics, 2007, 28(2 – 3): 223 – 238.

[119] Mowery D C, Shane S. Introduction to the special issue on university entrepreneurship and technology transfer[J]. Management Science, 2002, 48(1): 1 – 6.

[120] Mueller P. Entrepreneurship in the region: breeding ground for nascent

[121] Nicolaou N, Shane S, Cherkas L, et al. Is the tendency to engage in entrepreneurship genetic? [J]. Management Science, 2008, 54(1): 167 – 179.

[122] Nicolaou N, Shane S, Cherkas L, et al. Opportunity recognition and the tendency to be an entrepreneur: A bivariate genetics perspective [J]. Organizational Behavior and Human Decision Processes, 2009, 110(2): 108 – 117.

[123] Nowotny H. Democratising expertise and socially robust knowledge[J]. Science and public policy, 2003, 30(3): 151 – 156.

[124] O'Shea R P, Chugh H, Allen T J. Determinants and consequences of university spinoff activity: a conceptual framework[J]. The Journal of Technology Transfer, 2008, 33(6):

653 – 666.

[125] O'shea R P, Allen T J, Chevalier A, et al. Entrepreneurial orientation, technology transfer and spinoff performance of US universities[J]. Research policy, 2005, 34(7): 994 – 1009.

[126] Owen-Smith J, Powell W W. To patent or not: Faculty decisions and institutional success at technology transfer[J]. The Journal of Technology Transfer, 2001, 26(1 – 2): 99 – 114.

[127] Park C W, Lessig V P. Students and housewives: Differences in susceptibility to reference group influence[J]. Journal of consumer Research, 1977, 4(2): 102 – 110.

[128] Parker D D, Zilberman D. University technology transfers: impacts on local and US economies[J]. Contemporary Economic Policy, 1993, 11(2): 87 – 99.

[129] Pavlou P A, Fygenson M. Understanding and predicting electronic commerce adoption: An extension of the theory of planned behavior[J]. MIS quarterly, 2006: 115 – 143.

[130] Phan P, Siegel D S. The effectiveness of university technology transfer[J]. Foundations and Trends in Entrepreneurship, 2006, 2(2): 7 – 15.

[131] Ponomariov B L. Effects of university characteristics on scientists' interactions with the private sector: An exploratory assessment[J]. The Journal of Technology Transfer, 2008, 33(5): 485 – 503.

[132] Powers J B, Campbell E G. The comodification of academic research: Implications for public policy and the future of academic science[C]. Association for the Study of Higher Education Conference. Portland, Oregon. 2003: 22 – 31.

[133] Powers J B, McDougall P P. University start-up formation and technology licensing with firms that go public: a resource-based view of academic entrepreneurship[J]. Journal of business venturing, 2005, 20(3): 291 – 311.

[134] Provasi G, Squazzoni F. Academic entrepreneurship and scientific innovation: micro-foundations and institutions[J]. Department of Social Sciences, University of Brescia (Hrsg.): Working paper. Nr. SOC, 2007: 06 – 07.

[135] Rothwell R, Zegveld P. Reindustrialization and technology: Towards a national policy framework[J]. science and Public Policy, 1985, 12(3): 113 – 130.

[136] Rizzo J R, House R J, Lirtzman S I. Role conflict and ambiguity in complex organizations [J]. Administrative science quarterly, 1970: 150 – 163.

[137] Roberts N C, King P J. Policy entrepreneurs: Their activity structure and function in the policy process[J]. Journal of Public Administration Research and Theory, 1991, 1(2): 147 – 175.

[138] Rothaermel F T, Agung S D, Jiang L. University entrepreneurship: a taxonomy of the literature[J]. Industrial and corporate change, 2007, 16(4): 691 – 791.

[139] Rothwell A. Research in Progress — Is Grounded Theory What Management Needs[J]. Journal of European Industrial Training, 1980, 4(6): 6 – 8.

[140] Schmiemann M, Durvy J N. New approaches to technology transfer from publicly funded research[J]. The Journal of Technology Transfer, 2003, 28(1): 9 – 15.

[141] Shane S, Khurana R. Bringing individuals back in: the effects of career experience on new firm founding[J]. Industrial and corporate Change, 2003, 12(3): 519 - 543.

[142] Shane S, Venkataraman S. The promise of entrepreneurship as a field of research[J]. Academy of management review, 2000, 25(1): 217 - 226.

[143] Shane S. Encouraging university entrepreneurship? The effect of the Bayh-Dole Act on university patenting in the United States[J]. Journal of Business Venturing, 2004, 19(1): 127 - 151.

[144] D'Este P, Perkmann M. Why do academics engage with industry? The entrepreneurial university and individual motivations[J]. The Journal of Technology Transfer, 2011, 36(3): 316 - 339

[145] Schneider A, Ingram H. Behavioural assumptions of policy tools[J]. The Jounal of Politics, 1990, 52(2): 510 - 521.

[146] Shane S. Encouraging university entrepreneurship? The effect of the Bayh-Dole Act on university patenting in the United States[J]. Journal of Business Venturing, 2004, 19(1): 127 - 151.

[147] Sheeran P, Orbell S. Implementation intentions and repeated behaviour: Augmenting the predictive validity of the theory of planned behaviour[J]. European journal of social psychology, 1999, 29(23): 349 - 369.

[148] Shih Y Y, Fang K. The use of a decomposed theory of planned behavior to study Internet banking in Taiwan[J]. Internet research, 2004, 14(3): 213 - 223.

[149] Siegel D S, de la Potterie B P. Symposium Overview: Economic and Managerial Implications of University Technology Transfer (Selected Papers on University Technology Transfer from the Applied Econometrics Association Conference on "Innovations and Intellectual Property: Economic and Managerial Perspectives")[J]. The Journal of Technology Transfer, 2003, 28(1): 5 - 8.

[150] Siegel D S, Waldman D A, Atwater L E, et al. Toward a model of the effective transfer of scientific knowledge from academicians to practitioners: qualitative evidence from the commercialization of university technologies[J]. Journal of Engineering and Technology Management, 2004, 21(1): 115 - 142.

[151] Siegel D S, Wright M, Lockett A. The rise of entrepreneurial activity at universities: organizational and societal implications[J]. Industrial and Corporate Change, 2007, 16(4): 489 - 504.

[152] Stuart R W, Abetti P A. Impact of entrepreneurial and management experience on early performance[J]. Journal of business venturing, 1990, 5(3): 151 - 162.

[153] Stuart T E, Ding W W. When do scientists become entrepreneurs? The social structural antecedents of commercial activity in the academic life sciences1[J]. American Journal of Sociology, 2006, 112(1): 97 - 144.

[154] Sutton S. Predicting and explaining intentions and behavior: How well are we doing? [J]. Journal of applied social psychology, 1998, 28(15): 1317 - 1338.

[155] Symonds P M. On the Loss of Reliability in Ratings Due to Coarseness of the Scale[J].

Journal of Experimental Psychology, 1924, 7(6): 456.

[156] Taylor S, Todd P A. Understanding information technology usage: A test of competing models[J]. Information systems research, 1995, 6(2): 144 - 176.

[157] Taylor S, Todd P. Decomposition and crossover effects in the theory of planned behavior: A study of consumer adoption intentions[J]. International journal of research in marketing, 1995, 12(2): 137 - 155.

[158] Terry D J, O'Leary J E. The theory of planned behaviour: The effects of perceived behavioural control and self-efficacy[J]. British journal of social psychology, 1995, 34(2): 199 - 220.

[159] Thompson J L. The facets of the entrepreneur: identifying entrepreneurial potential[J]. Management Decision, 2004, 42(2): 243 - 258.

[160] Thursby J G, Jensen R, Thursby M C. Objectives, characteristics and outcomes of university licensing: A survey of major US universities[J]. The journal of Technology transfer, 2001, 26(1 - 2): 59 - 72.

[161] Thursby J G, Thursby M C. Who is selling the ivory tower? Sources of growth in university licensing[J]. Management science, 2002, 48(1): 90 - 104.

[162] Tichy N M, Tushman M L, Fombrun C. Social network analysis for organizations[J]. Academy of management review, 1979, 4(4): 507 - 519.

[163] Trafimow D, Sheeran P, Conner M, et al. Evidence that perceived behavioural control is a multidimensional Construct: Perceived control and perceived difficulty[J]. British Journal of Social Psychology, 2002, 41(1): 101 - 121.

[164] Vanaelst I, Clarysse B, Wright M, et al. Entrepreneurial team development in academic spinouts: An examination of team heterogeneity[J]. Entrepreneurship Theory and Practice, 2006, 30(2): 249 - 271.

[165] Vohora A, Wright M, Lockett A, et al. Critical junctures in the development of university high-tech spinout companies[J]. Research policy, 2004, 33(1): 147 - 175.

[166] Wallmark J T. Inventions and patents at universities: the case of Chalmers University of Technology[J]. Technovation, 1997, 17(3): 127 - 139.

[167] Wilson F, Kickul J, Marlino D, et al. Gender, entrepreneurial self-efficacy, and entrepreneurial career intentions: implications for entrepreneurship education [J]. Entrepreneurship theory and practice, 2007, 31(3): 387 - 406.

[168] Wright M, Birley S, Mosey S, et al. Entrepreneurship and university technology transfer[J]. The Journal of Technology Transfer, 2004, 29(3 - 4): 235 - 246.

[169] Wright S J, Stoner K E, Beckman N, et al. The plight of large animals in tropical forests and the consequences for plant regeneration[J]. Biotropica, 2007, 39(3): 289 - 291.

[170] Zheng P. The "Second Academic Revolution": Interpretations of Academic Entrepreneurship [J]. Canadian Journal of Higher Education, 2010, 40(2): 35 - 50.

中文专著

[1] 伯顿·克拉克.建立创业型大学:组织上转型的途径[M].王承绪,等译.北京:人民教育

出版社,2003.

［2］亨利·埃茨科维茨.三螺旋[M].周春彦,译.北京：东方出版社,2005.

［3］亨利·埃兹科维茨.麻省理工学院与创业科学的兴起[M].王孙禺,等译.北京：清华大学出版社,2007.

［4］黄芳铭.结构方程模式：理论与应用[M].北京：中国税务出版社,2005.

［5］凯西卡·麦兹.建构扎根理论：质性研究实践指南[M].边国英,译.重庆：重庆大学出版社,2013.

［6］欧文·休斯.公共管理导论[M].张成福,等译.北京：中国人民大学出版社,2003.

［7］吴明隆.SPSS统计应用分析[M].大连：东北财经大学出版社,2012.

［8］吴明隆.SPSS统计应用实务：问卷分析与应用统计[M].北京：科学出版社,2003.

［9］吴明隆.结构方程模型——AMOS的操作与应用[M].重庆：重庆大学出版社,2012.

［10］邱均平.信息计量学[M].武汉：武汉大学出版社,2007.

［11］陈向明.质的研究方法与社会科学研究[M].北京：教育科学出版社,2000.

［12］罗伯特·默顿.科学社会学[M].鲁旭东,林聚任,译.北京：商务印书馆,2003.

［13］罗伯特·殷.案例研究：设计与方法[M].周海涛,等译.重庆：重庆大学出版社,2009.

［14］罗伯特·殷.案例研究方法的应用[M].周海涛,夏欢欢,译.重庆：重庆大学出版社,2014.

［15］希拉·斯劳特,拉里·莱斯利.学术资本主义：政治、政策和创业型大学[M].梁骁,黎丽,译.北京：北京大学出版社,2008.

［16］西奥多·舒尔茨.论人力资本投资[M].吴珠华,等译.北京：北京经济学院出版社,1990.

硕博士学位论文

［1］范惠明.高校教师参与产学合作的机理研究[D].浙江大学,2014.

［2］王雁.创业型大学：美国研究型大学模式变革的研究[D].浙江大学,2005.

［3］黄扬杰.大学学科组织的学术创业力研究[D].浙江大学,2014.

［4］王雁.创业型大学：美国研究型大学模式变革的研究[D].浙江大学,2005.

［5］王勇.社会网络对大学教师创业意向影响研究[D].南京理工大学,2017.

［6］孙丽娜."资源依赖"理论视角下的美国创业型大学发展模式研究[D].东北师范大学,2016.

［7］严慈顺.中小学校长角色冲突研究[D].华中师范大学,2006.

［8］周星.大学生社会网络对创业绩效的影响机制研究[D].同济大学,2008.

中文期刊

［1］蔡曙山."代表性学术成果"是哲学社会科学评价的重要指标[J].中国高等教育,2004(23)：40-41.

［2］曾尔雷,赵国靖.高校服务区域经济发展的战略选择研究：创业型大学的视角[J].高等工程教育研究,2015(05)：21-24+64.

［3］陈春霞.创业型大学：地方高校特色办学的战略选择[J].当代教育科学,2012(15)：42-44.

［4］陈汉聪,邹晓东.发展中的创业型大学：国际视野与实施策略［J］.比较教育研究,2011,
　　33(09)：32－36＋59.

［5］陈良雨,汤志伟.创业型大学建设中的学术资本转化问题研究——基于压力—状态—响
　　应的分析［J］.中国高教研究,2017(10)：67－71.

［6］陈霞玲,马陆亭.MIT与沃里克大学：创业型大学运行模式的比较与启示［J］.高等工程
　　教育研究,2012(02)：113－120.

［7］陈霞玲马陆亭.创业型大学的兴起与内涵——大学组织技术变迁的视角［J］.大学教育科
　　学,2012(05)：42－48.

［8］陈霞玲.美国创业型大学组织变革路径研究［J］.复旦教育论坛,2015,13(05)：106－112.

［9］陈永正.以创业型大学理念引领地方高水平大学建设的探索［J］.中国高等教育,2018
　　(Z1)：52－54.

［10］陈振明.政治与经济的整合研究——公共选择理论的方法论及其启示［J］.厦门大学学报
　　(哲学社会科学版),2003(02)：17－19.

［11］崔艳丽,刘学坤.创业型大学：大学提高质量与追求学术成就的新模式［J］.黑龙江高教研
　　究,2012,30(11)：51－54.

［12］戴维奇.创业型大学是如何组织创业教育的?——以荷兰特温特大学为例［J］.比较教育
　　研究,2014,36(02)：36－41＋101.

［13］杜伟锦,宋园,李靖,杨伟.科技成果转化政策演进及区域差异分析——以京津冀和长三
　　角为例［J］.科学学与科学技术管理,2017(2)：22－26.

［14］段文婷,江光荣.计划行为理论述评［J］.心理科学进展,2008(02)：315－320.

［15］付八军.创业型大学的学术资本转化［J］.中国高教研究,2016(08)：32－34＋60.

［16］付八军.创业型大学教师选聘的来源分析与价值甄别［J］.教育发展研究,2017,37(23)：
　　64－69.

［17］付八军.从教师转型看创业型大学建设的三个命题［J］.教育发展研究,2015,35(09)：
　　13－18.

［18］付八军.国内创业型大学建设的路径比较与成效评析［J］.高等工程教育研究,2016(06)：
　　53－57＋80.

［19］付八军.激活学术心脏地带：创业型大学学科建设图景分析［J］.教育发展研究,2014,
　　34(07)：14－17.

［20］付八军.实现教师转型是建设创业型大学的关键［J］.中国高等教育,2015(22)：40－42.

［21］付八军.学术资本转化：创业型大学的组织特性［J］.教育研究,2016,37(02)：89－95.

［22］付淑琼.大学进取与变革的路径——论伯顿·克拉克的创业型大学观［J］.教育研究,
　　2010,31(02)：63－67.

［23］甘永涛.论创业型大学研究的理论架构［J］.科学学研究,2011,29(11)：1619－1624＋
　　1650.

［24］高明,史万兵.麻省理工学院的创业型大学之路及对我国的启示［J］.东北大学学报(社会
　　科学版),2012,14(02)：170－173＋179.

［25］高明,史万兵.美国创业型大学科研组织及其对我国高校的启示［J］.现代教育科学,2012
　　(09)：75－78.

［26］龚春芬,李志峰.创业型大学教师发展：目标选择与实现途径［J］.黑龙江高教研究,2008

(11)：98-100.

[27] 顾征,李文.创业型大学知识产权管理经典模式——斯坦福 OTL 四十年经验启示[J].高等工程教育研究,2011(06)：54-67.

[28] 何郁冰,丁佳敏.创业型大学如何构建创业教育生态系统?[J].科学学研究,2015,33(07)：1043-1051.

[29] 亨利·埃茨科威兹,王平聚,李平.创业型大学与创新的三螺旋模型[J].科学学研究,2009,27(04)：481-488.

[30] 黄菁.我国地方科技成果转化政策发展研究——基于 239 份政策文本的量化分析[J].科技进步与对策,2014(7)：46-53.

[31] 黄扬杰,邹晓东,侯平.学术创业研究新趋势：概念、特征和影响因素[J].自然辩证法研究,2013,29(01)：79-83.

[32] 黄扬杰,邹晓东.学科组织学术创业力与组织绩效关系研究[J].教育研究,2015,36(11)：56-63.

[33] 黄英杰.走向创业型大学：中国的应对与挑战[J].清华大学教育研究,2012,33(02)：37-41+54.

[34] 黄攸立,薛婷,周宏.学术创业背景下学者角色认同演变模式研究[J].管理学报,2013,10(03)：438-443.

[35] 黄兆信,罗志敏.多元理论视角下高校创业教育的发展策略研究[J].教育研究,2016,37(11)：58-64.

[36] 黄兆信,张中秋,赵国靖,王志强.英国高校创业教育的现状、特色及启示[J].华东师范大学学报(教育科学版),2016,34(02)：39-44+114.

[37] 蒋华林,邓绪琳.创业型大学：高校引领支撑创新驱动发展战略实施的模式选择[J].高等工程教育研究,2016(06)：32-36.

[38] 解水青,秦惠民.创业型大学对大学"第三使命"的影响——基于资源依赖理论的视角[J].教育发展研究,2016,36(19)：30-36+47.

[39] 李华晶,王刚.基于知识溢出视角的学术创业问题探究[J].研究与发展管理,2010,22(01)：52-59.

[40] 李华晶,邢晓东.学术创业：国外研究现状与分析[J].中国科技论坛,2008(12)：124-128

[41] 李华晶.学者、学术组织与环境：学术创业研究评析[J].科学学与科学技术管理,2009,30(02)：51-54.

[42] 李培凤.基于知识图谱的创业型大学国际研究动态分析[J].比较教育研究,2015,37(04)：51-56.

[43] 李普华,薛宏丽,徐崇波,李志潇,范琦.对欧美创业型大学的比较及反思——以麻省理工学院和沃里克大学为例[J].高校教育管理,2014,8(01)：116-120.

[44] 李瑞丽.制度创新助推大学科研创新：创业型大学的启示[J].江苏高教,2014(01)：98-99.

[45] 李晓慧,贺德方,彭洁.美国促进科技成果转化的政策[J].科技导报,2016(12)42-48.

[46] 李喆.地方综合性大学建设创新创业型大学的思考[J].中国高等教育,2016(Z3)：47-49.

[47] 李志峰,高慧,张忠家.知识生产模式的现代转型与大学科学研究的模式创新[J].教育研究,2014,(03):55-63.

[48] 李志峰,钟蓓蓓.创业型大学教师角色转型:身份认同与专业发展[J].大学(研究版),2016(06):33-40+32.

[49] 李梓涵昕,朱桂龙,刘奥林.中韩两国技术创新政策对比研究——政策目标、政策工具和政策执行维度[J].科学学与科学技术管理,2015(4):29-35.

[50] 梁永丽,张冬.美国创业型大学的成功发展及其启示[J].教育探索,2014(06):156-157.

[51] 凌斌.学术评价机制与大学的两个世界[J].清华大学学报(哲学社会科学版),2015,30(02):172-181+191.

[52] 刘华,周莹.我国技术转移政策体系及其协同运行机制研究[J].科研管理,2012(3):54-61.

[53] 刘军仪.建立创业型大学——来自美国研究型大学的回应[J].比较教育研究,2009,31(04):42-46.

[54] 刘林青,夏清华,周潞.创业型大学的创业生态系统初探——以麻省理工学院为例[J].高等教育研究,2009,30(03):19-26.

[55] 刘庭,张荔.转向创业型大学:来自西方大学的经验与启示[J].黑龙江高教研究,2014(06):44-47.

[56] 刘献君.经济社会发展转型与教学服务型大学建设[J].高等教育研究,2013,34(08):1-9.

[57] 刘叶,邹晓东.探寻创业型大学的"中国特色与演变路径"——基于国内三所研究型大学学术创业实践的考察[J].高等工程教育研究,2014(03):44-49

[58] 刘叶.建立学术导向的创业型大学——兼论洪堡理想与学术资本主义融合的途径[J].高等工程教育研究,2011(01):73-77.

[59] 刘永芳,龚放.创业型大学的生成机制、价值重构与途径选择[J].高等教育研究,2012,33(10):95-101.

[60] 刘永芳.创业型大学视角下的高校资产公司:国际比较与政策选择[J].高等教育研究,2009,30(09):36-41.

[61] 刘元芳,彭绪梅,彭绪娟.基于创新三螺旋理论的我国创业型大学的构建[J].科技进步与对策,2007(11):106-108.

[62] 卢章平,王晓晶.基于内容分析法的科技成果转化政策研究[J].科技进步与对策,2013(4):14-21.

[63] 马陆亭,陈霞玲.欧美创业型大学的典型与借鉴[J].中国高等教育,2013(Z2):77-79.

[64] 冒澄.试论创新背景下的创业型大学建设[J].教育发展研究,2007(21):51-54.

[65] 彭绪娟,彭绪梅.基于三螺旋理论的创业型大学的创业能力培育探析[J].黑龙江高教研究,2007(12):106-108.

[66] 彭绪梅,许振亮,刘元芳,彭绪娟.国外创业型大学研究热点探析:共词可视化视角[J].清华大学教育研究,2007(06):95-100.

[67] 施冠群,刘林青,陈晓霞.创新创业教育与创业型大学的创业网络构建——以斯坦福大学为例[J].外国教育研究,2009,36(06):79-83.

[68] 宋东林,付丙海,唐恒.创业型大学的创业能力评价指标体系构建[J].科技进步与对策,

2011,28(09)：116-119.

[69] 唐靖,姜彦福.创业能力概念的理论构建及实证检验[J].科学学与科学技术管理,2008(08)：52-57.

[70] 童夏雨.创业型大学教师转型行为及引导策略研究[J].教育研究,2017,38(10)：114-120+156.

[71] 王贺元.激活高校创新创业的"学术心脏地带"：构建创业型学科[J].教育发展研究,2016,36(05)：48-52.

[72] 王军胜.创业型大学服务区域社会经济的路径探析[J].教育发展研究,2013,33(07)：60-64.

[73] 王雁,孔寒冰,王沛民.创业型大学：研究型大学的挑战和机遇[J].高等教育研究,2003(03)：52-56.

[74] 温正胞,谢芳芳.学术资本主义：创业型大学的组织特性[J].教育发展研究,2009,29(05)：28-33.

[75] 温正胞,赵中建.创业型大学：比较与启示[J].高等教育研究,2009,30(06)：109.

[76] 温正胞.刍议我国大学科技创新引领经济转型与产业升级的应然功能与实然困境[J].教育观察旬刊,2014,(07)：1-3.

[77] 温忠麟,张雷,侯杰泰.中介效应检验程序及其应用[J].心理学报,2004(05)：614-620.

[78] 吴亮.德国创业型大学的改革发展及其启示——以慕尼黑工业大学为例[J].高教探索,2016(12)：45-50.

[79] 吴伟,吕旭峰,陈艾华.创业型大学创业文化的文化内涵、效用表达及其意蕴——基于四所世界一流大学的案例分析[J].河南大学学报(社会科学版),2013,53(04)：137-144.

[80] 吴伟,邹晓东,吕旭峰.德国研究型大学向创业型大学转型的改革——基于慕尼黑工业大学的分析[J].教育发展研究,2010,30(Z1)：100-104.

[81] 伍醒.创业型大学的科研特征及其改革意义分析——兼论我国高校科研发展模式转型[J].科技进步与对策,2011,28(14)：152-155.

[82] 向春.创业型大学的理论与实践[J].高等工程教育研究,2008(04)：72-75.

[83] 肖国芳,李建强.改革开放以来中国技术转移政策演变趋势、问题与启示[J].科技进步与对策,2015(6)：115-119.

[84] 宣勇,付八军.创业型大学的文化冲突与融合——基于学术资本转化的维度[J].中国高教研究,2013(09)：86-89.

[85] 杨俊,薛红志,牛芳.先前工作经验、创业机会与新技术企业绩效——一个交互效应模型及启示[J].管理学报,2011,8(01)：116-125.

[86] 杨兴林.关于创业型大学的四个基本问题[J].高等教育研究,2012,33(12)：33-41.

[87] 姚思宇,何海燕.高校科技成果转化影响因素研究——基于OrderedLogit模型实证分析[J].教育发展研究,2017,37(09)：45-52.

[88] 易高峰,侯海燕.国际创业型大学研究主流理论与热点图谱分析[J].清华大学教育研究,2009,30(05)：35-41.

[89] 易高峰,赵文华.创业型大学：研究型大学模式的变革与创新[J].复旦教育论坛,2009(01)：53-57.

[90] 易高峰.我国高校学术创业政策演化的过程、问题与对策——基于1985—2016年高校学

术创业政策文本分析[J].教育发展研究,2017(5):70-76.

[91] 张金波.三螺旋理论视野中的科技创新——基于美国创业型大学的分析[J].高等工程教育研究,2009(05):89-94.

[92] 张鹏,宣勇.创业型大学学术运行机制的构建[J].教育发展研究,2011,31(09):30-34.

[93] 张胜,张丹萍,郭英远.所得税政策对科技成果作价投资的效应研究[J].科学学研究,2017,35(05):681-688+699.

[94] 张秀娥,祁伟宏,李泽卉.创业者经验对创业机会识别的影响机制研究[J].科学学研究,2017,35(03):419-427.

[95] 张毅,游达明.科技型企业员工创新意愿影响因素的实证研究——基于 TPB 视角[J].南开管理评论,2014,17(04):110-119.

[96] 张永安,闫瑾.基于文本挖掘的科技成果转化政策内部结构关系与宏观布局研究[J].情报杂志,2016(2):26-33.

[97] 周春彦.大学-产业-政府三螺旋创新模式——亨利·埃茨科维兹《三螺旋》评介[J].自然辩证法研究,2006(04):75-77+82.

[98] 朱军文,刘念才.高校科研评价定量方法与质量导向的偏离及治理[J].教育研究,2014,35(08):52-59.

[99] 邹晓东,陈汉聪.创业型大学:概念内涵、组织特征与实践路径[J].高等工程教育研究,2011,(03):54-59.

电子文献

[1] 上海交通大学研制出超强纳米陶瓷铝合金[EB/OL].http://news.sciencenet.cn/htmlnews/2017/8/384381.shtm.

[2] 中国宏观经济研究院:谨防加速科技成果转化陷入新误区[EB/OL].(2017-07-14)[2018-05-22].http://www.sohu.com/a/157145119_379902.

关键词索引